社会主义新农村建设实务丛书

台湾休闲农场发展与典型案例

主　编　张天柱

中国轻工业出版社

图书在版编目(CIP)数据

台湾休闲农场发展与典型案例/张天柱主编.—北京:中国轻工业出版社,2021.1

(社会主义新农村建设实务丛书)

ISBN 978-7-5184-1793-3

Ⅰ.①台… Ⅱ.①张… Ⅲ.①观光农业—农业发展—台湾 ②观光农业—案例—台湾 Ⅳ.①F327.58

中国版本图书馆CIP数据核字(2017)第312980号

责任编辑:伊双双　钟　雨

策划编辑:伊双双　责任终审:劳国强　封面设计:锋尚设计

版式设计:王超男　责任校对:李　靖　责任监印:张　可

出版发行:中国轻工业出版社(北京东长安街6号,邮编:100740)

印　　刷:三河市万龙印装有限公司

经　　销:各地新华书店

版　　次:2021年1月第1版第2次印刷

开　　本:720×1000　1/16　印张:15

字　　数:290千字

书　　号:ISBN 978-7-5184-1793-3　定价:45.00元

邮购电话:010-65241695

发行电话:010-85119835　传真:85113293

网　　址:http://www.chlip.com.cn

Email:club@chlip.com.cn

如发现图书残缺请与我社邮购联系调换

201570K1C102ZBW

本书编委人员

主　编　张天柱

副主编　王　枏　杜名扬　白春明　孙皎皎　贺红霞

编　委　胡晓立　张明明　米志强　朱红佳　赵婵璞　左　琳
马丽娟　杜程程　孙振沛　鲁　燕　阿不都·热扎克依沙克
封淑娜　钟苑红　柴多梅　宋　懿　白小静　宋建华
张艳平　李晓渊　王念帅　田乙慧　张桂彬　郦塬皓
张文浩

主　审　吴卫华

顾　问　段兆麟（台湾）　李宗儒（台湾）　郭焕成
蔡建明　任国柱

前言
PREFACE

近十年来，我国大陆休闲农业和乡村旅游发展迅速。2016 年，全国休闲农业和乡村旅游共接待游客近21 亿人次，营业收入超过5700 亿元，从业人员 845 万，带动 672 万户农民受益。至 2016 年年底，全国休闲农业和乡村旅游示范县（市、区）达 328 个，全国休闲农业和乡村旅游示范点 636 个。

目前，发展休闲农业和乡村旅游已经成为发展现代农业、增加农民收入、建设社会主义新农村和全面建成小康社会的重要举措。依托农村绿水青山、田园风光、乡土文化等资源，大力发展休闲农业、拓展农业多种功能，正成为农业旅游文化“三位一体”、生产生活生态同步改善、农村一二三产深度融合的新产业新业态新模式。对于推进农业供给侧结构性改革，保护自然资源，改善生态环境，更好地满足城乡居民对幸福美好生活的向往，把生态环境优势转化为经济社会发展优势，具有十分重要的现实意义。

我国台湾地区的休闲农业经历几十年的发展，成效显著。中国农业大学农业规划科学研究所结合近三十年来对农业规划方面的研究和实践，自 2009 年起多次组织专业团队赴台考察学习，并与屏东科技大学、中兴大学、中山大学、勤益科技大学、景文科技大学等多所台湾高校和科研机构，以及企业、协会等相关经营主体保持长期友好交流关系。促进组织两岸学者、企业家等近百人次的学术交流，对三十多个有代表性的考察点进行持续跟踪研究，为大陆休闲农业的发展提供宝贵的资料。

本书力求展现台湾休闲农场发展的背景、历史、现状，重点围绕目前大陆休闲农业发展的需求，讨论台湾休闲农场在建设和经营方面的经验。结合大量的案例，有针对性地具体剖析，尽量采用图文并茂的形式，配以考察的实例图片进行分析解说，便于政府、科研单位、企业、农场经营业主、学生等广大涉农从业者参考，从而对实际操作有所启发。

希望通过本书抛砖引玉，促进交流，使大陆休闲农业更加繁荣发展，不足之处恳请广大读者批评、指正。

中国农业大学农业规划科学研究所所长
张天柱教授

目　录
CONTENTS

第一部分　台湾休闲农业发展概论

第二部分 台湾休闲农场典型案例分析

第一部分

台湾休闲农场发展概论

第一章
台湾休闲农业发展背景概述与理论

第一节 概述

伴随我国城乡经济和社会发展，一个以乡村田园景观、自然生态及人文环境资源为依托，以农业产业、乡村文化产业及农家生活为载体，以农民、专业合作组织或农业企业为建设主体，为人们提供休闲娱乐、体验“三农”的新型农业产业形态和新型消费业态——休闲农业快速发展。

特别是中央“一号文件”要求“推进农村生态文明建设，大力发展休闲农业和乡村旅游”，以及“家庭农场”概念的提出，为未来休闲农业的发展迎来新的机遇。2014 年农业部下发《关于进一步促进休闲农业持续健康发展的通知》，进一步明确了发展休闲农业总体要求和目标任务，近年来在各地休闲农业建设速度发展迅速的同时，休闲农业建设也面临着休闲农业规划设计、生态保护、特色产品开发、持续发展等方面技术支撑体系建设相对滞后、应用不到位或者不配套等问题。这些问题已经成为制约休闲农业进一步健康、快速发展的瓶颈，本书旨在通过对台湾休闲农业发展的研究，探讨其具体技术支撑体系的发展模式，以期明确休闲农场的技术支撑体系建设，可进一步助推休闲农业快速发展。

一、休闲农业的概念

在 2016 年中国台湾公布的有关文件中将休闲农业定义为利用田园景观、自然生态及环境资源，结合农林渔牧生产、农业经营活动、农村文化及农家生活，提供群众休闲，增进群众对农业及农村参与体验为目的的农业经营。

从休闲农业的定义可以了解休闲农业所表现的是结合生产、生活与生态的三生一体农业，在经营上结合农业产销、农产品加工及游憩服务等一、二、三于一体的农企业，所以具有一产、二产及三产的特性，是近年来发展农业经营的新形态。

中国大陆学者对休闲农业的定义与中国台湾较为一致，认为休闲农业是利用农业自然环境、田园景观、农业生产、农业经营、农耕文化、农业设施、农家生活等资源，为游客提供观光、休闲、体验等多项需求的农业经营活动。休闲农业是以农业为基础，以休闲为目的，以服务为手段，以城市游客为目标，将农业和旅游相结合，将第一产业和第三产业相结合的新型产业形态。休闲农业还是深度开发农业资源潜力、调整农业结构、改善农村环境、增加农民收入的新途径。休闲农业包含休闲林业、休闲渔业、休闲牧业、休闲农家乐等多种形式。

休闲农业涵盖的类型广泛，观光农业、教育农园、市民农园、民宿等都属于休闲农业的一部分。休闲农业与传统农业相比，更注重对农业资源和农业文化的挖掘和利用，通过综合景观、艺术、经济、营销的手法，提升农业的附加值，增加来自农业产业以外的收入；休闲农业与乡村旅游相比，更侧重农业产业本身及其衍生出的农业活动，而乡村旅游则更依赖于对民俗风情、农家生活、村落古镇等资源的利用，更具有乡土性和地方性，从广义角度讲，休闲农业是乡村旅游的一部分。

二、台湾休闲农业背景与兴起

台湾农业历经了发展生产、提升效益；减轻负担、增加收入和调整结构、建设乡村三个阶段。休闲农业正是从 20 世纪 80 年代开始调整农业结构中应运而生的。20 世纪 60 年代末至 70 年代初，台湾农业面临着工业的快速发展和商业的竞争以及国际农产品的冲击，造成农产品成本高、价格低、农民收入少的问题，农业发展面临衰退和萎缩的局面。为此，台湾当局采取了调整农业结构的政策，在发展农业的同时，进一步开发农业生态功能，融“生产、生活、生态”为一体，开始了休闲农业的发展，使农业从第一产业向第三产业延伸。与此同时，由于工商业的发达，人口集中于都市，城市居民被废气、污水、噪音及视觉污染所充斥，人们向往青山绿水、清新空气和安宁的环境。因此，城市居民为欣赏自然景观，体验农业以及农村的生活，造访农村者日益增多，休闲农业逐步成为热点。

20 世纪 70 年代末期，台湾各地陆续出现水果采摘活动为主要形式的观光农业雏形，以苗栗大湖采摘草莓活动为代表；1980 年台北市农会创设“木栅观光茶园”，开启了观光农园的先河；1988 年走马濑农场等满足市场休闲需求的农场开放，奠定了台湾休闲农业发展之基础；1989 年台湾“行政主管部门”与台湾大学农业推广学系合作举办“发展休闲农业研讨会”，确定“休闲农业”的名称，并于 1990 年在农建计划中成立了“发展休闲农业计划”。自此，休闲农业成为台湾农业发展的重要战略。

台湾休闲农业从萌芽至今，经过 40 多年的发展，目前已处于快速发展阶段，其管理体制和机制正逐渐成熟，成为台湾发展前景良好的新型产业之一。截止到2016年10月，台湾地区共有78个休闲农业区，取得许可登记的休闲农场有321家。其中基隆地区6家，台北地区20家，桃园地区12家，新竹地区14家，苗栗地区62家，台中地区24家，彰化地区21家，南投地区35家，云林地区9家，嘉义地区8家，台南地区10家，高雄地区16家，屏东地区32家，宜兰地区46家，花莲地区2家，台东地区4家。台湾民宿的发展也日渐成熟，"观光行政咨询系统"数据显示，截至2016年8月台湾合法民宿总计达到6802家，共拥有房间数27518间，经营人数7779人。2014年，台湾地区内外游客中参与休闲农业旅游的人数达到1200万人次，由此增加就业岗位137类，创造了65亿新台币产值。休闲农业除了经济功能外，还具有教育市民、认识农业、体验农村生活、维护和改善自然生态环境等功能。台湾休闲农业的崛起不仅拓展了农业的多功能和效益，还得到了社会的广泛认知认同。

三、台湾休闲农业的发展历程

台湾是中国最先发展休闲农业的地区，它的发展经历了从无到有、从小到大、从弱到强、从不规范到规范的历史进程，经历了4个发展阶段，它对台湾农业产业的升级、转型和经济发展起到了积极的推动作用。

（一）萌芽起步阶段（1971—1989年）

20世纪60年代，台湾地区积极开发的森林游乐区，意味着休闲农业开始萌芽。20世纪70年代，台湾苗栗大湖、彰化田尾等地出现观光果园花市，游客既可入园观赏又可购买农产品，具备了休闲农业的雏形，但由于规模较小、品种单一等问题，发展状况并不乐观。1980年，木栅观光茶园在台北木栅区创设，标志着台湾观光农园发展的正式开始，之后菜园、花园、牧场、渔场等其他观光农园相继出现，并采取了一些新的经营技术服务措施，深受游客欢迎。1983年，台湾有关行政管理部门发布文件促使观光农业各项工作逐步正规化、程序化发展。1984年，东势林场向游客开放。1988年，走马濑农场开放，让游客亲身体验农场的生产生活。这些观光农园与休闲度假农场的开发奠定了台湾休闲农业发展的基础。

（二）成长发展期（1989—1998年）

1989年，在台湾大学举办的"发展休闲农业研讨会"中，首次提出了"休闲农业"的说法，1990年台湾有关部门发布了《发展休闲农业计划》，规定了休闲农业的从业条件。为了辅导休闲农业发展，还成立了休闲农业咨询小组，该小组由来自社会心理、民俗文化、景观生态、森林园艺等方面的专家学者组成，执行决策与咨询。评审核定的休闲农业区，均由主管机关资助经费，提供贷款，并辅导其进行经营管理。1992 年，台湾提出了以休闲农业区的观念来推动休闲农业辅导工作，凡从事农业经营的农民、合作农场、农民团体、农业企业机构均可依该办法设置休闲农业区而经营休闲农业，意味着休闲农业区是经营主体，负责休闲农业区经营的盈亏，面积需达到 $50hm^2$。实施中经营者主要以共同经营、委托经营等方式经营，但由于受土地变更限制、面积要求过大及经营主体不明确等因素影响，并无休闲农业区达到规定标准设置。1996 年，将“休闲农业区”与“休闲农场”分开区隔，规定由地方主管部门主导规划休闲农业区，并辅导区内休闲农场的设置条件与经营管理，但因无法突破土地管制瓶颈，休闲农业区因欠缺依据，无法顺利推动。

（三）发展调整期（1998—2000 年）

1998 年，台湾当局有关部门就设置休闲农场所涉及的非都市土地使用、山坡地开发、建筑管理、环境影响评估等问题进行协商。1999 年 4 月，具体规范休闲农场的设置标准、设施种类、筹设程序与设置后的管理与监督等事项。2000 年 7 月，再次调整有关休闲农业发展的管理规定。

（四）提升发展期（2000 年至今）

进入 21 世纪以后，台湾休闲农业向进一步规范化、标准化、国际化方向发展。有关管理规定的实施为休闲农业的发展提供了更加完善的条件，并朝着策略联盟及主题活动发展，同旅游捆绑经营共同发展。

四、台湾休闲农业的管理部门及组织架构

（一）行政管理部门

台湾农业委员会

台湾农业委员会最早可追溯到国民政府北伐后设置的农矿部、农林部。1984 年，成立“农业委员会”，以下简称“农委会”。

台湾对休闲观光农业发展极为重视，在“农委会”下设立休闲农业管理及辅导处，各县市也相应设立休闲农业管理及辅导机构，从上到下形成了休闲农业管理和辅导体系。台湾休闲农业由“农委会”主管，“观光局”和“经建会”协同管理。经“农委会”核准的休闲农场，并由“农委会”拨出专项经费，支持其发展。

20 世纪 90 年代初，有关行政主管部门明确了休闲农业区的一些基本条件（如实施主体、面积、经营内容等）；并且规定休闲观光农场作为中小学生农业、生态环境保护教育的基地，有计划的安排中小学生到休闲农场学习和体验生活。

有关行政主管部门与协会合作推动休闲农业的检查和评证，并颁发认证标志。农委会指出对准备发展休闲农业的景点，需聘请专家进行实地考察与评估。对获得评审核定的休闲农业区，均由“农委会”认定挂牌经营，并提供资助经费，用于相关设施的配套建设。

（二）社会非盈利组织

1. 台湾休闲农业发展协会

台湾休闲农业发展协会（以下简称协会）是于1998年设立的非盈利组织，以协助发展休闲农业、建设乐活农业为目标，农场会员数约200家。协会扮演学术界、行政管理部门与产业的桥梁，肩负促进休闲农业发展的使命。

台湾休闲农业发展协会第一届理事长为飞牛牧场董事长施尚斌先生，第二、三届理事长为香格里拉休闲农场董事长张清来先生，第四、五届理事长为大坑休闲农场董事长蔡澄文先生，第六、七届理事长为龙云农场董事长邓雅元先生，第八届理事长为千户传奇生态农场董事长林典先生。协会秘书处以提升服务品质、建构文化品位及塑造品牌价值为任务，推动“品质、品位、品牌”三品运动，设置四大部门，分别是行政事务部门、人力发展部门、产业发展部门和市场营销部门，见图1－1。

协会在促进农业经济发展的同时，也肩负着社会教育与环境保护的责任，以期使农村社会安定、农村可持续发展，创造更大的社会价值。秘书处秉持着“七分做现在、三分做未来”的理念来推动业务，期望将台湾农业塑造成为适合旅游和居住的生活空间，拥抱为台湾农村努力的使命感，分享组织的知识，传承幸福的力量，让青年回乡扎根、让农民找回尊严，让农村延续文化，让大家都能够“享受休闲、体验幸福”。

协会秘书处的发展理念为“价值创新，创造价值”。秘书处在各理事长的领导下工作。秘书处员工的组成以农村青年为主，为了稳定的推动协会业务，理事会和监事会不断讨论协会如何可持续发展，理事会和监事的信任与理事长的授权让秘书处大步向前，这是协会最珍贵的合作文化，也是秘书处最大的动力来源，台湾休闲农业发展协会秘书处的组织架构与分工见表1－1。协会由休闲农业从业者以会员形式组成，秘书处权利由会员授予，所以秘书处以服务会员为宗旨，以推动休闲农业产业发展与提升服务品质为目标，近年来在品质认证、产业辅导、人力资源开发、创意产业开发、营销通路建立、国际市场开发都已有成效，在全球在地化的大框架下，地球村与国际化的脚步越来越快，国际旅游市场的开发是休闲农业再创高峰的契机。

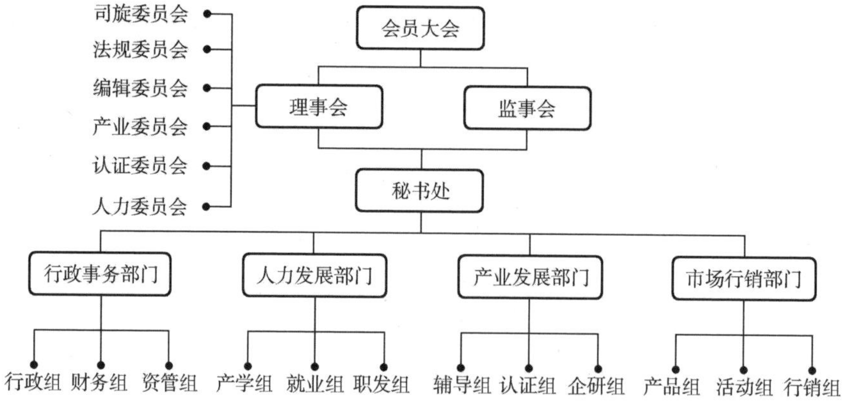

图 1－1　台湾休闲农业发展协会组织架构图

表 1－1　　台湾休闲农业发展协会秘书处的组织架构与分工

部门	工作内容
秘书长办公室	分工与管理、组织运作与规划执行、未来趋势研究与策略规划、公共关系与风险管理
行政事务部	
行政组	会议：理监事会、会员大会 选举：理监事改选、理事长及常务监视改选 会员管理：出入会申请（网络同步更新）、缴费、会籍 财产管理：活动设备、办公室设备 档案管理：收文、发文、归档、档案室
财务组	出纳：请购、核销 会计：协会账、计划账 人事：考勤、管考、薪资、培训 研考：专案计划查核、进度管理
资管组	协会行政资源网站管理 台湾休闲农业学院网站管理 休闲农业服务品质认证网站管理 台湾休闲农业馆－24H 网络商店管理 台湾休闲农业发展协会 Facebook 专页管理 台湾休闲农业馆农场趴趴走 Facebook 专页管理 大手拉小手农场走一走农场社会关怀活动 Facebook 专页管理 网络营销与管理
人力发展部门	

续表

部门	工作内容
产学组	学生产学合作、教书技术产学合作
就业组	青年就业媒体、职前见学方案、创业辅导方案
发展组	职能训练及经营管理师发证制度、休闲农业学院、数位学习平台
产业发展部门	
辅导组	设立辅导服务窗口、设立顾问团队
认证组	休闲农场服务品质认证制度运作、认证休闲农场营销方案
企研组	创意产业发展、农产精品销路、特色主题营造
市场营销部门	
产品组	套装旅游产品开发、旅游伴手辅导开发、休闲农业创新产品开发、联合套装产品整合营销
活动组	参加旅游展览与推广、主题活动策划推广
营销组	国内国际市场开发、办理主题营销推广、办理国际媒体及业者参访团

2. 台湾的农会组织

台湾的农会组织网络健全，是台湾分布最广、影响最大、功能最全的农民自治组织，是一个公益性的社团法人。农会分为镇（市）农会、县（市）农会和省农会三级。目前，台湾有1个省农会、21个县市农会和268个乡镇农会。农会的主要任务包括农业推广教育工作、保险业务、农畜业产销与生活物质供应事业、金融事业以及农村文化福利等。各级农会均实行“权能划分制度”，会员代表大会是农会的最高权力机构，选举产生理事会和监事会；总干事由理事会聘任，并负责执行其决议及各项业务；农会一般下设会务课（负责内务协调）、会计课（负责财务管理）、辅导课（负责辅导下级农会）、推广课（负责农业推广教育）、供销部（负责农畜业产销与生活物质供应）、保险部（负责家畜保险和当局委托的农民健康保险）、信用部（负责金融信贷）以及农（牧）场、饲料厂、农产品加工厂、医疗所、托儿所等机构。可以说，农会是台湾当局与农民之间的一座桥梁，是一个农有、农治、农享的农民自主性组织，不仅对休闲农业发展起到极大的推动作用，并且在台湾农民的生产生活中发挥着极其重要的作用。

（1）台湾农会宗旨　保障农民权益，提高农民知识技能，促进农业现代化，增加生产收益，改善农民生活，发展农村经济。

（2）台湾农会属性及主管机关　农会组织属性为公益社团法人。

（3）台湾农会层级　台湾农会分为四个层级。基层农会按实际需要设置农事小组，是农会事业基层推行单位。各级农会以行政区域为其组织区域，并冠以该区域名。同一区域内设置一个农会。

（4）台湾农会设立　乡、镇、区内具有农会会员资格的人数满 50 人时，应发起组织基层农会；下级农会成立 3 个以上时，需组织上级农会。

（5）台湾农会权力部门运作规范

①权力部门。会员代表大会是农会的最高权力机构。理事会是以会员代表大会的决议策划事务。监事会主要职责是监察业务及财务。

②运作规范。农会会员、理事会、监事，应有三分之二以上从事农业工作。总干事由理事会聘任。其他聘任职员，由总干事已农会统一考试合格人员中聘任并指挥、监督；被聘人员不得兼营工商业或兼任公私团体任何有酬职务或各级民意代表。农会理事长、常务监事、总干事明确规定家族回避条款。

（6）组织架构　台湾农会由会员代表大会行使最高权力，组织架构见图 1－2。

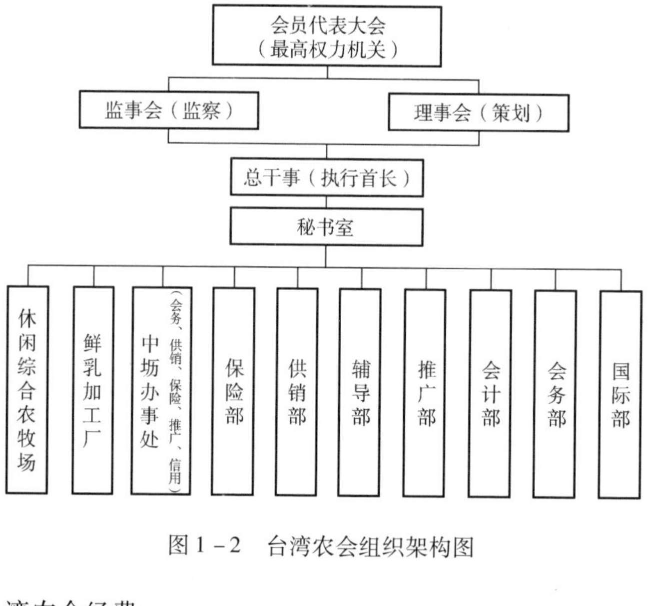

图 1－2　台湾农会组织架构图

（7）台湾农会经费

①农会会计制度。农会以每年 1 月 1 日起至 12 月 31 日止为会计年度。农会经济事业、金融事业、保险事业及农业推广事业的会计分别独立，并应编造年度预决算，报告会员代表大会及报请主管机关备查。

②经费来源。入会费：会员于入会时缴纳常年会费、事业资金、农业推广经费。农业金融机关将每年度所获纯益 10% 以上作为农会辅导及推广事业

费、补助费，在主管机构及地方预算中，应编列农会农业推广事业补助费。农会各种事业盈余及收入，以农会事业损益决算办理。

五、台湾休闲农业发展策略

台湾休闲农业整体发展策略主要包括人力发展、产业发展、市场营销几个部分，见图1－3。

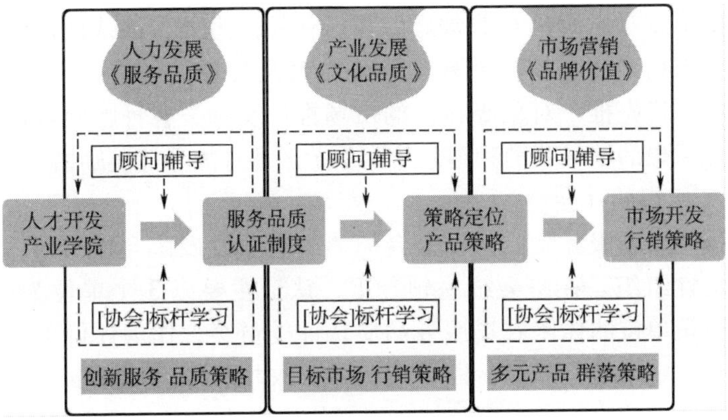

图1－3　台湾休闲农业整体发展策略图

（一）农场服务品质认证制度

台湾休闲农场服务品质认证包括认证制度简介和认证标准细则两大部分。认证制度简介包含愿景与目的、实施架构、认证程序、认证标准、申诉程序、改善复评程序、证书管理、稽核管理和奖惩措施与其他9个组成部分，主要说明该认证推出的主要目的、如何认证、如何管理认证等。

1. 认证价值的具体性

该认证的价值表现更为具体、更为实际。首先，该认证对于整个台湾休闲农业而言，意义重大且非常实际。服务品质认证主要目的是为了落实台湾休闲农场可持续经营，归纳为“提品质、树形象、作参考”三个方面，即提升台湾休闲农场服务品质，建立台湾休闲农场品牌形象，为游客农场旅游提供出行参考。这些价值都是休闲农业发展所需要而且非常核心的。其次，该认证对于参与认证的休闲农场是有实际价值的。第一，有助于帮助找出休闲农场服务品质缺失。认证过程中，服务管理评定小组和服务品质诊断小组会进行现场访视或扮演神秘顾客暗中调查，并撰写、提交相应报告和提出改善建议。第二，有助于获得专业且有针对性的农场辅导和教育培训。获得认证的休闲农场，协会会帮助其向“台湾行政主管部门”申请列为辅导对象，从而有机会获得专业机构组织技术培训和指导，协会也会根据认证过程中找出的服务品质缺失或对于认证未达标的农场进行教育培训，协助其改善。第三，有助于获得更好的市场推广平台。获得认证的休闲农场，协会还请有关行政主管部门将其作为优先营销对象加以宣传促销，纳入旅游促销平台。协会会通过其网络平台对获得认证的农场进行推介。游客只要登录该网站，就可查阅所有认证农场详细信息。这些信息包括认证范围、期限，农场位置、联系电话、网站链接、行驶路线，农场体验、餐饮和住宿介绍，还有该农场食游推荐。这些信息对出游具有非常好的参考作用。另外，该认证还制定了其他奖励措施，包括列为学校校外教学环境教育及公务人员旅游优先推广对象、调路指示标志优先推广对象等在内的市场推广奖励、各种顾问咨询及各类教育培训优先对象的辅导奖励和纳入休闲旅游区评选加分等奖励措施。

2. 认证组织的社会性

台湾休闲农场服务品质认证是台湾休闲农业发展协会推出的，该协会是典型的社会性组织。在协会统一领导下，认证主要以 3 个单位为运作主轴，包括作为决策单位的休闲农场服务品质认证委员会，作为评价单位的休闲农场服务管理评定小组，作为诊断单位的休闲农场服务品质诊断小组。认证委员会成员由当地政府、学术界及相关组织代表组成。服务管理评定小组专家、学者担任评选委员，经认证委员会资格核定后组成。服务品质诊断小组成员为认证委员会公开聘选，主要包括各大专院校专业教师或研究生、旅游经理人、导游领队、媒体记者、旅游作家、旅游达人等。这三个单位成员会定期更新，一般任期为两年。由此可见，实施该认证的组织机构主要由社会成员组成，具有很强的独立性。

3. 认证费用的灵活性

休闲农场服务品质认证有效期限为 3 年，所需费用包括认证审查费为 3 万元新台币，申诉、改善复评及延续使用审查费为 1.5 万元新台币，管理费为 1.5 万元新台币。不过“农委会”和协会为鼓励农场踊跃参加认证，有时也会给予支持，如 2012 年推出对前 10 名申请者补助 50% 认证审查费。这种灵活的收费也体现了社会组织认证在市场适应性方面的优越性。

4. 证书设计的特别性

为了更好的管理和宣传，休闲农场认证的证书设计设计具有特色内涵的标识符号。这样的设计有利于获得认证农场的市场推广，并彰显台湾休闲农场在旅游业和经济中的独特地位。

5. 证书管理的严格性

协会对认证管理非常严格，宁缺毋滥是其基本原则。除了认证程序非常严密、认证标准非常精致之外，协会对于证书使用也作了专业而系统的规定，并建立了不定期稽核、客服投诉处理、奖励与惩罚制度。协会设了客服专线，受理游客投诉。若2个月内同一农场受到游客3次以上投诉就要进行处理。如果审查结果的问题比较严重，则要求农场限期改善并要实施复评，如果复评通不过就会取消认证资格，收回证书。

（二）农场服务品质认证标准细则

1. 服务管理标准细则

台湾休闲农场服务品质认证范围包括农场“体验、餐饮、住宿”三类，各农场自行申请具体认证范围。由于认证范围和服务管理标准细则的具体评价内容不同，认证农场体验方面包括基本指标12个题目和特色指标10个题目；认证餐饮的方面包括基本指标5个题目和特色指标10个题目；认证住宿方面包括基本指标3个题目和特色指标5个题目。这些评定内容也都具有共性，如基本指标突出安全管理、营销管理，特色指标突出农业性、生态性和舒适安全性。除了给出评定指标，每个指标都配有明确说明和佐证材料加以解释，便于操作并确保评定的公正、公平，可在一定程度上减少评定的个人因素的营销。以认证农场体验为例，基本指标中有10个指标与安全问题有关，如农产品及加工品是否取得认证、是否提供基本紧急医疗用品、是否投保公共意外责任险、是否制定紧急事件处理程序、是否实施定期消防检查等；2个指标与营销问题有关，即农场设置实体或虚拟销售平台情形、提供宣传材料等解说辅助工具情形。特色指标中有5个指标与农业有关，如具备农业资源的独特性与丰富程度、农场建筑与农业特色融合程度、农场利用农业文化资源的程度、体验活动与农场资源的结合程度、产品或服务呈现创意价值的程度；生态方面除了有1个专门评定指标，即生态环境维护的重视程度，还以指标说明的形式广泛体现在其他评定指标中；有3个体现舒适、安全性，如体验空间的舒适安全程度及维护情形、解说服务设施的完备程度及维护情况等。

2. 服务品质标准细则

服务品质标准细则包括评分说明和指标内容。评分说明详细介绍了具体诊断方法，包含量化评分具体方式和定性补充说明。指标内容主要体现为《休闲农场服务品质诊断基准表》，该表是依据消费者接触农场的时间排序，并参考现阶段休闲农场的服务项目整理成10大类别的32个问项，包括上网查询农场资料、电话服务、前往农场途中及抵达时的现场状况、柜台服务、环境景观与整洁、贩售服务、活动服务、餐饮服务、农场整体特色营造及农场整体服务价值等。这一指标体系完全是基于顾客体验而设计，如游览前的咨询（含网络、电话）、旅游途中及抵达时指引（含交通、停车等）、农场游览中的各类活动（含游客服务、公共设施、体验活动、购物服务等）、游览后的感受（含整体服务状况、顾客价值）。覆盖内容全面而细致，几乎涉及游客与农场的每一个可能接触点，这些内容都直接影响到游客满意度和顾客价值的提升。

六、台湾休闲农业相关规定

中国台湾农业主管部门高度重视对休闲农业发展的引导与扶持，自 1980 年开始，台湾当局在人力、资金、技术上均给予了一定的扶持，同时保证了休闲农业依规定从事生产运作，避免无序开发。有关行政主管机构经常为休闲农业发展骨干人员提供相应的技术培训和指导，鼓励农民依托各自优势，开办各种类型的休闲观光农业，并从技术、经费、宣传等方面给予大力支持。

经主管机关核准的休闲农场，主管机关会拨出专项经费，用于支持休闲农场的不断发展。在台湾大学和屏东技术学院等高校还专门开设了休闲农业相关课程，积极帮助农民转型。改变农产品的种类，以高价值产品替代低价值产品，花卉、高价值蔬果、香草、茶叶逐渐替代甘蔗、水稻和平价水果，促进农业走向精致化和集约化道路。另外，通过成立“休闲农业发展协会”等行业协会，推动各界人士积极参与到发展休闲农业中去，在一定程度上促进了休闲农业的发展。

关于休闲农业的各项规定，以《休闲农业辅导管理办法》为重心，辅以《休闲农场专案辅导实施作业规定》《休闲农场经营计画审查作业要点》《民宿管理办法》等规定，为行业发展提供了强劲的助力。

总体来说台湾休闲农业的蓬勃发展与台湾当局的重视关系密切。有关部门直接参与规划指导，农业主管部门负责管理、咨询、提供补助经费及贷款，有利的推动了观光休闲农业的发展。

《休闲农业辅导管理办法》规定，休闲农场内的土地得分为农业经营体验分区与游客休憩分区，而农业经营体验区是最基本的土地利用形态。不论农场面积大小，农业经营体验是必要的休闲活动，须从事农业经营与体验、自然景观、生态维护、生态教育等活动。

《休闲农业辅导管理办法》中对都市土地发展休闲农业规定：降低都市土地划定休闲农业区的面积标准，将其定在 $10hm^2$ 以上 $100hm^2$ 以下；降低都市土地在休闲农场内设置游客休憩分区的面积标准，即不论位于山坡地或非山坡地，皆定为 $3hm^2$ 以上。

《休闲农业辅导管理办法》中对非都市土地发展休闲农业规定：土地全部属非都市土地者，面积应在 $50hm^2$ 以上，$600hm^2$ 以下。；部分属都市土地，部分属非都市土地者，面积应在 $25hm^2$ 以上，$300hm^2$ 以下。

第二节 发展休闲农业的理论依据

休闲农业发展至今，经过实践的检验，已能综合归纳出特定的原理及原则。休闲农业理论具有正本清源、增进实践的效果。台湾休闲农业自发至今已经总结与实践出相关的理论，主要分为体验经济理论、都市农业理论、环境农业理论、农业多功能性理论、农业景观理论、长尾理论、交互设计理论以及文化创意产业理论。

一、体验经济理论

20 世纪后期，体验已成为产业的新价值。以体验为核心，创造出的新产品与新服务，已经独树一帜地成为创新的经济潮流。从迪士尼乐园到市民农园，体验经济理论已经主导经济活动的新方向，休闲农业也不例外。

1. 经济价值的新取向

体验决定经济价值的新取向。20 世纪 40 年代，世界上就出现了体验经济的萌芽，但对体验经济概念最完整阐述当属美国哈佛管理学院的派恩与盖尔摩合著的《体验经济》一书。

派恩与盖尔摩认为，在体验经济时代，单是提供商品与服务已不能吸引消费者的目光了，只有让消费者享受贴心的产品与服务才能体现其独特的价值，并摆脱过于简单的价格竞争方法。“体验经济”以个性化的感受差异，将经济活动区分为初级产品、商品、服务与体验四种形态。当企业有意识地以服务为舞台、以商品为道具，使消费者融入其中时，体验就出现了。

农产品是可加工的，商品是有实体的，服务是无形的，而体验是难忘的。当消费者购买体验时，是在花时间享受一连串身临其境的体验。

初级产品是从自然界中发掘和提炼出来的，是可供替换的材料及附加值最低。商品是由公司标准化生产与销售的有形产品，价值比初级产品稍高，但与初级产品一样缺乏特色。服务是人员以商品为基础，为特定的客户服务或者为客户指定的财产或物品服务，商品仅是媒介，因此服务比商品更有价值。体验则是让消费者以个性化的方式参与到活动中。因为没有任何人拥有完全相同的体验，所以体验也带来了趣味、知识、转变和美感。

2. 体验经济的演进

Pine 和 Gilmore 根据不同的体验形态与附加价值差异，将经济价值演进的过程分为下列四个阶段，如图 1－4 所示。

（1）农业经济时代　以农业耕作生产生鲜产品提供消费，附加价值有限。

（2）工业经济时代　将经过加工的产品提供给消费者，产品有差别性，

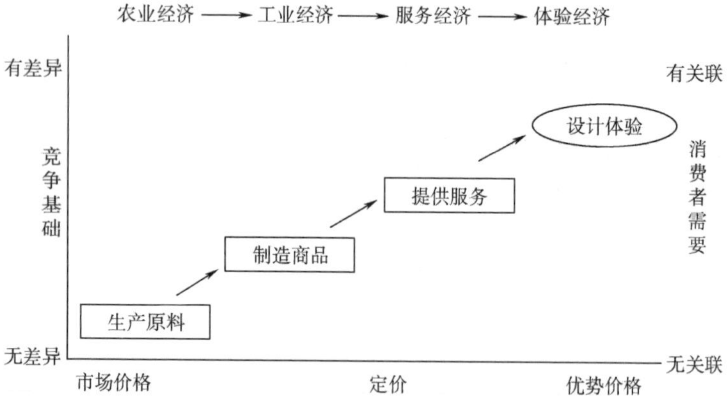

图1－4　经济价值演进的四个阶段

可影响价格，提高附加价值。

（3）服务经济时代　最终产品加上销售服务，服务差别性大，附加价值更高。

（4）体验经济时代　布置一个舒坦安适、气氛高雅的环境，体验的差别感最大，消费者享受贴心的产品与服务，附加价值最高。

在体验经济时代里，若仅提供产品或服务已不能满足消费者的需求，消费者要求的是产品与服务以外的个性化体验。每个人的经验与背景不同，感受也不同。只有以服务为舞台、以商品为道具，设计出的体验活动，才具有市场区隔性、差别性，并给予消费者贴心的产品与服务，创造出难忘、愉悦的体验。

3. 体验的意义与类型。

体验是消费者内在的心理感受，存在每个人心中，是个人在形体、情绪、知识上的参与。因为体验来自个人的心境与事件的互动，所以每个人的体验都是不同的。Pine 和 Gilmore 认为，体验根据消费者的参与程度、消费者的关系或环境关系分为四大类型，如图1－5所示。

以一个游客参与的性质而言，如果是想“学”的，就是教育的体验；想去“做”的，就是参与的体验；想去“感受”的，就是娱乐的体验；而“心向往之”，就是美学的体验。一项活动设计应不让游客只产生一种体验，而要包含多种体验。以上每种活动各有其体验的领域。依照 Pine 和 Gilmore 的说法，体验都应该尽量设计成甜蜜的体验。

二、都市农业理论

1. 都市农业的意义与重要性

都市农业是农业发展的一种特殊形态，是以区位作为分类基础的农业形

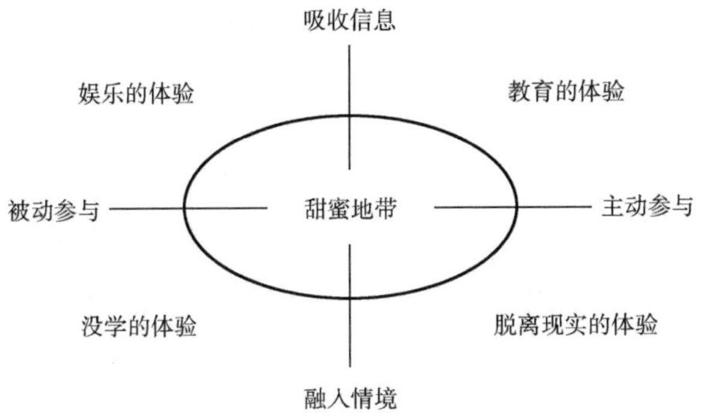

图1－5　体验的性质区分

态。都市农业是指位处都市地区的农业，包括城市地区与城郊地区的农业。由于区位的特殊性，都市农业的经营目的、经营内容项目、市场与顾客、服务方式以及社会责任等，都有别于一般位处乡村地区的农业。

都市农业是都市化的产物。一个地区都市化后，当地工商业兴起，人口密集，建筑物鳞次栉比，污染剧增，工作紧张，人际关系淡薄，人的生活品质会随之下降。此时亟需绿地及休闲空间，以平衡市民心理与生理上的压力。农业拥有最多的绿地，农村田园景色优美，水及空气清新自然，人情味浓厚，是提供休闲游憩、平衡身心压力的最佳的场地。因此，休闲农场相当于公园绿地、绿野美景、鸟语花香，而且又多了一份农产消费、乡土文化体验及人情关怀，所以是市民最具人性化的休闲空间。由于都市农业与市民生活具有互补互助的效能，因此都市农业能调和农业与人，都市与自然的关系。我们应从哲学、文化、生态休闲生活和资源利用的观点，来正视农业在都市中存在的深层意义。

2. 都市农业的功能

都市农业具有下列几项功能。

（1）都市内的农业生产基地可提供新鲜、卫生、安全的蔬果、花卉，使都市具有自足的农业功能。

（2）都市农业的活动，如市民农园、休闲农场、教育农园、花卉公园、银发族公园等，建立有“农”的都市。

（3）都市农业的生产及生态环境可发挥绿洲的作用，具有“都市之肺”的功能。

（4）都市农业的体验活动，可吸引市民参与，让市民在忙里偷闲的体验活动中松弛减压，这有益养生，使市民体验富裕与幸福的真谛。大都市的农业具有生产性、生态性、生活性三重功能。但随着社会经济的发展，处理三重功能之间关系的侧重点也会有所转移。生产性是基础的，城市化过程中一定要保护农业的适度生存发展。在提高农业生产性功能的同时，注意发挥其生态性、生活性的功能。

3. 都市农业的特性

结合有关学者关于都市农业特性的四种看法：①都市农业是城市中的农业；②都市农业不涉及农业生产本身的特性，主要取决于城市的规模、结构、功能和发展趋势；③都市农业具有紧密依托并服务于大都市的特性；④都市农业除了生存的物质需求以外，还要求发展景观农业、休闲农业和无污染、高品质的农产品。梁宇、黄卫东总结了都市农业的三个特征：①融合性特征。产业融合，科技融合；②生态性特征。都市农业涵盖都市园林、环境建设、观光农业、旅游农业；③集约化特征。都市农业以市场为导向，以现代农业设施和先进农业科技及管理为手段，建设集约化的高效农业。都市农业是“城市之肺”，城市可以没有农村，但不能没有农业。同时，都市农业具有较强的示范性、展示性、教育性。

根据以上观点总结出都市农业的特性：一是提供市民生鲜副食品，即农业的种养业；二是营造优美自然的都市景观，包括公园及其他绿地；三是提供自然生态旅游的场所，即休闲农业。以上是都市农业的三种特性，构成都市农业内涵的三个部分。因此都市农业可以表达为：都市农业 = 生鲜农副食品 + 公益性园林绿地 + 休闲农业。

4. 都市农业是市民的第三空间

现今的都市规划须规划出一定面积的第三空间，让市民能够接触阳光与绿地，让市民舒缓身心，使市民的物质与精神生活均能得到满足。都市农业的性质与功能扮演着都市第三空间的角色，提供市民充足的绿色休闲活动场所，增加现代都市的服务机能。

三、环境农业理论

现代社会由于都市化与工业化的加速，对环境造成了极大的损害，严重影响了市民的生活品质，使我们不得不对农业的角色与功能进行重新检讨。因此，农业不仅是生产粮食的产业，更是保全环境、维护资源的重要产业，这一概念已渐渐成为了世人的共识。

1. 绿地农业

农业发展的目的需要转变，传统上以生产粮食为目的，现在必须以环境保全为直接目的，现代农业的性质应属“绿地农业”。绿地农业的生产过程不但需要无公害，而且要提供动植物育成、山林田园景观维护、培养市民身心舒畅的环境。具体而言，绿地农业以环境保全为首要目的，其内涵包括：土地利用规划、灾害防止、维护自然景观、防止污染、净化空气、保护自然生态资源、环境意识养成、提供休闲游憩与养生环境等。

2. 公共的稀有性经济

1984 年 Joseph J. Seneca 和 Michael K. Tavssig 在《环境经济学》一书中指出，在都市化地区，良好的环境是一种带有稀有性的经济，在非农业时代不花费任何代价即可任意获得，而现在必须有偿取得。大自然环境如青山绿水、绿地空间，均有赖于社会付出金钱或牺牲某些经济利益，才能确保其不受破坏。

四、农业多功能性理论

农业多功能性（Multifunctional Agriculture）是指农业生产活动除了具备粮食和原材料供给功能外，还包括与农业相关的改善农村生态环境、维护生态多样性、保持农村文化遗产等多重功能，为人类提供环境、社会、文化等方面的非商品性功能。从农业性质和功能来看，农业的价值不仅体现在农业生产的市场价值上，还直接表现在农业生产具有较强的公共产品属性和外部经济性，且农业生产的外部效应远远超过了其经济效应。

（一）农业多功能性的内容与特征

1. 经济功能

经济功能主要表现在为社会提供农副产品，以价值形式表现出来的功能，是农业的基本功能。其中心功能是满足人类生存和发展对食品的需要，确保国家的食品安全，为工业提供原材料，并生产具有比较优势的产品进行国际贸易，取得巨大的直接或间接经济效益。另外，还有依托农业提供服务获得的、不可估量的经济价值，如观光农业、体验农业、教育农业等。

2. 社会功能

社会功能主要表现为劳动就业和社会保障，促进社会发展方面的功能。农业作为一个产业不仅能容纳劳动力就业，而且农副产品质量、数量及其安全性本身就直接影响着居民的健康状况和最基本的生存需要，涉及社会发展问题。

3. 政治功能

政治功能主要表现为农业在保持社会稳定方面的作用。

4. 生态功能

生态功能主要表现在农业对生态环境的支撑和改善的作用上。农业各要素本身就是构成生态环境的主体因子，因此，农业的功能可直接表现为生态功能。农业的生态功能，对农业经济的发展、人类生存环境的改善、保持生物多样性、防治自然灾害、二三产业的正常运行和分解消化其排放物产生的外部负效用等，均具有积极的、重大的正效用。

5. 文化功能

文化功能主要表现为农业在保护文化的多样性和提供教育、审美和休闲等的作用上。农业是一个古老的产业，发展到今天的农业本身就是历史文化的产物，其内部蕴藏着丰富的文化资源；从这个意义上讲，保护农业就是保护文化、保护文化的多样性。另一方面，农业对教育、审美等有关人们价值观、世界观和人生观的形成有积极的作用，有利于人与自然的和谐发展。

（二）农业各功能间的关联作用

农业的多重价值是农业内在特性决定的，共同组成了农业的总价值。当农业的经济、生态、社会和文化功能得到协调发展时，农业的整体功能发挥良好，农业获得和谐发展；反之，某种功能的需求超出了农业系统的承载力，从而使农业功能之间出现倾斜，农业就会畸形发展。

（三）农业多功能性的历史演进

欧洲学者在探索欧洲各国（芬兰、荷兰、英国、德国等）对农业多功能性这一概念的理解后发现：欧盟各国认为农业具有和土地相关的一切功能，如野生动植物保护、生物多样性、动物福利、农业景观保留、文化遗传、乡村发展、粮食安全等。农业的多功能性涵盖了农业生产所具备的经济、生态、社会和文化等多重功能，其特色突出体现在各功能之间相互依赖、相互制约的关系上。按照其理论演进将农业多功能性的发展划分为以下三个阶段。

1. 起源阶段——发达国家的经验总结

我国学者认为，农业多功能性最早出现在20世纪80年代末日本政府提出的“稻米文化”中，其提出的目的在于突出保护日本国内稻米市场。日本国内许多节日和庆典都是根据水稻播种、移植、收获活动确定的，水稻的种植不仅是粮食生产，还具有水土保持、环境净化、文化传承等功能，保持日本的水稻生产就保持了日本的稻米文化。

发达国家的经验总结让这一农业多功能性概念由抽象走向具体，其内涵也在发展中不断丰富。自20世纪80年代以来，在农业生产相对过剩并达到顶峰后，欧盟各国开始重视对农业多功能性的理解，更注重农业生产过程中对生态环境、文化、乡村发展等非经济功能的开发，而美国、澳大利亚等国更侧重于与农业生产经济功能相关的农业功能的开发。

2. 发展阶段——农业多功能性概念的积极拓展

在日本、欧盟提出农业多功能性之后，这一概念迅速在世界各国和各国际组织中引起共鸣。此后，韩国、法国、意大利、挪威等国也根据国内农业生产情况，赋予农业生产类似的特点。在国际组织间，农业多功能性这一概念最早出现在1992年联合国环境与发展大会通过的《21世纪议程》中。OECD、WTO、FAO等国际组织也在不同场所使用了这一概念，以农业多功能性为主题的国际学术交流也逐渐频繁，农业多功能性也因此迅速传播。这也标志着农业多功能性的发展开拓到了一个新的阶段。

在这一阶段，国际组织和各国对这一概念外延的研究也在不断的深化。非贸易关注、可持续农业、公共品和外部性等已经成为其外延研究的热点方向，而非贸易关注更是目前国内外学者和国际组织关注的焦点。OECD（2003年）在《多功能农业：政策含义》中也依据联合生产、市场失灵及非经济品的公共产品特性和空间分布，提出了农产品国际贸易的最优政策设计方针。

3. 应用阶段——各国积极推进本国农业的多功能性发展

1999年日本颁布的《食物·农业·农村基本法》对日本农业发展十分重要，该法案中有专门的阐述农业多功能性问题的条款，并根据农业多功能性理论提出了食品稳定供应、农业多功能、农业可持续发展、农村振兴的理念和农产品自给率目标。我国2007年的中央一号文件中也明确指出，“农业不仅具有食品保障功能，而且具有原料供给、就业增收、生态保护、观光休闲、文化传承等功能。”这表明，中国已经在政策层面上开始重视农业的多功能性理论。各国纷纷出台相关政策文件，这标志着农业多功能性的发展到了积极应用阶段。

（四）农业多功能性与现代农业

现代农业的基本特征之一是农业功能的多样化，现代农业本身就是具备多功能性特征的农业，如生态农业、旅游农业、都市农业，不仅要求农业的经济功能，同时也强调其政治功能、社会功能和生态功能。

五、农业景观理论

农业景观是具有明显农业环境视觉特征的载体，包括与农业生产密切相关的大地上的植物、水体、道路、建筑等物质要素。它兼具经济价值、生态价值和美学价值，会随着土地特征的改变和人类活动的影响而变化，是一个动态的、自然的、社会的系统反映。

1. 农业景观分类

（1）农业生产景观　耕地、园地、水产养殖地等。

（2）农业服务设施景观　乡村道路、水利设施、设施农业及观光园、采摘园、农家乐等。

（3）农村聚落景观　具有农舍、牲畜棚圈、仓库场院、宅旁绿地、生产条件下的附属设施。

（4）农业生态景观　生态林地、河流水面、湖泊、未利用空地等。

2. 旅游者对农业景观的偏好

（1）农业旅游者对农业旅游资源的偏好与出游目的有直接关系，使相同类型的农业旅游的旅游者对农业景观资源的偏好有相似性；

（2）对于旅游者来说，吸引力较高的资源除了具备美学特征外，还与旅游者生活环境的差异程度也具有相关性，环境差异度越高，就越容易吸引游客。

3. 农业景观的构成表现

农业景观中既有人为加工过的自然物，仍呈现自然的属性，如田野、森林、草原等；也有人工建造的景观，如水利设施、民居村落、道路等。

（1）农业景观的平面构成　主要表现在农作物生命有机体都有很高的对称性、比例、均衡和整体性等审美特性。农业景观的平面构成之美，其内在主要是体现着当今农业及科技的发展，其外在主要体现在形式美的组合规律上。

（2）农业景观的立体构成　农业景观与天地相结合，也就是其立体构成之美。随着时代的进步，农业在漫长的发展历程中，更多地体现精神和文化的内涵。

（3）农业景观的色彩构成　在构成农业景观的巨大生活图画中，色调和色彩的组合与当地的自然景观相融合，形成了特有的视觉感受，成就了农业景观色彩构成之美。

六、长尾理论

长尾理论是指，当商品储存流通展示的场地和渠道足够宽广，商品生产成本急剧下降以至于个人都可以进行生产，并且商品的销售成本急剧降低时，任何以前看似需求极低的产品，只要有人卖，都会有人买。这些需求和销量不高的产品所占据的共同市场份额，可以和主流产品的市场份额相持平，甚至所占份额更高。商业和文化的未来不在于传统需求曲线上那个代表“畅销商品”（hits）的头部；而是那条代表“冷门商品”（misses）经常被人遗忘的长尾。“长尾”实际上是统计学中幂律（PowerLaws）和帕累托分布（Pareto）特征的一个口语化表达。

长尾理论是网络时代兴起的一种新理论，由美国人克里斯·安德森提出。长尾理论认为，由于成本和效率的因素，过去人们只能关注重要的人或重要的事，如果用正态分布曲线来描绘这些人或事，人们只能关注曲线的“头部”，而将处于曲线“尾部”、需要更多的精力和成本才能关注到的大多数人或事忽略，如图 1 –6 所示。例如，在销售产品时，厂商关注的是少数几个所谓“VIP”客户，“无暇”顾及在人数上居于大多数的普通消费者。而在网络时代，由于关注的成本大大降低，人们有可能以很低的成本关注正态分布曲线的“尾部”，关注“尾部”产生的总体效益甚至会超过“头部”。例如，某著名网站是世界上最大的网络广告商，它没有一个大客户，收入完全来自被其他广告商忽略的中小企业。安德森认为，网络时代是关注“长尾”、发挥“长尾”效益的时代。

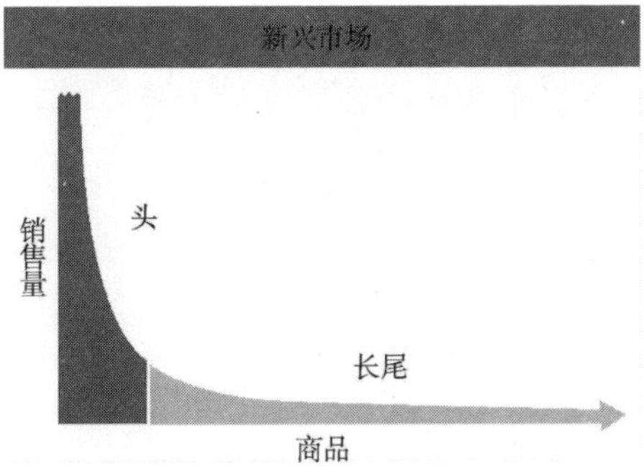

图 1－6　长尾理论

长尾市场也称之为“利基市场”。" 利基”一词是英文“Niche”的音译，意译为“壁龛”，有拾遗补缺或见缝插针的意思。菲利普・科特勒在《营销管理》中给利基下的定义为：利基是更窄地确定某些群体，这是一个小市场，并且它的需要没有被服务好，或者说“有获取利益的基础”。

通过对市场的细分，企业集中力量于某个特定的目标市场，或严格针对一个细分市场，或重点经营一个产品和服务，创造出产品和服务优势。

七、交互设计理论

用户体验或以用户为中心的设计（User－Centered Design，UCD）观念的雏形可以追溯到 20 世纪 50 年代。随着战后的工业设计和人机工程学的兴起，使得“以人为本”的设计思想开始流行。第一代工业设计师德雷夫斯（Henry Dreyfuss，1903—1972）的著作《为人的设计》就开创了基于人机工程学的设计理念。而当时美国著名心理学家马斯洛（Abraham H Maslow，1908—1970）提出的“需求层次论”则为用户体验提供了心理依据。如图 1－7 所示。

马斯洛在其 1954 年出版的《动机与人格》一书中，将动机视为人的多种不同性质的需求：生理需求、安全需求、爱与归属的需求、尊重需求和自我实现的需求。这些需求像金字塔一样，呈现出由低到高的阶梯形发展层次，故称为“需求层次论”。人类需求的心理研究和早期人机工程学的发展成为现代交互设计的理论基础。但由于需求心理研究的对象过于宽泛，而早期人机工程学更关注于人体物理数据的采集与分析，二者并未将针对具体产品消费者的用户体验作为研究对象。

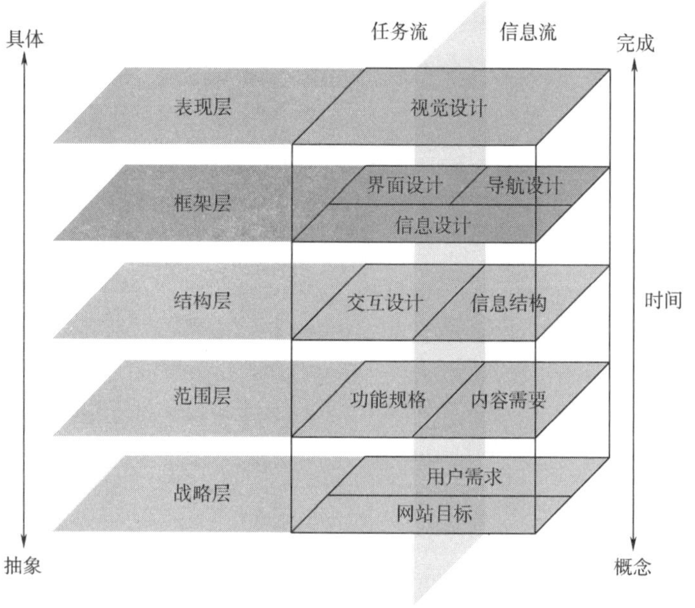

图 1－7　用户体验要素

随着信息化时代的来临，传统的机械工程与制造领域正在逐渐与计算机智能相结合，并向主观的、人性化的设计方向迁移。同时，工业设计、视觉传达等都更加关注于用户的体验。交互设计正是处于这一范畴的前沿领域。

用户体验（User Experience，简称 UE 或 UX）即用户在使用一个产品或服务之前、使用期间和使用之后的全部感受，包括情感、信仰、喜好、成就、认知印象、生理和心理反应等各个方面。美国交互设计专家 James Garrett 认为用户体验是指“产品”在现实世界的表现和使用方式。他认为用户体验包括用户对品牌特征、信息可用性、功能性、内容性等方面体验；而美国认知心理学家唐纳德·诺曼（D. A. Norman）则将用户体验扩展到用户与产品互动的各个方面。他认为人的认知和情感体验包括本能水平、行为水平和反思水平三个层次。用户体验受到用户、产品、社会因素、文化因素和环境的影响，所有这些因素均影响着用户在与产品交互过

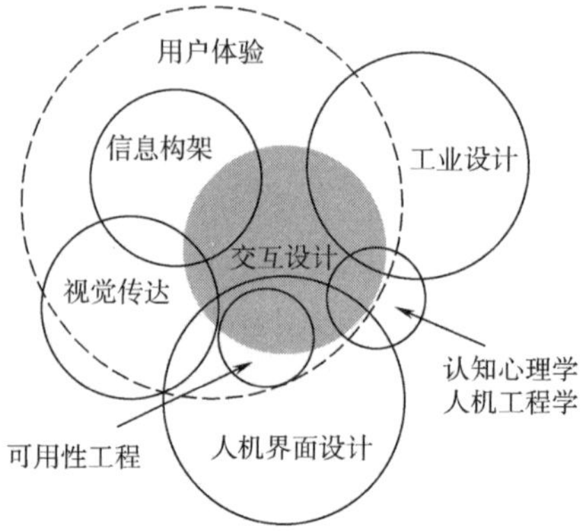

图 1－8　交互设计与其他相关科学的关系

程中的体验，如图1-8所示。

用户体验与需求分析在移动媒体时代显得更加重要，随着技术的发展，用户体验的变迁往往成为企业产品的“杀手”。这些事实充分说明了深刻理解用户体验对企业生存的重要意义。如图1-9和图1-10所示。

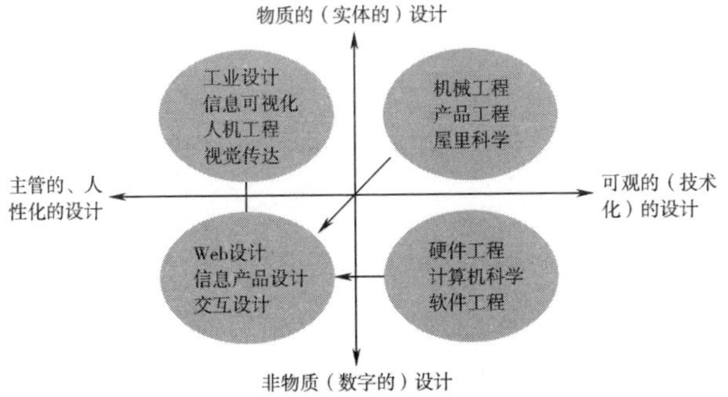

图1-9　设计的发展趋势

计算机科学与技术和认知科学是交互设计的基础，而对技术、产品、服务与人性的理解则是交互设计的核心。从人类需求到用户体验是交互设计理论研究逐渐走向清晰化的过程。

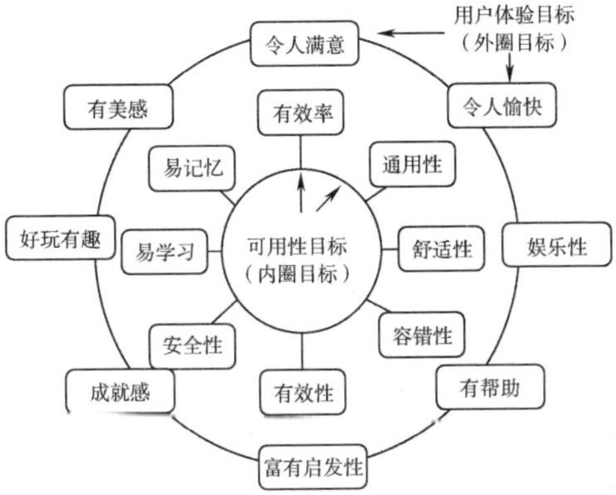

图1-10　目标导向设计

八、文化创意产业理论

文化创意产业是指依靠创意人的创新思维、智慧才华和技能，借助于高科技对文化资源进行创造与提升，通过知识产权的开发和运用，产生出高附加值的产品，具有创造财富和就业潜力的产业。

文化创意产业理论是文化产业理论和创意产业理论有机结合的产物，发源于西方，孕育于文化产业理论，但又对传统的批判性文化产业理论有超越之处。文化创意产业的兴起，才使建设性文化产业理论找到了自身的核心与灵魂——创意。根据文化创意产业理论，文化产业可以包括传统文化产业和创意文化产业。前者是简单、物化的生产型产业，主要关注创意结果的复制，基本上是成型文化产品的简单再生产；后者是高端抽象的创造型产业，主要关注产品、品牌及经营、管理等的创新，大都是具有高新科技含量的新型文化产品的创造性生产。而后者才是文化产业发展的支柱。这便是文化创意产业理论对传统的建设性文化产业理论的超越。

在西方，创意产业经济学理论是文化产业理论发展到一定阶段的产物。创意产业（Creative Industry），也被称之为创意经济（Creative Economy），或译作“创造性产业”。根据文化创意产业理论，创意产业应该包括纯经济门类的创意产业（经济创意产业）和纯文化门类的创意产业（文化创意产业）。前者如创意农业、创意工业、创意商业；后者如创意新闻出版业、创意广播影视业、创意文化艺术业、创意科技教育业、创意体育卫生业、创意网络软件业、创意休闲娱乐业等。这就使创意产业经济学发展到了一个新的阶段。如果说创意产业是一个大的产业门类，那么，自从有了文化创意产业，创意产业这个家族便因进一步细分而分出了若干个具体的门类，衍生出了创意农业、创意工业、创意商业、创意文化产业等。这便是文化创意产业理论对传统的创意产业经济学理论的超越。

文化创意产业理论发源于西方，近年来在中国的本土化进展得非常迅速。文化创意产业理论，以创意为核心理念，显然遵循了中国传统哲学所规定的理论轨迹，是对中国哲学理论的弘扬；是对中国文化学理论特别是文化产业理论的弘扬。文化创意产业理论在把创造的秉性贯彻于文化之中的同时也突显了文化的创意功能，而文化的创意功能恰恰是其他任何经济形态都不可类比的功能；文化的创意功能可以影响人们的一切经济生活。

无论是回首历史上的文化创意，还是展望未来文化创意产业的发展前景，发展文化创意产业都对人类社会的社会生活具有重要意义。展望未来，文化创意产业将为社会就业作出更大贡献。

第三节　台湾休闲农业的类型

台湾休闲农业在20世纪60年代开始萌芽，截至2016年，台湾休闲农业区有78处，合法民宿6802家合法登记休闲农场321家，通过服务品质认证的有50家。这些休闲农场基础设施比较完善，项目设计、产品开发比较丰富。

台湾依托农业发展起来的农业旅游与休闲产业的范围相当广泛，其发展受资源环境、区位交通、市场需要、农业基础、投资实力等多方面的影响，呈现出多元化、多层次和多类型的发展态势。

一、按经营方式与活动目的分类

1. 生产手段利用型

让游客直接参与农作物的栽培、收成后的加工等过程，达到“寓教于乐”的效果，如观光茶园可以让游客亲自参与采茶、制茶的过程。

2. 农作物采摘型

在农作物收成期开放让游客自己采摘是台湾的观光农园与休闲农场最主要的经营方式在果树、草莓、蔬菜、花卉采收期，让游客既可享受收获的愉悦、体验丰收的乐趣，又可当场品尝农产品的美味。

3. 场地提供型

场地提供型休闲农业是日本和欧美国家较为常见的经营形态，让农园或农场充分发挥游憩的功能，给游客提供休闲住宿的环境，让游客享受田野生活的乐趣，或者成立观光植物园、昆虫园、生态园及观光牧场等，给游客提供认识动植物生态的教育机会，这种经营方式是未来的发展趋势。

4. 综合利用型

兼具前面三种形式的两种或多种形式，目前大型或综合型休闲农场、部分小型或简易型休闲农场都有农业体验与餐饮或住宿的休闲游憩功能。近几年来观光农园经营也朝着这种方向的转变。

二、按经营主体与面积大小分类

1. 独资经营

由农场主个人独资经营，休闲农场、观光农园等的规模较小，大多数是家庭农场的性质。

2. 公司经营

由公司作为经营主体来经营休闲农业，如新光兆丰休闲农场、台南南元农场、头城农场等。

3. 农民团体经营

由农民团体来经营的休闲农场，如走马濑休闲农场、东势林场等，分别由台南县农会和彰化县农会经营。

4. 共同经营（合伙经营）

由多数土地所有权人或农民，根据议定方式共同组成产销班组或以合伙的方式共同经营休闲农业，目前此种经营方式数量极少。

5. 合作经营

农业合作社或合作农场进行农场经营。

6. 公营经营（公家经营）

如森林游乐区、退辅会下属的农场、公立大学的林场等。

三、按休闲农业的区位特色分类

1. 都市地区

都市地区休闲农业发展的特色与所处都市的规模、结构、功能密切相关。游客市场依托都市，休闲农业服务方式的多元化，强调生态环境保护等理念的实践，可促进城乡交流与融合。

2. 滨海地区

利用渔村资源，营造休闲渔业特色，达到渔业生产、渔民生活、渔村生态三生一体的渔业发展目标，可发展渔村社区经济。

3. 离岛地区

台湾的岛屿旅游具有分离性与差异性的特征，离岛地区发展休闲农业，充分突出与本岛的差异，可以休闲渔业作为岛屿旅游的重要支柱。

4. 高山地区

高山农业是指在海边 1500m 以上地区的农业经营形态。利用高山地区自然生态资源的多样性与丰富性，可开展生态旅游活动。

5. 原住民地区

台湾原住民族约 14 个，各具有群组文化、产业及自然群组区域环境特色，使发展休闲农业具有基础，在促进地方产业发展的同时可创造居民的就业机会。

四、按产业主题分类

1. 农作体验型

利用现代农业技术，开发具有较高观赏价值的农作物品种园地，或利用现代化农业栽培手段，向游客展示最新成果，如引进优质蔬菜、绿色食品、高产瓜果观赏花卉等作物，建设多姿多彩的农业观光园、采摘水果园、农业民俗园、农果品尝中心等。

2. 畜牧体验型

观光休闲性的牧场、养殖场、狩猎场、森林动物园等，为游人提供观光、休闲和参与牧业生活的，如乳牛观光、草原放牧、马场比赛、猎场狩猎等各项活动。

3. 渔业体验型

利用滩涂、湖面、水库、池塘等水体，开展具有观光、休闲、参与功能的旅游项目，如参观捕鱼、驾驶渔船、水中垂钓、品尝水产食品、参与捕捞活动等。

五、按经营类型分类

1. 休闲农场

休闲农场一般具有多种自然资源，如山溪、远山、水塘、多样的植物景观、特有的动物及昆虫等。因此休闲农场可发展的活动项目较其他类型休闲农业更具多样性，常见的休闲农场活动项目包括农园体验、童玩活动、自然教室、农庄民宿、乡土民俗活动等，是一种综合性的休闲农业区域。例如，位于阿里山旅游区附近的龙头休闲农场。农场内分茶园区、自然景观区、竹林游乐区、游园区、滑草区、度假山庄。人们在此不仅可参与从采茶、烘焙到品茗的全过程，还可学习茶道的有关知识，还可进行滑草、烤肉等活动，享受竹林浴等。此休闲农场可为游人提供内容丰富的休闲游憩活动。

2. 休闲林场

休闲林场具有多变的地形、辽阔的林地、优美的森林景象、山谷、奇石、山泉小溪等景观。在宁静的森林环境里，倾听虫鸣、鸟唱、流水潺潺的自然音响，看大自然调和的色彩与变换线条，能使人心平气和、情绪平静。一般休闲林场所提供的游憩设施有森林步道、森林小木屋、体能训练场等。

3. 休闲渔场

休闲渔场是利用陆地水域或天然海域从事高经济价值鱼贝类水产品养殖，并应用水域资源发展相关游憩活动的场地。休闲渔场可分为养殖休闲渔场及沿岸休闲渔场二大类。一是养殖休闲渔场，包括淡水养殖类和咸水养殖类。淡水养殖类可发展亲水活动、垂钓、捉泥鳅、摸蛴仔、溯溪、溪流生态解说、淡水鱼类生态解说、田野餐饮、民宿等休闲游憩活动。咸水养殖类可发展海水游泳池、观海台、水上度假村、渔乡生活体验、咸水鱼类生态解说、海洋生态解说、海鲜餐饮等休闲游憩活动。二是沿岸休闲渔场可发展岸上及海上的休闲游憩活动，如眺望台、奇岩区、露营烤肉、岸钓、亲水活动、潜水活动、帆船活动、渔村文化活动、渔业文物馆、渔村生活体验、海洋生态环境教育等活动。

4. 休闲牧场

休闲牧场是以畜产饲养为主要经营业务的农场，一般的休闲牧场依所饲养的畜产类别可分为家禽和家畜两大类。牧场除了生产牧草、鲜乳、仔羊牛及牛羊肉外，并可依其特有地形规划出放牧区、可爱动物区、昆虫保育区、烤肉露营区等活动类型。

5. 观光农园

观光农园包括观光果园、观光茶园、观光花园（圃）和观光菜园等类型。

观光果园一般来说主要是以开放的水果采摘为主，较少有其他游憩设施，而规模较大的果园，还设有烤肉区、露营区、步道区等设施分区内容。

观光茶园的经营形态以种茶、做茶为主。有些茶园则附带经营茶坊，提供游客品茗及买茶的场地，有些茶园提供民众采茶与制茶的体验活动，较具规模的茶园还提供游客民宿、餐饮的服务及茶艺文化活动。

观光花园是以花卉栽培为主要营业活动，提供游客前往参观、购买花卉的项目。

观光菜园一般以生产高冷蔬菜为主，并提供游客进入园区内购买服务，一些设施较齐全的观光菜园还提供现炒青菜可供游客品尝。

6. 市民农园

市民农园是将位于都市或近郊的农地集中规划为若干小地块，分别出租给民众栽种花草、蔬果或经营家庭园艺，其主要功能是提供土地与耕种技术给都市民众，让都市民众也可享受农业耕作乐趣。市民农园按照不同使用对象，一般可分为家庭农园、儿童农园、高龄农园、特殊农园、自有农园等五种。

7. 教育农园

教育农园兼具农业生产功能与教育功能，是农场经营者以农业生产、自然生态、农村生活文化等资源为内涵，对中小学生或一般游客设计体验活动，经过详细的解说服务方式，满足游客了解知识的需求，完成自然生态教育，同时促进城乡交流的一种休闲农业经营形态。

教育农园中所生产或栽植的作物和所饲养的动物以及规划配置的设施都具有教育功能。一般常见的有特用作物、热带植物、水耕设施栽培、昆虫园、生态园、家禽园及亲子农园等项目。

8. 乡村民宿

民宿是指利用自住住宅，结合当地人文、自然景观、生态、环境资源及农、林、牧、生产活动，以家庭副业方式经营，为旅客提供乡野生活住宿场所。民宿农庄是以农村的生态环境和生活文化的观光资源，为游客提供住宿、餐饮和相关活动的设备与服务，并运用其特有的优美环境、脱俗的乡土文化生活和温馨的风土人情，发挥其独特风貌，为前来旅游、休闲、接受教育的游客提供规划设计活动的一种新形农业经营形态。

第二章
台湾休闲农业建设思路解析

第一节　资源的深度挖掘与开发

一、休闲农业体验活动资源的分类

从休闲农业体验活动的角度，农业农村资源可分为自然资源、景观资源、产业资源、文化资源和人的资源五类。

1. 自然资源

（1）气象资源　日出、日落、云海、彩虹、月光、星相、季风等。

（2）植物生态资源　植物发芽、生长、授粉、开花、结果的过程都有自然教育的意义，配合农时都有不同的生命周期，尤其“原生种”植物，生态价值更高。

（3）动物生态资源　利用农村的稀有动物设计活动，如蝶类、昆虫类、禽畜、鸟类（留鸟与候鸟）等，提供户外自然之旅；滨海地区的动物生态资源包括鱼类、虾类、贝类、蟹类及潮间带生物等。

（4）水文资源　农村的溪流、河床、山涧、瀑布、温泉等；滨海地区的海景、潮汐、浪花等。

2. 景观资源

（1）地形地质景观　农村有平原、河流、湖泊、水塘、沼泽、山坡、台地、峰顶、峡谷、峭壁等；滨海地区有鱼塘、海岸线、潮间带、沙洲、洞穴、奇石、珊瑚礁、岛屿岩等。

（2）植物景观　观花、观叶、观果植物，四季不同。

（3）动物景观　畜禽类、鸟类、蝶类、昆虫类、鱼类等，其体态、姿势、颜色等都极受欢迎。

（4）农村产业景观　包括稻田、麦田、玉米田、菜园、花圃、果园、茶园、蔗田、林地、鱼塘、草原、盐田等。

（5）农村设施景观　聚落（集村或散村）、传统农宅（三合院、四合院、土楼）、寺庙、温室、网室、渠道、水闸、谷仓、禽畜舍、蒙古包、毡房等。

3. 产业资源

（1）农业　生产阶段的整地、育苗、种植、采收等作业；加工阶段的酿制、酿造、炊煮、处理制造等活动；营销阶段的分级、展售、拍卖、市集等形式。

（2）畜牧类　生产阶段的体验，如饲喂、骑马、放羊、牧羊犬赶羊、坐牛车、剪羊毛、挤牛乳、挤羊乳等；畜牧产品加工利用阶段，如皮蛋制作、乳品加工、鹅蛋彩绘、烤乳猪、肉品加工等；营销阶段，如牲畜市集、畜牧拍卖市场等。牧场体验，如草原赏景、认识牧草、牧草收割、牧草加工餐饮、牧草编织等。

（3）水产业　养殖阶段有喂饲、垂钓、采捕等；加工处理阶段有渔制品制作体验活动；营销阶段有假日渔市的活动。

4. 文化资源

（1）传统建筑资源　平地农村有古代建筑遗址、古城墙、古道、老街、古宅、古井、古桥、古民居、旧牧场、旧码头等；山村有少数民族特色的传统建筑资源。

（2）传统雕刻艺术及手工艺品　具有地方特色的艺术品，如石雕、木雕、竹雕、皮雕、陶艺、编制、刺绣、服饰、古农具及传统家居用具等。

（3）宗教及民俗活动　祭祀庙会、王船祭、迎王祭典、丰年祭、宋江阵、八家将、放天灯、童玩技艺等。

（4）各种文化设施与活动　有特色的农业、林业、渔业、牧业博物馆、文物馆展示活动。

（5）畜牧村落民俗节庆活动　牧草节、剪羊毛、打猎、赛马、摔跤、牛仔表演、马术表演、斗牛等传统体育比赛和娱乐活动。

5. 人的资源

（1）地方历史人物故居

（2）当今知名人物　歌手、艺人的故乡，以及百岁老人、头目、长老等。

（3）具有特殊技艺的农民匠师　技术精练的牧羊人、驯兽师、剪羊毛师傅、乡村街头艺人、竹编师傅、草编师傅、撒网高手、巫师等。

二、休闲农业景观资源分类

王小璘、张舒雅（1993）在《休闲农业资源分类系统之研究》一文中，依景观的观点将休闲农业资源分为以下几类。

（一）自然环境资源

（1）自然环境资源指天然因素所造成的自然环境风貌，如断岩、海峡、季节变化等。

（2）地形、地质景观资源指地面上的形势与地面下的结构，如平原、高原、山岳、丘陵、台地、洞穴、岩洞、火山、盆地、草原、奇石、溪谷、露岩、断层等特殊地形。

（3）水资源景观资源指以水体形态组成的景观资源，包括海滨型及内陆型。

（4）瞬间景观资源指由特殊的地理气候所构成，能为人所知觉的整体环境印象，此种景观资源元素有风雨、温度、湿度、日照、雪、雾、云海、日出、日落、潮汐、季节变化等。

（二）农林渔牧生物资源

（1）农　指农作物，分为农艺作物及园艺作物，包括各种农作物的育苗、栽培、管理及产品采收、加工与观赏、食用、研究的资源。

（2）林　指森林作物的总称，包括高山群落、人工及天然林的林相。

（3）渔　包括近海、沿海、养殖渔业及各种水产（如鱼虾、贝藻类）的培苗、放养、管理、网、钓、采收、加工、观赏、食用、研究等。

（4）牧　包括家禽、家畜两类。

（5）野生动物　凡具有知觉并能自由行动生活在森林中的昆虫、两栖类、爬虫类、鸟类和哺乳动物等生物皆属之。

（三）人文资源

人文资源指人为因素所造成的人文环境风貌，或具有文化价值的资源都属于野生动物。

1. 具有历史价值的人文景观

如历史性古道、古迹、纪念碑、民间庙宇、古庄等。

2. 具有特殊价值的民间游艺

指流传于民间，且具特殊价值的各种游戏技艺与农村文物，包括以下内容。

（1）民俗技艺　迎神赛会、岁时节令、庆典祭拜、民谣歌曲、雕刻绘书、花灯、大鼓等。

（2）民间游戏　抓泥鳅、放风筝、掷飞盘、钓青蛙、骑竹马、打地牛、滚铁圈等。

（3）农村文物　农具、锄头、钉耙、牛车、水车、喷雾器、耕耘机、鱼笼等。

3. 土地利用与设施

包括果园、水田、旱田、盐田、梯田、杂作、畜牧场、农庄、民宅、农舍、养鱼池、养殖场、村庄聚落等。

三、农业生态资源的分类

叶美秀（1998）认为农业生态资源可分为农业气象、农业地理、农业生物及农业景观，休闲农业经营者可参照这四大项，来建立游憩体验的发展方向，规划休闲农业可提供的各式游憩机会。

（一）农业气象资源

游憩潜力具有变化性、神秘性、生活性、实用性，游憩体验发展方向如下。

资源形势发展有以下几点。

（1）在气候与农业的关系方面，可列出各季节或节气与当地农事的关系。

（2）在气象预测方面，可列出当地各种预测气象的方法。

（3）在特殊的天象及气象方面，记录四季值得观察的天象及气象。

游憩机会发展有以下几方面。

（1）食、衣、住、行、育、乐

①食。气候与农产品的关系，如不同气候适合种植不同的果蔬或蔬菜。

②衣。如防晒或防雨的打扮。

③住。气候与住屋之间的关系，如挡风设施、遮雨设施、防台设施等。

④育。气候影响生活层面上的各种说明或观测天象方法教学。

⑤乐。放风筝、风车、看星星等。

（2）感官应用

①视觉。观察各种特殊天象。

②听觉。风声、雨声、雷电声等。

③嗅觉。雨后的味道、久旱干燥味道。

（二）农业地理资源

游憩潜力具有生态性、游憩性，游憩体验发展方向如下以下几点。

1. 资源形式发展

（1）列出地形、土壤与当地农业的关系，如山坡地的茶园、沼泽地的莲花田、旱地的花生园。

（2）列出当地的水文与当地农业及生活的关系。

2. 游憩机会发展

（1）食、衣、住、行、育、乐

①食。食物品质与土壤、水质的关系，饮用灌溉水的来源。

②衣。山村、渔村、平地农村居民衣着各有特色。

③住。住屋形式与地理区位的关系，如南方与北方居民建筑形式各有不同。

④行。道路及运输形式与地形及水文的关系。

⑤育。地形、土壤、水文及农业关系的生态教育。

⑥乐。游览、散步、水边活动。

（2）感官应用

①视觉。观赏整个大环境与农业的关系。

②听觉。溪流或灌溉水渠的流水声。

③嗅觉。品尝泉水的味道。

④触觉。接触土地与纯净溪水的感觉。

（三）农业生物资源

游憩潜力具有生动性、趣味性、实用性，游憩体验发展方向如下几点方面。

1. 资源形式发展有以下几点。

（1）乡间植物　可依用途来找出其种类，如药用、食用、辟邪、观赏用等。

（2）乡间鸟类　鸟的生活与环境生态息息相关，不同空间及时间出现不同的鸟。

（3）乡间水边动物　野生或养殖鱼类，池塘、溪流等不同的生态环境有不同动物。

（4）乡间小动物　作物种类不同会吸引不同的小动物。

（5）乡间昆虫　可与农作物配合，如传送花粉或采花蜜的益害虫等。

2. 游憩机会发展有以下几点。

（1）食衣住行育乐

①食。牛蛙、泥鳅或野菜、野花的烹调、药草的进补。

②衣。某些野生植物的根、茎、叶、花或果实可作为天然染料。

③住。木材、竹子、茅草、笔筒树、槟榔树等皆为重要建材。

④育。各种生物辨识、生活周期以及生态性的解说。

⑤乐。设计捕捉、渔捞、采集的游戏活动。

（2）感官应用：

①视觉。乡间动物的动作、植物的外形，以及昆虫采集花蜜过程。

②听觉。蜜蜂的嗡嗡声。

③嗅觉。野花的香味。

④味觉。品尝各种野味。

⑤触觉。手抓泥巴、采摘野菜。

（四）农业景观资源

游憩潜力具有重要性、背景性，游憩体验发展方向如下。

1. 资源形式发展：

（1）全景景观　整个农场的全貌。

（2）特色景观　稻田景观、果园景观等。

（3）围闭景观　森林荫蔽的林间。

（4）焦点景观　一种特别的农作物或大树的特殊景观。

2. 游憩机会发展

（1）育乐

①育。地理解说、景观解说等。

②乐。拍照留影，作为休憩空间等。

（2）感官应用

①视觉。眺望。

②感受。置身于优美环境中的感受，或于绵延的梯田中的感受。

四、休闲农业资源的开发

1. 资源调查

将休闲农场、观光农园、市民农园、教育农园、休闲农业区、休闲农渔园区以及社区范围内各项资源，包括生产、生活、生态的自然或人文资源全部做普查工作，以了解园区内外的相关资源与应用情况。

2. 资源分类

普查所得的各项资源依据资源的特性和可利用情况，一般分为主题、特色、基础及一般资源四大类。

（1）主题资源是依四季划分的各季主要资源。

（2）特色资源以增强主题资源特色为主。

（3）基础资源是四季均有的资源，全年可用。

（4）一般资源如童玩、民俗活动、技艺、乡间动物、餐饮等。

3. 资源分析

根据春、夏、秋、冬四个季节，以及 1 ~ 12 月不同月份，将园区各项可利用的资源分析罗列出来，作为规划设计体验活动和导览解说的依据。同时按照资源特质与游客五种感官需求，分别规划设计不同的体验活动。

第二节　可持续发展的生态基础建设

一、台湾农业可持续发展的背景

台湾山清水秀、环境优美、自然资源和人文景观丰富多样，孕育出丰富多样的生态物种，且部分保育类和濒临绝种的动植物也得到良好的保护，成为台湾非常重要的自然与生态遗产。

20 世纪 60 年代末至 80 年代末，台湾经济经历了在工业化进程高速发展的同时，也付出了生态环境和农业被破坏的代价。农业的发展在一定程度上造成了环境的破坏，不仅影响农业生存环境，也直接或间接影响了整个地区的经济可持续发展。因此，20 世纪 90 年代以来，台湾农业的可持续发展概念，并在休闲农场深入推广农园可持续发展理念。

二、台湾休闲农业可持续发展经验

1. 生态环境保育政策法规制定与实施

台湾行政部门颁布实施了涉及保护自然生态环境相关的地方政策法规在具体实施上相关部门综合运用行政与经济手段，除了设立相关制度，还采用邀请专家学者、环保团体和地方社区民众参与协同合作的方式解决环境问题等，保障自然生态环境复育。

2. 调整产业结构，注重源头污染治理

台湾从 1953 年实施第一期经济建设计划至 2009 年，年平均经济增长率达 7.5%，大力推进了工业化的进程，使原来以农业为主的产业结构逐渐转变为以工业为主的产业结构。由于对环境保护不够重视，工业建设造成日益严重的环境污染和生态破坏，直接威胁民众的生活品质，因此各种环境保护运动不断开展。台湾当局被迫采取兼顾环保的经济发展策略，调整产业结构，注重源头污染减量。鼓励农业向休闲、有机、生态等可持续方向发展，推广应用有机肥与生物肥料，重视农业环境保护，以减少农业生产对环境的冲击，达到提升农业产品创新服务与品质安全，又保护生态环境和土地资源复育的目的。

3. 开展环保教育，提高环保素养

在台湾基础教育中开展环境教育主要有两套体系。一套是台湾教育部门在课程文件系列中专门颁布了环境教育的课程文件，鼓励和支持学校建设环境教育教学和实践设施，如雨水收集设施、太阳能板、水生态池等；另一套是绿色学校项目体系（民间体系）。

4. 注重生态农业基础设施建设

台湾十分重视农业水利、农村交通设施的建设，经费均由有关部门承担，确保农村基础设施完善。休闲农业景点的配套设施比较齐全，景区外部和内部的道路、交通、水电等设施完善，内部的配套设施也安全完善。

5. 注重本地资源利用

台湾休闲农庄特别擅于发现和挖掘本土历史文化与当地特色资源，如草织、藤编、雕刻、手工艺品、地方舞蹈、戏剧、音乐和古迹史话、传说，通过新奇创意，包装打造出特色品牌。如地震灾区桃米村蕴藏着丰富的生态资源，台湾原生青蛙29种，桃米村就拥有23种，台湾全岛有143种蜻蜓，在桃米村发现了56种。在当地政府的帮助下，桃米村村民挖掘资源潜力，不断宣传各种各样的青蛙和色彩斑斓的蜻蜓，把两种小动物设计成各种可爱的卡通形象，遍布乡村醒目位置，鼓励村民动手，用纸、用布、用石头等乡村材料，制作手工艺品，使桃米村从一个地震废墟地区变成一个昆虫生态文化体验休闲区。

6. 乡村自然与人文环境建设

台湾休闲农场非常关注农场周边的社区文化建设，经常和社区联合举办联谊活动，经营举办爱心传递活动和公益义卖活动。公益理念已经成为台湾休闲农庄的重要文化了，如“熏之园”休闲农园在扩大规模时，优先录取弱势青年，使失足青年以及身体上存在一些障碍的青年获得工作机会，并且不定期地邀请当地独居的老人到香草园免费体验游玩。另外，员工内部也经常举行文娱活动、学习活动和外出参观游玩。农场认为唯有快乐健康的员工，才能带给游客幸福快乐的感受。

三、台湾生态农业建设案例

（一）阿里山乡茶山休闲农业区

茶山村位于阿里山乡的最南端，面积2.5hm^2，海拔380～1733m，居民148户，人口449人，居民有邹族、布农族与汉族三个族群，整个部落被群山所包围，曾文溪贯穿其间，自然景观优美，农产、生态、文化等资源丰富，如图2－1所示。在部落的发展计划中，居民共同决定部落生态公园的发展目标，依此愿景研订发展策略。

（1）部落标识　　（2）入口标识

图2－1　标识系统样式

1. 活用地区自然环境与景观

（1）观赏日出、夕阳、日? 、云海、彩虹、暗夜星? 、夜景等。

（2）观赏多变的山川地形，优美的竹林与天然林相、山谷、山泉、河? 、瀑布、小溪、池塘、奇石、大石壁等。

（3）观赏优美的田园景观，有梯田、果园、茶园、花园、地瓜园、笋园、田螺园，体验活动有生产、拔花生、采玉米、采茶、割笋、挖地瓜等。

2. 生态资源的观赏与接触

（1）鸟类　有喜鹊、蓝腹鹇、白鹭鸶、小水鸭、翠鸟、乌秋、白头翁、麻雀、斑鸠、鱼鹰、绿绣眼、雉鸡、猫头鹰与? 鹰等数十种。

（2）昆虫　有凤蝶、白粉蝶与其他各种蝴蝶，蜻蜓、萤火虫、野生蜜蜂、虎头蜂、黄蜂、蟋蟀、各种蝉类、星天牛与独角仙等各种甲虫。

（3）其他野生动物　有飞鼠、松鼠、山猪、山羌、果子狸、猴子、野兔、穿山甲等多种蛇类、多种树蛙与多种爬虫类。

（4）林木植物　有麻竹、桂竹、乔高竹与孟宗竹等竹类，阔叶林与针叶林的品种超过百种。其他杂木林、爬藤植物及蕨类植物等资源均丰富。

（5）河溪生态　连接“达那伊谷”河段的溪流，溪流中有固鱼、溪哥仔、田螺、泥鳅、虾、鳖、青蛙等。提供溪流生态解说，捉、摸、钓鱼和虾，以及溯溪、泛舟、潜水等体验活动。

3. 环境改善与绿化美化工程均以生态工法施工

（1）以生态工法修整巷道和村道、改善环境、兴建部落小公园及绿化美化植栽。

（2）以茶花为村花，巷道、村道与部落小公园绿化美化，种植茶花与芭蕉。

（3）建设63座凉亭，以凸显部落特色，如图2－2所示。

（1）部落图腾　　（2）部落凉亭

图2－2　部落景观

4. 具有特色的产业发展

（1）具有茶山特色的茶叶、苦茶茶油与桂竹笋，如图2－3所示，发展有机栽培并建立品牌，可自产、自制、自销。

（1）茶山种植　　（2）传统家屋

图2－3　农园风光

（2）香稻米、芋头、地瓜、小米、南瓜质好味美，远近闻名。

（3）野生的树豆、木薯、木瓜、野苦瓜、山苏、山药等是民宿的佳肴。

（4）乡野畜牧，有圈养与放牧方式的牛、羊、山猪、鸡、鹅、鸭、小白兔等，同时为游客提供学习小猪、鸡、鹅、鸭、小白兔的走路方式和叫声，并可以骑牛、看猴子、与狗赛跑等。

5. 民俗文化。

（1）民俗　体验邹族生活习俗与狩猎活动，听邹族的神话故事，看历史古迹、传统民俗文化展演、民俗文物馆。

（2）传统手工艺　邹族织布、大小手提袋、围巾、服饰，藤编、竹编、木雕、陶瓷、泥塑、童玩、图腾，建设传统族群凉亭等都很有特色。

6. 民宿经营

（1）邹族传统建筑大多已改建，仅前村长李玉燕的家维持原族群风貌。因此，民宿大多通过环境整理与室内布置来显现邹族风貌。

（2）经营民宿的7个家庭，其庭院均建盖有凉亭，其周围环境幽美清洁，室内则整洁有序，餐饮大多以当地的农、鱼产品为主。

（3）经营者喜欢讲述邹族神话故事、风土民俗，引导游客探访历史古迹、田野健? 、体验手工艺品制作与农家生活的乐趣。

7. 制定生态环境公约

（1）不随便丢弃垃圾，防止环境公害污染。

（2）不随意打鸟及野生动物。

（3）种植村树（茶树）、村花（茶花）美化环境。

（4）不电鱼、毒鱼、炸鱼、网鱼，保育溪河水中生物。

（5）保护山、水、森林、动物、植物和文化资源。

（6）维护环境整洁、绿化美化与公共设施。

（二）七股乡溪南春休闲农业区

1. 基本情况

溪南村面积 160hm²，当中鱼塘 120hm²、田园 20hm²，居民 60 户、人口 160 人，以溪南春休闲渡假渔村为中心，推动生态渔村的发展。

2. 慎选本土树种

溪南村以黄槿为村树、以榄李为村花。

3. 规划设置涂鸦墙

溪南村主干道由溪南春休闲渡假渔村向南延伸美化绿化植栽 200m，配合设置涂鸦墙 10 面，提供学童与画家涂鸦创作。

4. 整建环村生态步道

长 1800m，路面用枕木与蚵壳以生态工法铺成，定点植栽，两岸有鱼、虾 20 多种，鸟类有鱼鹰等 18 种，植物有海茄苳等 16 种，并有两栖类、昆虫类、爬虫类等生物，生态资源丰富。

5. 兴建环村文化步道

渔村小径长 1600m，沿途所经田园、鱼塘、溪畔、村落、农耕养殖、古井和部落文物艺术工作室，工作室邀请台南与七股地区文史工作者及专家学者，从事文艺创作及史料整理。乡土文化对老年人而言是生活回忆，对年轻人而言是文史教育。

6. 村入口处建造景观节点

该景观节点建设以村民共识图案进行建设，象征溪南村精神与风格。

7. 将鳥湖拥入溪南村的怀抱

（1）七股溪注入鳥湖，由溪湖串成交通经济命脉，鱼虾满溪湖，与情人大桥共同创造优美的景观。每年情人节人们在这里举办七夕星空会，邀请游客到海边、溪畔，观星谈梦，使人们陶醉在爱情中。

（2）在七股溪中段建设“巡海公园”，于七股溪沿岸进行亲水、观鱼、垂钓、管筏钓等活动，营造安全又舒适的钓鱼环境，旅客观赏红树林生态、欣赏溪中的定置渔网、蚵田风光、管筏渔船、绿头鸭、海候鸟、白鹭鸶等。

8. 主要产业

（1）渔业养殖 120hm²，甘薯和蕃茄等农作物种植 20hm²。

（2）传统柑子店、鱼贝类手工艺，鱼产品加工各 1 家。

（3）体验钓鱼场 1 处，民宿 3 家。

（4）溪南春休闲渡假渔村。

（三）竹耕教育农园

位于嘉义县竹崎乡，面积约 13hm²，全园长期处于有机无公害的环境下，因此孕育了很多的昆虫，同时吸引很多野生鸟类前来。园区在自然生态非常丰厚的条件下，设计多样性的自然生态解说课程，园区教育体验活动包括下列项目。

1. 设置有机果园，以菠萝蜜为主，开放认识类活动。

2. 园区成为小朋友户外乡土教学场所。

3. 设计教育体验活动项目

（1）生态教学　昆虫认识、毒性植物识别、鸟类认识、中小学户外生态教学等；

（2）自然创作　石头彩绘、押花卡片、竹类创作、香草系列等；

（3）知性体验　采果、农产加工制作、养生茶制作、野外求生技巧等；

（4）风味餐饮　风味餐饮主要包括菠萝蜜醋及料理、烤肉、土窑等。

园区设计与自然互动的体验活动，目的在培养游客热爱自然、爱护自然的习惯，达到与自然共存共荣的目的。

休闲农场拥有丰富的资源、专业的解说人员、完善的体验设施及合理化的管理制度，是实施生态环境教育最适宜的场所，如图 2－4 所示。且开发环境教育业务，可获取教育训练收入，并带动参训人员其他方面的消费，增进农场运营的效益，所以休闲农场开发生态环境教育业务是一项颇富创意的经营策略。

（1）生态教学　　（2）石头彩绘

图 2－4　体验活动项目

四、生态环境教育发展情况

（一）休闲农场生态教育现状

台湾休闲农场的“生态观察”成为近年休闲农场活动的热门方向，观察动植物生长不受季节限制，如图 2－5 所示。多数农场以赏花和采果为主，所以观光主题旅游多集中在春季和夏季，品尝主题旅游多集中在秋季。部分兼具农场和牧场方向，即使不逢产季，也可欣赏牧场风光或观赏极富趣味的畜牧活动。如宜兰县的头城农场和北关休闲农场特别擅长享受传统农村生活情境。雪霸休闲农场除主产茶花、雪莲外，还有各种花卉、森林自然生态景观。嘉义县嘉义农场植物繁多，并展示蜜蜂生态的旅游乐趣。桃园县味全埔心观光牧场以骏马、乳牛及乳业展示馆为主要内容的观光旅游享誉全岛。台南县走马濑农场以本土农业、樟脑油制作等农业体验为主要特色。花莲县新光兆丰农场以台湾药草区、苗圃区、果园区、鸟园区、林木区、动物区等景观丰富休闲活动内容。总之，每个休闲农场都有自己品牌特色，以生态主题为发展趋势，通过包装营销，以农业生产项目的每一个过程的观赏、参与、体验、品尝、购物为主要内容。

（1）生态讲解　　（2）校外课堂

图2－5　生态教育活动

（二）休闲农场的环境教育设施场所认证

环境教育设施场所认证：规定环境教育设施场所是经整合环境教育专业人力、课程方案及经营管理，提供环境教育专业服务的具有丰富生态或人文与自然特色的空间、场所、装置或设备。申请认证程序如下。

（1）休闲农场运用场内现有的田园景观、自然生态及环境资源，规划环境教育课程及专业人员。

（2）申请认证，成为环境教育设施场所，根据认证审查要点须准备设计环境教育课程方案，并撰写经营管理规划书。规划书须整合农场的环境现况、自然或人文特色的主题与内容、环境教育人力、环境教育课程方案规划书。规划书内容包含简介、愿景、能力、经历、安全维护、环境负荷、运营目标、财务计划和开放时间等。

（3）实施方式　生态教育的教学方式非常多元，可采用讲述、观察、演戏、角色扮演、小组讨论、实验、示范、问题解决、探究教学、绘本教学、游戏教学、创造思考教学、合作学习教学、议题中心式教学、多媒体教学等方式实施，如图2－6所示。

（1）植物认知　　（2）动物认识

图 2－6　生态教育认知

五、对大陆休闲农业发展的启示

1. 普及生态农业发展理念

近年来中央和各级党委政府以创新、协调、绿色、开放、共享等五大发展理念为指导，对科学发展、生态循环、绿色经济非常重视，形成“五位一体”发展理念的共识。对农业生产和消费主体的认识显得尤为重要。苗栗飞牛牧场的生态理念，“飞牛不只是牧场，不只有绿地、牛与羊，还是一座生趣盎然的森林，更是最自然不过的户外生态教室”，它是经多个部门认证，被授予对中小学生和社会公众开放的生态养殖、水资源环境等教育基地。普及生态循环农业知识，加大生态循环农业的宣传和推广，牢固树立农业生态发展理念、举生态旗、走生态路、打生态牌，以点带面推动生态循环农业的健康发展。

2. 强化农业生态文明法制建设和政策支持

借鉴台湾经验，高度重视农业政策的科学性、系统性、稳定性和便于落实的可操作性。同时，加强配套政策的研定和落实，特别要加强资金和技术的政策配套。强有力的资金支持是建设农业生态文明的支柱，因为农业生态保护与生态建设无论是基础设施、检测手段、人才与技术支撑、检查执法等，都需要大量资金投入。因此，一是要加大政府公共财政投入力度，统筹使用政府各部门的资源，集中项目投入，联合攻关，同时动员社会参与，开拓融资渠道。二是要建立建设生态文明的专项基金，支持生态农业重大项目、重点工程建设；鼓励和支持社会资金投向生态农业基础建设和经营领域，推进农业生态文明建设市场化运作。三是要强化科技支持，打造高水平的官产学研科技创新平台和示范基地，实现资源节约、环境友好、固碳增汇、绿色食品开发等重点领域的创新驱动，破解技术与经济脱节的难题。

3. 应用生态农法的理念

开展农地重划时，考虑了自然风光的维护以及观光旅游设施的规划和配套建设，利用乡村地区优美的自然景观，赋予其休闲度假的功能。利用乡村耕地资源及生物相对多样性，打造回归自然的绿色饮食、有机、低碳生活空间，鼓励和扶持有机农场发展修复基于农地自洁功能的农村生态，进而采用先进的农地耕作制度实现农地环境自循环化。

4. 要重视环境教育

近 20 年来，台湾的环境治理与生态保育取得良好成效的关键就是重视环境教育。台湾休闲农庄主共同的特点就是都特别热爱乡村田园生活，不追求短时间的暴利，他们从一开始就非常注意生态环境的保护，这与他们接受的环境教育有很大关系，大陆应重视环境教育，建立学校环境教育和社会环境教育体系，提升自然人、企业管理者、公务员保护环境的知识、技能、生态伦理与责任。

第三节　休闲活动多样化设计

休闲农业产品及服务的设置，以“独特性”和“顾客感到的价值”作为评判的重要指标，因此，特色的资源和独特的创意成为休闲项目成功与否的基础。一个休闲农业园区的基本元素要做到：有东西可看、有事情可做、有产品可买。休闲活动项目分类的准则不同，归纳所得的类型也不同。本章将休闲活动项目按照产业特性进行分类。

一、农作体验型休闲活动

台湾全岛耕地面积约 81 万 hm^2，休闲农场以提供农作体验活动为主。根据调查统计，约有 47% 的休闲农场举办果园采摘体验活动，29% 举办蔬菜采收活动，43% 举办其他的农作体验活动。（台湾休闲农业学会，2007 年）

（一）农作休闲活动设计

依据农场主要体验的农作物，可归纳为下列几种主题活动。

1. 水稻主题休闲活动

体验项目包括稻种认识、“绿蛋卷”秧苗培育、插秧、“水稻宝宝”秧苗盆栽、收割、操作打谷机、制作稻草人、稻草编织艺术、稻草迷宫、有机农法、米食制作、米食餐饮等。

2. 果树主题休闲活动

体验项目包括认识果树、采果、水果雕塑、果皮利用、树叶印染、制作与品尝果汁、制酒、制醋、果树盆栽等，如图 2－7 所示。

3. 蔬菜主题休闲活动

体验项目包括认识蔬菜、栽种蔬菜、蔬菜盆栽、学习有机农法、采收蔬

（1）水果品尝　　（2）果酒

图 2－7　果树主题休闲活动

菜、烹调蔬菜、蔬菜养生餐饮等，如图 2－8 所示。

（1）蔬菜养生美食　　（2）有机蔬菜

图 2－8　蔬菜主题休闲活动

4. 花卉主题休闲活动

体验项目包括认识花卉、花卉盆栽、花圃赏景、花卉迷宫、花卉餐饮、制作押花和干花、花卉精油 DIY 等，如图 2－9 所示。

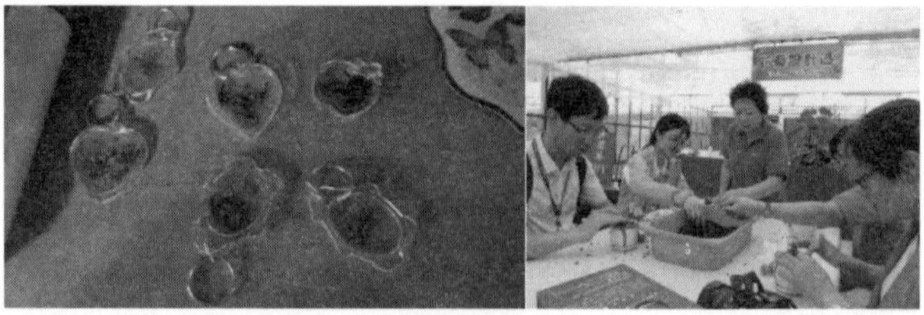

（1）押花体验　　（2）盆栽体验

图 2－9　花卉主题休闲活动

5. 香草主题休闲活动

体验项目包括香草赏景、认识香草、香草盆栽 DIY、香草科普、香草美食餐饮、香草制品 DIY、香草伴手礼等。

6. 药草主题休闲活动

体验项目包括认识药草、中草药采摘、药草课堂、药膳美食、养生汤药、药草生物技术产品、中草药养生理疗等。

7. 咖啡主题休闲活动

体验项目包括认识咖啡品种、采集咖啡豆体验、咖啡盆栽 DIY、咖啡豆烘焙和加工体验、手工磨咖啡、品尝咖啡、品尝咖啡食品、咖啡文化观摩等。

8. 蘑菇主题休闲活动

体验项目包括认识蘑菇、了解蘑菇生长过程、参观菇菌生态世界、亲手种蘑菇、养生百菇料理、手绘蘑菇玩偶、蘑菇食品等。

（二）以香草体验为主题的休闲农场

香草植物具有香料、医疗、餐饮、赏景的效果，所以是设计休闲体验活动的宠儿。休闲农场主要种植的香草种类包括：熏衣草、迷迭香、洋薄荷、香水茅、马郁兰草、欧洲罗勒、山艾、玻璃苣、香蜂叶、香薄荷等。

台光香草园位于南投县埔里镇，是台湾第一座香草主题农场，总面积约 $13hm^2$，每年推出 100 多种香草产品，是全台湾主要香草产地；台光香草园由台光园艺所设立，推出香草系列产品，并生产许多珍贵奇特的植物，在市场上占了很重要的地位。

台光香草园香草展示区又分为香草商品特区、香草生产区以及香草资料展示区。商品特区主要展示香草的副产品，有精油、肥皂、花茶包和书签等产品；生产区则种植各种特殊花卉及幼苗，供民众与大自然亲近；资料展示区则是标出各类香草的学名、产地、分类、应用等，使民众在欣赏游玩时，也能学习不少的知识，如图 2－10 所示。

1. 香草产品

园区提供自行开发研制的多种香草商品，包括精油蜡烛、自然健康的花茶、香包、枕头及香皂等多种香草产品以及纪念品，如图 2－11 所示。

2. 香草 DIY

游客学做花草书卡、香草可颂派、香草精油皂、DIY 体验、节气香草、茶道、枯木枯叶创意 DIY，还可以学做香草沙拉、咖喱酱、意大利酱及香草酱的春草面，并可以提炼香草精油及香草洁肤慕丝 DIY 等。

3. 香草料理

香草丛林美食全由农场女主人亲手料理，最受欢迎的星月炸饼、冰淇淋松饼、菜茄罗勒海鲜意大利面，总是让访客回味无穷；而鲜叶熏衣草咖啡安

（1）香草园　　（2）香草认知

图 2－10　香草主题休闲活动

（1）香草制品　　（2）香草手工皂

（3）香包DIY　　（4）体验活动

图 2－11　香草产品

神又醒脑，也是畅销饮品，如图 2－12 所示。

4. 香草节活动

台光香草园更特别的地方，是随着每种香草生长季节不同，以 3～4 个月为一个活动主题，1～4 月为熏衣草节，5 月～8 是澳洲茶树节，9～12 月是迷迭香节，供应迷迭香简餐、私房迷迭香茶饮、迷迭香手工饼干、提炼迷迭香精油、迷迭香纯露、迷迭香香草染等，游客来园区可深度体验香草的魅力。

（1）香草冰淇淋　（2）香草面

（3）香草餐饮　（4）香草茶

图 2－12　香草主题食品

二、动物体验型休闲活动

畜牧体验是与动物互动，具有灵动性，受到游客的喜爱。台湾畜牧体验的内容有：鸡、鸭、鹅、乳牛、山羊、乳羊、猪、兔、鸟等类别，其他还有鹿、鸵鸟、水牛、猴、马、蛇等动物。根据调查，台湾约有 14% 的休闲农场提供畜牧体验活动（台湾休闲农业学会，2007 年）。

（一）畜牧体验活动设计

1. 动物亲近体验

体验项目包括认养小动物、喂食动物、观看动物表演、与动物做游戏、迷你动物等，如图 2－13 所示。

2. 牧野草原体验

体验项目包括观赏动物在草原上漫步、吃草，游乐活动（跑马场、射箭场、赛车场、迷宫、滑草场）、表演活动（牧羊犬赶羊、马术表演、犬的技术表演、剪羊毛秀、牛仔表演）、度假住宿（草原小木屋、农舍型农村小筑、闽南式三合院、露营区）、干草游戏（干草包装置艺术、干草包竞赛、牧草编织等活动）。

3. 美食体验

体验项目包括牛肉、羊肉的美食等，还可以品尝由有机牧草饲养的鸡、

（1）喂食体验　　（2）牧野草原

（3）马术表演　　（4）剪羊毛秀

图 2－13　牧场活动项目

鸭、鹅、火鸡等加工食品，体验炒牧草心（狼尾草）、牧草果汁、牧草馒头等，如图 2－14 所示。

（1）肉类美食　　（2）鲜乳冰淇淋

图 2－14　牧场美食

4. DIY 体验

体验项目包括鹅蛋彩绘、蛋雕、皮蛋及卤蛋制作、烤乳猪、猪肉加工、乳品加工、羊毛服饰 DIY、蜂蜜花粉加工体验、羽毛加工体验等。

5. 牧场生活体验

体验项目包括挤牛乳、挤羊乳、饲喂鹅和鸭、骑马、赛马、坐马车、坐牛车、驴拉磨、修理牧场围篱等，如图 2－15 所示。

（1）动物表演　　（2）牧场体验

图 2－15 牧场主题活动

6. 伴手礼及纪念品

体验产品包括完全遵循古法以纯手工生产制作的香肠、肉干、肉松、牛乳糖、饼干、乳酪蛋糕等美食，还有牧场有关的衍生产品，如动物钥匙圈、动物木偶、乳牛装、乳牛围兜、帽子、裤子等，如图 2－16 所示。

（1）乳酪　　（2）动物玩偶

图 2－16 牧场主题产品开发

（二）以畜牧体验为主题的休闲农场

走马濑农场由台南市农会经营，坐落于台南市大内区，面积 120hm^2。以种植牧草起家，再转型为观光休闲农场，现在发展为南台湾最完善的自然教育基地、度假基地和会议中心。据屏东科技大学调查发现，走马濑农场有 150 多种野生动物。农场的体验活动如下。

1. 农业活动体验

牧草、香草、药草园区开设认草、吃草、玩草、游草系列体验活动，还有推牧草、担牧草、DIY 牧草馒头、DIY 麻薯、花卉栽培教学、喂牛宝宝和羊宝宝等体验项目，如图 2－17 所示。

2. 乡村文化体验

在古农具动动手分区，游客可现场操作农事工具，寓教于乐；在田园艺

（1）牧草堆　　（2）喂食体验

图 2－17　小动物饲喂

廊，有举办农村乡土文艺的展览；在本土农业馆中，主要展现当地特色农业文化。

3. 自然生态体验

走马濑农场有 150 多种野生动物，包括山兔、松鼠、蛙类、水鸟、鱼类及昆虫等，还有 6 种保育鸟类、3 种保育两栖类、1 种保育哺乳类和 1 种保育类昆虫。农场还设置放牧区、本土动物园区及小动物喂食体验区，非常适合家长带着小朋友前来喂牛、骑马，亲近小山羊、迷你马、日本鸡、乌龟等可爱动物，如图 2－18 所示。在植物方面，这里有热带草原、香花、药草等多种景观，随着季节的变化，可使游人观赏到台湾榄仁树、火焰木、桃花心木、马拉巴利、光腊树、枫树林等林木景观。

（1）喂鸭体验　　（2）蜜蜂体验

图 2－18　自然生态体验

4. 运动游憩体验

农场内有多项运动设施及休闲设施，为游人提供不同的乐趣。游人可以搭乘专有路线的游园车或租借自行车，绕行农场一周，观赏农场的绿林生态；或者去滑草，释放压力；也可选择射箭、打高尔夫球，锻炼一下运动技巧。天热时，游客还可到水世界享受清凉、SPA，让人消除疲劳。另外，游人也可以搭乘缆车、乘坐碰碰船和脚踏船游湖，在虫鸣鸟叫之间感受轻松度假的快意与悠闲。

5. 牧草香草产品体验

农场自行研发并独家贩售的自有产品，种类包括牧草包子、馒头、麻薯、冰品（棒冰、冰淇淋）、牧草粉、牧草面、牧草茶及香草系列的香草茶和各种加工品。

6. 美食体验

农场有多个餐厅，包括以中西餐为主的兰花会馆，农场风情乡土料理为特色的草原餐厅，以提供特色五谷、牧草馒头且可以DIY制作牧草馒头、牧草麻薯为特色的田妈妈土产教室，以台畜二号狼尾草为主要食材餐点的田妈妈香草餐厅、还有别具一格的咖啡厅。

7. 住宿体验

农场内住宿设施设计多样化，有兰花会馆、度假木屋、草原别墅、欧式造型度假旅馆、国际三星级顶级露营区，如图2－19所示。

（1）度假木屋　　（2）露营区

图2－19　住宿体验

三、渔业体验型休闲活动

海洋渔业、养殖渔业、渔船、渔港及各种设施用具，鱼、虾、贝类的育苗、放养、管理，网、钓、采收、加工、食用等均属于娱乐渔业的范畴。近年来随着池塘、水库、河川垂钓者人数的增加，搭乘渔船进行海钓、观赏回游鱼群及珊瑚和其他海洋生物的活动日渐流行。根据调查，台湾约有10%的休闲农场提供渔业体验活动（台湾休闲农业学会，2007年）。

（一）台湾主要渔产品资源

1. 鱼类资源

罗非鱼、鲤鱼、鳗鱼、淡水鲶、鲈鱼、鳟鱼、香鱼、虱目鱼、鲷类、鲙、乌鱼、泥鳅、观赏鱼类等。

2. 虾类资源

草虾、斑节虾、沙虾、长脚大虾、红尾虾、龙虾、白虾等。

3. 贝类资源

牡蛎、文蛤、蜊、血蚶、西施贝、蚬等。

4. 蚂蟹类资源

蚂、蟹、鳖、龟等。

（二）渔业体验活动设计

渔业休闲体验活动项目有下列几种类型。

1. 渔场体验

包括亲自喂鱼、捕捞鱼、钓鱼及钓鱼技巧教学、渔具制作、捉泥鳅、鱼拓、撑竹筏等活动。

2. 生态体验

包括生态保育、鱼类辨识、滨海植物辨识、红树林生态教学、鱼类生态教学等活动。

3. 渔业及渔村文化体验

包括渔业文化展示、传统渔具展示、渔产教室、渔村文物展示、水族展示或博物馆、螃蟹博物馆、鱿鱼文化馆等，如图 2－20 所示。

（1）水族博物馆　　（2）传统渔具展示

图 2－20　渔业主题展览

4. 风味餐饮体验

包括生猛海鲜品尝、水产加工制品品尝等活动，如图 2－21 所示。

5. 渔场住宿体验

包括渔村民宿、水上度假屋、桶间寮夜宿等活动，如图 2－22 所示。

（三）以渔业体验活动为主题的休闲渔场

溪南春度假渔村位于台南市七股区溪南村，度假渔村面积有 $11hm^2$，以养殖虱目鱼为主，渔场主题定为“享受自然生态，体验渔村生活”，现已经营成为七股地区餐饮与休闲度假中心。体验渔池有 $5hm^2$，分为一般鱼类与弹涂鱼

（1）海鲜美食　　（2）海鲜餐饮

图 2－21　渔业主题美食

（1）民宿　　（2）水上度假屋

图 2－22　渔业主题住宿

（花跳）区，设有专业体验池与垂钓体验渔场各 2 处，教育解说亭 2 座。以产业带动渔村小区营造发展的动力，以招牌海鲜美食因而闻名，形成鲜鱼产品市场信誉，让渔村的环境生态、人文、产业、美食、住宿等更具撼动人心的魅力。休闲渔场的资源及体验活动如下。

1. 鱼塘观景

鱼塘、渔场前的河道及不远处的海洋，成群的水鸟、绿头鸭等，都是景观元素。游客在巡海公园观赏泻湖、七股溪、蚵田、红树林风光，水鸟在潮来潮往中飘飞舞动，如图 2－23 所示。

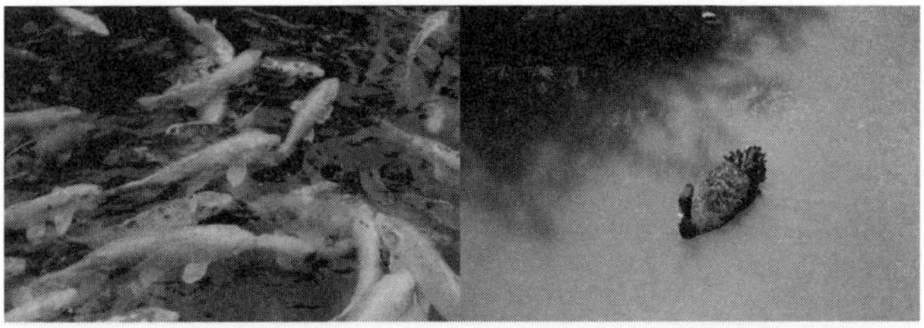

（1）喂食锦鲤　　（2）黑天鹅

图 2－23　鱼塘小动物

2. 渔业养殖及采捕体验

在景观规划及体验活动的设计时，充分导入渔业文化符号，除提供鱼类知识教育等相关导览解说外，还提供钓鱼、捉鱼、烤鱼等活动，让游客有机会卷起裤管到渔池中摸蛤仔、去海边捉螃蟹、撒网捕鱼。牡蛎是渔村的主要水产品，游客可观摩牡蛎的养殖与采收方式，学习开壳取牡蛎的方法。

3. 美食体验

溪南春渡假村餐厅所食用的优质鲜活鱼产品，均来自本区渔民，休闲渔场“卤水罗非鱼、虱目鱼、牡蛎”是水产三宝，风味餐料理鲜美，虱目鱼味鲜肉细，营养价值高，向来有“状元鱼”的美称，而这里特产的“无刺五柳枝虱目鱼”，更具有特色。另外，餐厅还推出“虱目鱼 30 吃”大餐，包括招牌“虱目（思慕）绵绵汤”、红烧虱目鱼肚、创意梅子虱目鱼色拉、虱目鱼粥、虱目鱼羹、虱目鱼米粉等，从鱼头、鱼肚、鱼背，到鱼肠、鱼腱、鱼皮，无一不可入菜，作法囊括煎、烤、煮、蒸、炸、腌、烧。游客还可以进行海鲜自助烧烤体验，增加活动的趣味性，如图 2 – 24 所示。

（1）海鲜料理　　（2）海鲜烧烤

图 2 – 24　美食体验

4. 特色产品售卖

游客不仅可以购买自产的无添加物、纯手工制造的鱼松、鱼丸、鱼干与鱼香肠产品，还可以购买附近村民利用鱼贝牡蛎壳等材料制作的各种手工艺品，如图 2 – 25 所示。

（1）加工海产品　　（2）贝类手工艺品

图 2 – 25　特色加工产品

5. 渔村生活体验

游客夜晚住宿在池塘上的“桶间寮”草屋，或是住宿渔家民宿，体验传统渔家管理渔塘的辛苦。

6. 民俗文化体验

文史工作室陈列农场主收集的传统生活器物，并为文史工作者、学者专家、艺术家提供创作场所；设置涂鸦墙，提供学童与画家涂鸦创作空间；组织老年乐团，每逢周末或节假日的中午在度假村举行演奏活动，如图 2－26 所示。

（1）陈列室　　　　（2）涂鸦墙

图 2－26　民俗文化

四、林业体验型休闲活动

台湾森林资源丰富。台湾林地面积为 210.24 万 hm^2，其中森林面积为 195 万 hm^2；森林蓄积量为 3.582 亿 m^3；单位面积森林蓄积量为 $184m^3/hm^2$。另外台湾有竹林 15.23 万 hm^2。树木种类近 4000 种，以杉、红桧、樟、楠等名贵木材闻名，樟树提取物位居世界前列，台湾的樟脑和樟油产量约占世界总量的 70%。

随着经济的发展，台湾的林业发展定位从过去以木材生产为主的经济开采转向森林保护、水土保持及森林旅游开发等综合利用方向，并提出了“造林抚育”的口号，依托林木资源开展的各类森林度假、森林养生类项目也得到了迅速发展。

（一）林业体验类活动设计

以林业类产业为基础的休闲项目包含自然森林休闲项目和人工林休闲项目。目前台湾全岛共有 21 处国家森林游乐区，分别由退辅会（2 处）、台湾大学（1 处）、中兴大学（1 处）、林务局（17 处）经营管理。森林游乐区利用森林的地形、气象与自然景观，提供人们健康、教育、静思及亲近自然的场所，让人们体验大自然的生趣。针对台湾森林游乐区的发展特点，归纳出类似林业园区休闲项目的设计类型。

1. 雾（观雾森林游乐区）

利用自然气象条件，以云雾飘渺的山峦、森林为观赏元素，吸引游客观赏从山峰氤氲到云海翻腾，从远山日出到雪覆山头的独有山林风景，如图2－27所示。

（1）森林观雾　　（2）森林观雾

图2－27　森林雾景观

2. 森林浴

在森林中修建游览步道，设计林间体能运动，让游客感受森林空气的湿润、清洁与充裕，如图2－28所示。

（1）森林步道　　（2）森林栈桥

图2－28　森林小径

3. 森林小火车

利用森林的特殊地形和郁闭的林隙，以传统蒸汽火车代步，带游客游览梦中的童话世界。

4. 野生动植物观察

野生动植物观察包括森林鸟类、蝶类、蛙类、昆虫、树木、蕨类植物、林下植物等，可以沿路设置动物图片及介绍标牌，如图2－29所示。

5. 生态保育

设立林间教室、森林平台，为科普知识讲解、宣传提供空间，如图2－30所示。

（1）昆虫观察　　（2）寻访林中动物

图 2－29　野生动物观察

（1）生态保育标识　　（2）森林平台

图 2－30　森林生态保育

6. 伐木

利用传统伐木工具，如木马运材等让游客体验传统伐木工人的工作乐趣。

（二）主题林休闲项目设计

竹和茶是台湾重要的林业资源，台湾竹林面积约 15 万 hm^2，产地以南投县竹山、鹿谷最为出名，主要产桂竹、长枝竹、刺竹、孟宗竹、麻竹等。

1. 竹主题的休闲体验活动设计

（1）竹林景观体验　竹林长廊、竹林步道、竹林观涛等，让游客体验摇曳婆娑、婀娜多姿的竹林景观。

（2）生态教育体验　规划百竹园，配合教育解说，让游客认识竹的不同品种；开展竹苗盆栽、竹苗种植体验等活动；林间体育运动、竹子迷宫、观察竹林生态、竹林观鸟等。

（3）主题美食体验　竹筒饭、竹笋美食、竹笋料理、竹笋宴、竹笋加工品（脆笋、笋丝、笋茸、酱笋等）、宅配笋风味美食等。

（4）竹制工艺品制作　竹篮编制、竹乐器制作、竹蜻蜓、竹子存钱筒等。

（5）竹文化延伸体验　举办以竹为主题的文化节，宣扬竹文化；展示与竹子有关的诗词歌赋展览、竹子文化解说等；建设竹子文化馆等。

2. 茶主题的休闲体验活动设计

台湾产茶地区比较多，有七大产茶区，主要是绿茶、文山茶、东方美人茶、铁观音茶、日月潭红茶、白毫乌龙茶（碰风茶）、冻顶乌龙茶、高山茶（大禹岭茶、合欢山茶、梨山茶、杉林溪茶、阿里山茶），并在新北市建设了世界上第二座茶业博物馆—坪林茶业博物馆。

（1）茶园科普游览　包括茶园风光、茶品种认知、采茶体验、茶园漫步等项目。

（2）制茶过程体验　包括体验晒茶、炒茶、揉茶等制茶过程的体验项目。

（3）品茶及茶文化体验　包括品茶、茶科普、茶文化展览、茶艺和茶道表演等活动项目，如图 2－31 所示。

（1）茶文化展览　　（2）采茶体验

（3）茶艺表演　　（4）喝茶文化体验

图 2－31　茶主题休闲活动

（三）以竹炭体验为主题的休闲农场

“武岫休闲农场”位于南投鹿谷，海拔高达 1500m，属于阿里山山脉的杉林溪支脉，总面积达 80 余 hm^2，主要分为武岫农圃与武岫竹炭窑两个分区。农场主人早期以经营茶圃为主，茶园之外，还有近 $10hm^2$ 的孟宗竹林。1991 年开始，农场主以混合造林的方式种植樱花、罗汉松、梢楠、樟树、台湾杉等树种。近年来，农场主人致力于推动再造文化，打造出一座改良式的传统窑，利用孟宗竹来烧制竹炭，成功开发出很多特色产品。山上环境清幽，游客来到这里，可以漫步于宽阔的园林，感受大自然的美好。此外，农场里还有竹炭枕头、竹炭健康袜及各式竹制餐具等特制产品可以选购。

1. 自然生态景观

在园区，游客可以看到大小竹鸡奔跑、蓝腹鹇雀跃漫步的画面，还有五色鸟、冠羽画眉、棕面鹰等保育鸟类。另外，每年5月~8月，游客还可以看到许多萤火虫。

2. 竹炭文化

“武岫竹炭窑”专门生产“孟宗竹炭”，该竹炭是以四年生以上的孟宗竹为材料，采用高温炭化技术，历时10多天的手工精烧，方能制成质量优良的竹炭。“武岫竹炭窑”平时对外开放参观，并提供竹炭制造解说服务，这是了解竹炭生产过程的好地方。

3. 竹炭体验

在“幽篁馆”的森林咖啡屋里，可以喝到精选武岫孟宗竹炭磨成细粉和特选咖啡豆精制而成的招牌饮料“竹炭咖啡”，另外这里的竹笋料理也很有特色。游客同时，还可欣赏屋外连绵的山峦和翠绿的孟宗竹林，充分感受自然景观之美。

4. 伴手礼产品

农场的竹炭，炭质结构致密、矿物质含量丰富，可开发出多种延伸商品，包括具有抑菌、除臭功效的竹炭袜，具防腐、防臭、促进安眠的健康枕头，可防蚊驱虫的竹醋液等，还有美味的竹炭饼干、竹炭花生等食品。

五、对大陆休闲农业发展的启示

台湾休闲农业发展较早，特色显著，总结台湾休闲农业发展的经验，对发展大陆休闲农业有以下启示。

1. 发展休闲农业要因地制宜，主题鲜明，特色发展，不可盲目攀比，贪大求洋。台湾各具特色的休闲农场均与当地自然资源紧密结合，辅以加工工艺、生产环境、服务娱乐等要素环节。例如，笔者考察过的休闲农场产业包括草莓、蘑菇、兰花、茶叶、蔬菜、有机大米、水果番茄、蜜蜂、水草、莲藕等，均是结合本地资源，体现特色发展，休闲题材不拘一格，活用特殊的自然和文化观光资源。

2. 发展休闲农业要有明确定位，休闲农场宜建立在大城市郊区、风景名胜区周围或是旅游线路的节点上。休闲农业的客户群体主要来自城市居民，休闲农场的设立要充分考虑到客户来源和客户需求，并做好道路交通、通讯等硬件服务建设和配套软件服务设施，提高服务质量。

3. 发展休闲农业要一业为主，兼业经营，观光体验、餐饮住宿结合运行。结合主业开发生态农场，发展自然观察型、学习体验型和生态保育型生态旅游。如台湾苗栗县大湖乡草莓种植园，把草莓种植和加工向深度和广度推进，使小草莓变成了大产业。并利用良好的自然环境，发展休闲观光农业，吸引外地观光游客，前来餐饮住宿随之发展起来，形成了与生产结合、与农产品深加工结合、与种养加结合的产业链条。

4. 发展休闲农业要保护好生态环境和本地特色文化。开展季节性庆典活动、神话故事传说、表演艺术、民间艺术和传统手工工艺、食品制作及烹饪等活动，体现简朴、简约、古朴的传统文化特色和田园风光。庭院经济、一村一品通过题材发掘提升，都能建成休闲农业观光点。不能简单地复制城市豪华、繁杂的生活模式。同时，要搞好环境卫生。

5. 发展休闲农业要有制度保障和科学规划。通过制定政策、贷款融资、培训专业人才等支持休闲农业发展。台湾城乡融合，建立健全了农业、工业、服务业同步发展、一体化运行机制，农业从业人口比例仅占总人口的5%左右，为休闲农业发展奠定了基础条件。有关行政部门及时出台行业规划，加以引导，保障休闲农业的持续健康发展。

第四节　规划是休闲农业发展的关键

“规划就是财富，环境就是资本，结构就是效益”。因地制宜、科学规划是发展休闲农业产业的关键，其中对休闲农业相关的资源深度挖掘与开放优势“因地制宜、科学规划”是根本。因此，各地在大力发展休闲农业产业中应积极推进休闲农业规划技术支撑，深度挖掘和系统开发休闲农业相关的资源。

一、加强对发展休闲农业的统筹规划

在调查分析区域自然景观、地理地貌、农业资源、民间风俗基础上，从统筹城乡发展、开发农业的多种功能、建设社会主义新农村的高度，按照开发与保护相结合、生态效益与经济效益相结合、突出特色的原则，科学编制休闲农业的发展规划，使之纳入当地经济社会发展的总体规划中去，并与区域土地利用总体规划、农业发展规划、城镇发展规划、新农村建设规划、城市旅游规划等相衔接，确保规划的整体性、前瞻性和延续性，确保各类休闲农业园区合理布局、有序发展，实现点线面相衔接、大中小相配套，防止一哄而上、小打小闹，避免重复性、同质化建设。同时，立足资源特色和比较优势，引导生产要素向优势区域集聚，推进休闲农业产业集群发展和产业优化升级，促使休闲农业产业步入良性发展轨道。

二、休闲农场设计起点要高

充分考虑交通区位、休闲农业资源条件和休闲农场的空间布局密度，准确选址，掌握规模，确保特色鲜明，功能定位准确。充分利用田园景观、自然生态等资源，开发生态功能和社会功能，将农业生产、生活、生态进行有机融合，融现代农业、科普教育、环境保护、农事体验于一体。

三、要加强规划引领和规划控制

凡是列入政府扶持或财政奖补的休闲农业项目，必须聘请具有良好资质的规划设计单位进行规划设计，并报当地规划委员会审批后方可立项实施。对于自行开发建设的休闲农场，各级政府部门也要纳入统筹管理，注重引导、强化指导，使其把握好区域定位、功能定位、市场定位，将各地自发的休闲农业项目纳入区域发展规划。

合理规划布局，整合资源，强化合作经营和策略联盟，实现优势互补，避免农场间恶性竞争。大陆和台湾具有相似的农业资源特征，人多地少，属于典型的小农经济，因此，发展休闲农业，必须从当地主要或特色的农业生产、农民生活及农村生态等农业资源着手，发挥地方特色，充分利用展示、解说、观赏、参与、摄影和采摘等多样化的活动或手段，来活化农业资源，使休闲农业得到可持续经营与发展。

第三章 台湾休闲农业经营思路解析

第一节 企业化的经营管理

在市场导向的时代下，休闲农场已逐步脱离一家一户自给自足经营的阶段，开始进入企业化经营管理的阶段。休闲农场作为企业单元进行运营，首先需要千方百计招揽顾客。有顾客才有营收，也才有赚取利润的机会，所以如何开发顾客群体，探求顾客的需要，提供顾客所要的产品及服务，成为企业运营的主轴。休闲农场面向休闲旅游市场，要特别重视经营管理。本章将配合休闲农场的特质及市场发展的趋势，着重介绍台湾休闲农业在农场经营管理方面的内容，分别阐述盈利模式、特色产品开发、解说服务、网络营销等方面的内容。

一、园区经营管理系统

休闲农场经营管理的核心任务，就是对这五大类活动进行计划、执行、考核的管理机制。五大类活动的绩效，在期末要与原定目标比较评价，符合或超过目标的，下期继续维持或提高目标；没达到目标的，找出原因持续改进，如图3－1所示。

1. 业务类

包括生产、游憩、餐饮、住宿等对外服务。

2. 营销类

设立专门的营销机构，确定休闲农场市场定位、目标对象、营销计划等。针对休闲农业淡旺季明显，连续假日及寒暑假游客量较大的特征，对接营销中介者（旅行社、旅游批发商、旅游企划者、公司旅游经理人），将产品和服务销售到消费者手中。

3. 解说类

目标是提供游客有趣、愉快的体验及无形教育，经过欣赏与科普教育过程，提高游客的旅游体验性。休闲农场通过解说人员，引发游客的好奇心，并启发游客的兴趣。

4. 运营类

对整个休闲农场的发展定位、发展方向、发展策略、财务管理、人员管理、农场提升等进行综合管理，包括人力、财务、咨询、诊断等内部管理。

5. 实质环境类

包括景观、环保、设施、安全等设计、实施及日常维护管理。

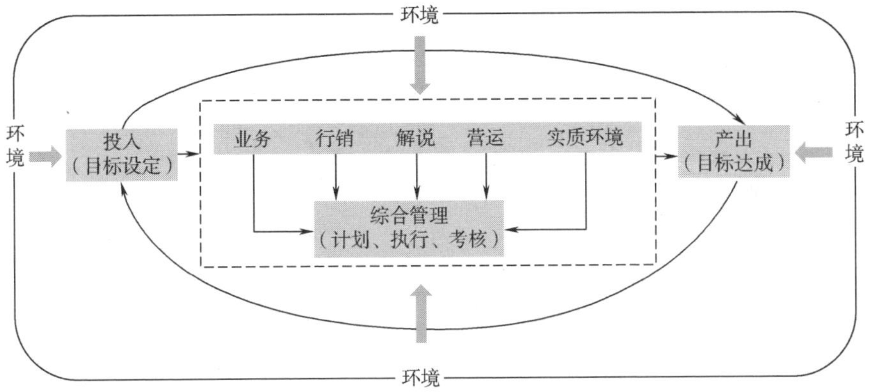

图3－1 休闲农场经营管理系统图

二、绩效评价

台湾的休闲农场在整个管理流程中，有四个经营的目标，包括合理的利润、员工的满足、游客的满意和社会责任。因此在绩效评价上，从四个方面进行衡量。

（一）经济效益

常用的经济效益衡量指标包括运营收入、运营成本、运营利润、游客人数、投资报酬率等。

1. 运营收入

主要项目包括门票收入、餐饮收入、住宿收入、农产品销售收入、其他收入（以体验活动收入为主）等，计算全年的总营收。

2. 运营成本

包括原材料费用、工资、生产或服务费用三部分。值得注意的是，休闲农场的企业化程度较高，所以应该摆脱传统家庭农场的损益计算方式，自有的生产因素（土地、家工、资本），都应该计算成本，才能正确反映经营的损益。

3. 运营利润

利润是收入减支出，虽然利润可以较为完整的考察休闲农场的经营效益，但经营者不能将利润作为唯一的目标，追求的利润应为合理利润，而非最大利润。

4. 游客人数

是支撑休闲农场扩大营收的力量。所以游客人数是休闲农场规划各项游憩服务，设计各项体验活动所计划达成的目标。

5. 投资报酬率

休闲农场投资额比一般农场大，所以投资报酬率是衡量经营效益的重要指标。较常用的是简单报酬率法，就是计算净收益占投资成本的比例，所以经营追求的目标是提高单位投资成本的净收益。

6. 成长率

可分为运营收入成长率、利润成长率、游客人数成长率等。

（二）员工满足

休闲农场是农业部门的休闲服务业。人是服务业最重要的资源，所以休闲农场为游客提供的各种休闲游憩服务，是以员工为骨干。包括内在和外在满足两方面。

1. 内在满足

指来自工作本身的满足因素。员工对其工作的独立性、创造性、稳定性、发挥才能的机会，以及从事工作引发的价值观、责任感、社会地位等方面，所感到的满意程度。

2. 外在满足

指来自制度或环境的满足因素。员工对获得的报酬、奖赏、升迁机会、人际关系、工作环境等方面，所感到的满意程度。

（三）游客满意

反映游客满意的绩效衡量指标包括服务品质、游客满意度、游客忠诚度。

1. 服务品质

是游客认知的服务属性水准所达到的程度。包括可靠性、反应性、确实性、关怀性、有形性五个方面。

2. 游客满意度

来自于游客对产品或服务的功能特性或结果的知觉，以及对产品或服务的期望之间比较后形成的愉悦或失望的程度。包括对产品品质、服务品质、景观与环境、组织与人员、价格的满意度。

3. 游客忠诚度

是游客持续购买一特定品牌的倾向，忠诚度将促进游客进行持续性消费。包括重游意愿、购买其他产品的意愿、向外推荐的意愿、对竞争者免疫的程度等。

4. 社会责任

社会环境提供农场经营所需要的基地、资源、客源，使农场能够成长，所以休闲农场履行社会责任是应尽的义务。从最重要的消费者、社区、环境三个方面进行衡量。

（1）对消费者的责任　提供安全、健康的产品；提供安全、优质的设施与环境；提供正确的真实的营销资讯。

（2）对社区的责任　为社区居民提供就业机会；提供地方农产品直销的机会。

（3）对环境的责任　加强环境保护；重视生态资源保育。

三、盈利模式

随着台湾社会人均收入的提高，在衣、食与住方面的花费比例逐渐降低，在交通和娱乐方面的比例则逐年增加，娱乐与交通支出的增长显示出百姓对观光旅游的需求不断增加；台湾工业化和机械化日益加速，百姓每月非工作时数也呈现渐增趋势，而实际参与休闲活动的时间也随之增加。由此可见，人们对休闲游憩的需求呈渐增趋势，随着消费结构的改变和人们休闲时间的增加，休闲农业得以迅速发展壮大。

休闲农业自身优势非常明显。台湾的休闲农业利用其怡人的自然环境、有趣的体验活动为忙碌的都市人群营造了最佳休憩场所，人们可以在休闲农场放松身心、怡情养生、教育下一代、增进人与人之间的感情。这些功能成为吸引人们体验休闲农业的闪光点，将观光旅游与农业结合，可形成新时代的新农业。

休闲农业本身就是农业的一种经营方式，此外农业是指农、林、渔、牧的广义解释，由于休闲农业可提供游客有关农场产前、产中、产后的体验活动，其中还包含种植、饲养、加工、销售的流程，所以休闲农业是一种新兴的农业。休闲农业的定义具有其资源面、活动面、目的面及经营方式面的诠释，涵盖农业、农民、农村——“三农”，结合生产、生活、生态——“三生”，融入一产、二产、三产——“三产”，而形成综合性的体验农业。休闲农业在逐渐发展成熟的过程中，已经形成一套自身独特的营销方式和盈利模式。

台湾休闲农业呈现多元化的类型，不同类型的休闲农业有不同的体验性质和不同的经营方式。

（一）台湾休闲农业的经营效益与成功经验

1. 台湾休闲农业的经营规模。

据台湾休闲农业学会的调查，台湾北部的休闲农场最多，台湾休闲农业的经营规模，以宜兰县和南投县居多。北部休闲农业之所以密集，是因为在区位上占有优势。台湾休闲农业从2000年进入旺盛期以来，新设立的休闲农场就达584家，超过了总数的50%。台湾休闲农场旺季游客人数是淡季的2倍，游客主要来自本土。由于台湾休闲农业的成功经营，近年来有不少港、澳、新加坡等地旅行社组团前往，且上升趋势明显。

2. 休闲农业主要经营项目及收益

经营项目主要以教学体验、风味餐饮、乡村旅游和生态体验为主，占农场总数的半数以上，果园采摘和农作体验也是重要经营内容；其他体验类型还有民宿、蔬菜采收、农业展览、民俗技艺体验、林牧渔体验、农村酒庄和市民农园等内容。台湾休闲农业的收入以门票、餐饮、住宿为主。

休闲农业的产品形态是指通过设计、制造来满足顾客需求，最终呈现在顾客面前的产品状况，包括产品传达的意识形态、视觉形态和应用形态。台湾休闲农业区的产品形态主要包括田园采果、花卉欣赏、自然生态、单车旅游、登山健行、品位美食等，台湾的休闲农业区中，有半数以上可欣赏自然生态，近半数可进行田园采果、登山保健、品味美食，有三分之一可欣赏花卉、单车旅游。

（1）田园采摘体验　具备该种产业功能的休闲农业区，基本都拥有特色的当地农特产品，并且采摘农产品对游客有很大的吸引力。

（2）花卉景观观赏　具备该种产业功能的休闲农业区，主要分布在城郊、平原、沿海及较为便利的山区等区域，是生产与观赏的较好结合。如台中市新小区马力埔休闲农业区，属于典型的城郊休闲农业区，以花卉欣赏功能为主，拥有多个花卉观赏点，安妮公主花园、恋人香草屋（新社莲园休闲农场）、樱花林休闲农场、玫瑰森林休闲农场、熏衣草森林和莘悦花卉农场，同时将饮食与住宿纳入其中，拥有多个民宿与餐厅，提高了农产品的经济价值，是第一产业带动第三产业的典型案例。另外，桃源县的大溪花海农场，始终维持自然山林景致，沿线两侧苍郁的林木与野花，衬托幽静的天然环境与景观，游客站在观景台上还可远眺大溪、中坜与周边湖光山色。大溪花海农场有“小普罗旺斯”的美誉，已经成为偶像剧的取景首选之地。

（3）自然生态景观　具备该种产业功能的休闲农业区，主要是依赖当地自然景观开发，带动休闲农业发展。如宜兰县礁溪乡时潮休闲农业区，位于平原地带，区内生态原始自然、植被完整，是台湾最佳赏鸟地点。

（4）单车旅游体验　具备该种产业功能的休闲农业区，主要结合地理特点，开发骑车步道等，带动以骑单车等方式体验自然风景与文化风俗的同时锻炼身体、体验农村自然风光和乡村饮食。

（5）登山保健体验　具备该种产业功能的休闲农业区共33个，主要是在体验自然风景与文化风俗的同时锻炼身体。如宜兰县员山乡大湖底休闲农业区，利用区域内田园景观及周边生态环境资源，发展结合农业生产及农村文化相关的休闲产业，增进对农业及农村生活的体验，并设有特色风味餐厅等，提供登山健行和品味美食的功能。大同乡玉兰休闲农业区，以生产茶叶为主，并有客家擂茶、采茶、自助制茶等的体验活动，并利用山区特点，设立步行道，以利游客观光与锻炼。

（6）特色美食品味　具备该种产业功能的休闲农业区，主要利用特色农产品生产、加工开发、将美食融入到当地旅游文化中，而深受游客喜爱。如苗栗县三义乡双潭休闲农业区和苗栗县南庄乡南江休闲农业区，以提供品味美食功能为主，前者有地道的客家美食和各种客家传统食品；而后者能提供最具特色的鳟鱼，让游客品尝到新鲜的鳟鱼料理。

从台湾休闲农业区布局建设及其主导产品形态可见，台湾绝大多数休闲农业区具备农业多功能特性，80%的休闲农业区中主导产品形态占2个以上，53.4%的具备3个以上产品形态，只有20%的休闲农业区产品形态单一。休闲农业区具有的多功能综合平台特质，将农业、农村资源有效引入到第二、三产业开发，促进了第一、二、三产业共同发展，改善了农村风貌，提高了农民收入水平。

（二）不同阶段休闲农业盈利模式对比

考察世界农业旅游的发展历程，自农业旅游进入规模化发展阶段之后，随着开发模式、产品类型的逐步多样化，不同阶段之间的代际特征也越来越明显地表现出来。这种代际特征的差别主要体现在三个方面：一是产品的主导性功能，二是产业融合深度，三是盈利模式与盈利能力。

第一代，观光农业。是以农业生产为依托，利用特色农业、景观农业、设施农业原生的景观价值开发的以观光游览为主要功能的农业旅游活动。观光农业旅游发展的初级阶段，以各种赏花节（梨花会、桃花节、杏花节、油菜花节等）和农业观光园、花卉园等为主要形式，随农作物的花季而获得季节性的门票收益。此阶段农业与旅游业尚未进入实际性的融合，农业生产仍然是主要目的，旅游仅是季节性的附属功能。

第二代，休闲农业。是通过农业与旅游业的融合发展实现的以休闲、观光、采摘和农耕体验为主要特征的农业旅游发展阶段，其以采摘园、农耕体验园、租赁农场（私家菜地）等为主要形式，以休闲体验为主导功能。进入休闲农业阶段后，旅游成为主导性功能，而农业生产则成为附属功能。

第三代，创意农业。是在文化创意产业发展理念的影响下，以文化为主题，以创意为手段，通过将农业生产、农产品加工、旅游服务的高度融合，实现以综合服务为特征的农业旅游发展阶段。创意农业园为主要形式，具有休闲、观光、体验和休闲度假等综合功能，并通过创意农产品的销售获得高附加值。

观光农业阶段，仍然是以传统的农业生产为主，旅游开发只是根据农作物自身的景观效果进行了简单的旅游活动组织，获得季节性的门票收入。

休闲农业阶段，以农耕文化体验为特征的采摘、农场租赁等的服务扩展，使传统农业实现了与现代旅游业的有机结合，真正实现了第一产业与第三产业的融合发展，因此获得了“1 +3 =4”的迭加效益。

创意农业阶段，是在一个特定的园区内，按照生产要素的配置与生产过程的衔接，形成一个特定的经济体，这个经济体是用一种横跨三次产业的业态组织方式进行融合，模糊了产业边界。这种产业组织模式的创新成为传统农业提高附加值的有效路径：由农产品到食品加工，经过工业化的深加工后实现了第一次升值；经过文化主题的创意包装实现了第二次升值；附加上旅游服务、通过游客购买之后，既节约了物流成本，也实现了第三次升值。同时，旅游者的旅游活动延伸到农田、作坊等乡村资源和环境中，实现了效益的多元化。因此，其经济效益也因产业的升级而实现了“1 +2 +3 =6”的二次叠加。“创意农业不只是一种经济活动，也是一种高度的农业文明展示”，这是一种“从农业入、从旅游出”的路径来寻求农业高效发展的高级模式。正是因为这种“传统生产方式 + 现代文化创意”的新型盈利模式，才大幅度提高了传统农业的附加值，也使农业旅游的发展进入高级阶段。

通过上述对三代农业旅游各自特征的分析，可从产业性质、产品形式、盈利模式三方面对其特征进行对比，如表 3 –1 所示。

表 3 –1　　农业旅游代际特征比较

	产业性质	主导功能	产品形式	盈利模式
观光农业	农业（第一产业）	观光	赏花节、观光农园、花卉园、农业科技园	农作物生产、季节性门票
休闲农业	旅游业（第三产业）	休闲、观光、体验	休闲农场、度假农庄、租赁农场/私家菜地、采摘园、体验农场、农家乐	门票、娱乐消费、餐饮消费、农特产销售等
创意农业	农业、加工业、旅游业（第一、第二、第三产业融合的复合产业）	旅游综合服务	创意农业园区/农业休闲度假区	门票、休闲娱乐消费、餐饮、住宿/度假、创意农产品销售等

台湾休闲农业主要依靠多样化、有形产品与无形产品相结合的贩卖达到盈利目的。

产品售出，农民才能获利，这也是大力发展“休闲农业”的最终目的。这里的产品，包括了一切能够给游客带来愉悦，带来正效用的消费品。休闲农业能够提供的产品，除去实体的产品外，有卖点的奇观、氛围、风景和主题，都成为“情境消费”的产品。这也是“休闲农业”吸引众多游客眼球的地方。

一方面，休闲农场对一部分景观收取门票，给农家带来新的收入，另一方面，无形产品、“情境消费”的“免费出售”，降低了农家在卖出有形产品时的交易成本。免费的“情境消费”，一方面创造了供游客实际消费的机会，另一方面又激发了游客消费的欲望。如，观鸟几乎是休闲农场的必备活动项目，看鸟无需花钱，但需要望远镜。如果农场、果园提供望远镜出租服务，就带来额外的收入。

游客在享受休闲农业为自己提供的心情的放松、知识的获得、身体的锻炼时，往往愿意给与农场主回报。当游客看完了一场茶艺表演时，可能会考虑买一些茶叶。当游客亲手参与了麻薯的制作时，可能会产生买回一些麻薯的冲动呢。这些考虑、冲动，减少了双方交易的障碍，降低了寻找交易对象的成本、衡量价值成本、双方协商的成本（都属于交易成本），促成了游客的消费。

台湾休闲农业的发展目标侧重改善农业生产结构、保育自然与文化资源、提供田园体验机会、增加农村就业机会、提高农民所得、促进农村社会发展。

四、特色产品的开发

（一）特色产品开发的重要性

休闲农场为游客提供农业体验，是休闲农业与一般观光产业最大的差别。休闲农场的特色产品展现的是农场的主题与资源特色，游客选购农场特色产品，是体验活动过程重要的一环。首先，产品具有延伸体验感受的功能，游客可以带走装满回忆的特色产品，对游玩的美好印象进行强化；其次，农场产品代表休闲农场的品牌形象，大部分台湾休闲农场都会结合自身现有资源开发独具特色的产品；再次，特色产品具有增加运营收入的功能。事实上，在很多世界级或国家级的旅游景点，特色产品收入常是整体运营收入很大比例，休闲农场应利用好这个商机；最后，特色产品是休闲农场最好的推销员，游客购买的产品，具有“伴手礼”的性质，这是对周边的亲朋好友发挥传播讯息、广告宣传的作用。休闲农场的特色产品包括农产品和纪念品。

（二）农产品的开发

游客到休闲农场常采购具有特色的农场自产农产品或农业加工品，以作为送礼的礼品。休闲农场应开发伴手礼市场，将农产品商品化，表现农场个性，以使游客愿意采购送礼。将看似平常且近似的农产品，加以分级、包装、处理、加工、定价、陈列、概念化，可提高农产品的价值，形成游客愿意采购的商品。

1. 休闲农产品开发的重点

（1）调查市场需求　休闲农场农产品的客户主要为来园参观的游客，所以须先了解游客消费行为的特性。

（2）展售农场当地当季的农产品　游客购买农产品是农场体验的延伸，所以卖场的农产品应地产地销；除加工品外，应配合季节性更替。

（3）符合安全与健康的要求　为彰显休闲农场保健的功能，卖场展售的应是安全卫生、健康养生的农产品。

（4）落实分级与控管品质　农产品应予以分类分级，以控制适当的品质，对不同等级农产品给予差别的定价。

（5）注重产品包装　农产品应重视包装，凸显农场的特色，提升产品的价值。外观包装应遵守便利实用、简单环保、美观有创意及提供足够资讯为原则。

（6）农产品提升为加工品以提高价值　将生鲜农产品处理或加工以延长其保质期，并增加价值。所以休闲农场应设法增加二产、三产的产品。

（7）设计与展售农产品搭配的农业体验活动　因为游客在参与体验之后，心生美好的感觉，就很容易采取购买行动。

（8）适当的广告促销活动　农产品要商品化与礼品化，就不能忽视一般商品的广告促销机能，但是要把握休闲农业的主题特性。

（9）发展非现地消费的销售模式　农场要结合邮购、电购、网络订购的方式，通过宅配的方式，将农产品由在场采购现地消费，扩展为非现地消费，以增加农产品的销售量，如图 3－2 所示。

（1）乳产品　　（2）咖啡礼品

图 3－2　特色产品在地销售

2. 案例分析

金勇 DIY 休闲农场位于新竹县关西镇，农场每年都花很大的经费从事新产品的开发，使得农场内有几十个番茄品种，如猕猴桃番茄、牛肉番茄等，游客在这里就吃到世界各国的番茄。另外，农场还设计制作了“联合国番茄”礼盒，将 20 余种不同品种的番茄装在一起，成为集国别、品种、口味、果色的番茄组合，开创体验营销的新模式。游客还能够通过网络订购番茄礼盒，极大地方便了游客。

除此之外，农场还将番茄产业延伸至二产和三产。利用番茄制作汁酱、果冻、冰淇淋、蜜饯等，通过改变加工方式丰富番茄体验活动；同时，农场还利用番茄开发餐饮领域，如制作番茄切盘、番茄意大利面、番茄养生素食套餐等就地服务游客。

（三）纪念品开发

1. 纪念品的种类

根据高登的分类法（Gordon，1986 年）与休闲农场的体验特性，如图 3－3 所示，休闲农场纪念品的种类可分为以下几种。

（1）农场明信片　（2）售卖处

（3）乳牛礼品　（4）卡通玩偶

图 3－3　农场特色伴手礼

（1）图像类　采用文字图书或电子媒体的方式，将自然景观或体验活动，印制成农场简介、明信片、照片、手札、插画或书刊等。

（2）自然元素类　取自于自然环境，如贝壳、松果、石头等，进行简单的修饰或包装后，增加吸引力，方便贩售。

（3）象征符号类　将能呈现农场代表性的真实物体制成纪念品，用来唤起游客美好的回忆。例如，农场城堡餐厅的模型、独角仙标本及乳牛、羊、螃蟹等模型。

（4）标签类　纪念品上刻印一些休闲农场与体验活动的字样，如印制T恤、钥匙圈、丝巾、帽子、杯子等。

（5）地方特产类　当地的手工艺品、文化艺术品、服饰等，很受游客的欢迎。

（6）活动参与类　休闲农场游客参加体验活动精心制作的成品，充满体验的乐趣，是最佳的纪念品，譬如头城休闲农场的竹蜻蜓、白鹅生态农场的彩绘鹅蛋、花莲客家的布染DIY体验品等，如图3－4所示。

（1）花盆彩绘　　　　（2）彩绘石头

图3－4　活动参与类纪念品

2. 设计纪念品的原则

（1）把握体验的主题性　纪念品要与农场的主题直接关联，不要设计不相干的物品。

（2）运用农场资源　设计具有独一无二特性的纪念品。

（3）结合文化特色　结合地方文化特色，譬如文学艺术、族群文化等，提高纪念品价值。

（4）展现美学的要素　纪念品的大小、规格、颜色、形态、材质等要素要符合审美的要求，使纪念品成为礼品、艺术品，值得珍藏与促销。

（5）诱导游客参与融入　纪念品可以设为游客参加体验活动DIY的产物。

（6）触角广及生活层面　纪念品设计可以配合游客食、衣、住、行、育、乐等生活层面的需求，可增加实用价值。

（7）考虑价格的因素　调查结果显示，休闲农场较多数（47%）游客愿意花费在单项纪念品支出的金额约为101～200新台币（折合20～40元人民币）；多数（82%）游客愿意购买纪念品的总消费额是1000新台币（折合200元人民币）以下。

五、解说服务

游客对休闲农场事物的认识主要靠解说服务，解说服务是游览过程中画龙点睛的关键因素，让游客除了放松、享受之外，还可以吸收到各种知识。依据台湾休闲农业学会调查统计，全台湾有 79.2% 家休闲农场提供教育解说服务，（台湾休闲农业学会，2007 年），解说服务是休闲农场最普遍的服务功能。

解说服务主要由各种媒体将自然环境及人文资源传递给游客，向游客们讲解中心主题并阐释现象背后的涵义，以满足游客的需求及好奇心。

（一）解说媒体分类

解说活动可分成人员解说与非人员解说，解说服务中最优质的解说媒介为解说人员，解说人员是解说服务中的灵魂人物，如图 3－5 所示。

（1）导览解说　（2）定点解说　（3）咨询服务　（4）现场演示

图 3－5　解说服务

1. 人员解说

（1）导览解说　对园区内景点或活动进行导览与解说，这是解说员与游客互动最密切的解说方式。

（2）定点解说　解说员在特定的景点、活动场地或摊位解说的方式。

（3）咨询服务　一般是在游客中心，为前来索取资料或咨询问题的游客提供解说服务。

（4）现场演示　通过演示的方式解说农事的方法，如农夫表演插秧、剪羊毛秀等。

2. 非人员解说

非人员解说包括4个类型，如图3－6所示。

（1）导览图　　（2）解说牌

（3）自导式步道　　（4）游客中心

图3－6　非人员解说服务

（1）视听多媒体　可借用由固定播放的录音带、闭路电视或汽车广播传达信息，通常联合多种媒体进行。如电影、幻灯机、电视、展示品等。

（2）书面材料　包含解说标志、解说牌与解说出版品。此类媒体可重复提醒说明并且是无声的，尤其适用于一些不适合设置有声媒体的地点。解说出版品包括所有自导式步道的传单、折页、介绍动植物和各式主题的书籍等。

（3）自导式步道　包含自导式步道与自导式汽车旅游。在设计规划的专供徒步的步道上，游客可以参考传单、沿线设置的解说牌或视听设施，在没有解说员的引导下，自行参观与体验当地资源特色。

（4）游客中心　专为游客解说或做其他服务的设施，基于经济考虑，小规模休闲农场可于服务柜台或农场办公室附近布置游客中心视听设施。

（二）解说服务的功能

解说作为游憩区管理的方式之一具有很多功能，

1. 环境教育功能

帮助游客感受环境的相关性及了解人在自然环境中的地位，使其对农村的自然环境及人文景观有深入了解，促使大家以合理方式来保育环境。

2. 满足游客求知需求的功能

通过解说服务，使游客了解大自然和农村的文化。

3. 宣传广告的功能

园区的经营理念、旅游商品、当季主题特色可在解说过程中传达给游客，让游客留下印象，通过游客口碑，吸引其他游客前来或本人重游。

4. 休闲体验功能

通过解说服务，游客可以在生物性体验中，理解自然奥秘，特别是在教育农园，中小学生户外教学的教育解说，已经形成体验活动的目的。

5. 安全维护功能

解说服务中应说明注意事项，解说服务过程中也可制止不当之行为。

（三）解说要点

（1）解说的内容要适合游客的年龄层次、性格、生活经验，具有启发性，凸显主题，重视完整性，融入历史文化，介绍科技发明，并使游客获得审美的感觉。

（2）解说员重视与游客沟通的技巧。

（3）解说员要有热诚的态度。

（4）解说是一门跨学科的艺术。

（四）案例分析

1. 农场简介

农场名称：锦鲤之乡休闲农场

地址：台南县学甲镇红茄里113之50号。农场成立于1984年，养殖锦鲤长达26年，并于近些年转型为休闲农场，是一座结合锦鲤养殖的知识性休闲农场，是台湾唯一以锦鲤为主题的休闲农场。锦鲤之乡休闲农场适合学校户外教学观摩、亲子出游，场内有DIY活动、锦鲤介绍，活动全程有专人陪伴解说。

2. 解说服务情况

锦鲤之乡休闲农场的解说服务分为人员解说与非人员解说两种。

（1）人员解说　锦鲤之乡休闲农场的解说人员有3名，分别是场长、场长太太以及场长儿子。解说人员的培训是休闲农场内部训练，主要是由场长亲授。解说服务范围包含信息服务、带队解说、定点解说等。游客一入园，解说服务系统即启动，直到游客离园时方结束，如图3－7所示。从入园开始，解说人员即告知游客本休闲农场为游客投保高达2400万台币，提高游客初入园区的安全感；接着，介绍农场的历史沿革、当地的红鸽苓文化、所行走的红砖步道有吸附雨水与过滤的功用、污水净化处理池、园区树种或植栽的由来、园区内处处可见的锦鲤及其相关知识等。

图 3－7　休闲农场解说

（2）非人员解说　非人员解说则涵盖了视听多媒体、书面材料等。视听多媒体位于美食区一处开放式会议厅。团体游客或户外教学的学生们到休闲农场时，可为游客作本休闲农场概况简报，可能使用文字、影片、照片等。加上解说人员口述，使游客可通过此方式对农场有基本了解。书面材料包含解说标志、解说牌与解说出版品，且是无声的。在休闲农场内处处可见无声解说，解说牌部分有园区分区图、分区标识、主题区指针、锦鲤品种解说、植栽品种解说、园区游戏规则说明、活动说明以及警告标语等。

六、网络营销

网络应用扩展到营销领域，休闲农场营销如虎添翼，发挥了巨大的作用。根据调研结果显示，约三成的休闲旅游消费者通过网络工具搜索休闲旅游相关信息，而且这一比重正在逐年上升。台湾休闲农场在这一领域的发展已经相对成熟，各休闲农场均实行高效的旅游网络营销，建立信息网络销售平台，主要内容有新闻发布、景点介绍、游区地图、旅游线路推介、住宿餐饮服务、留言系统、订票服务、网上订房等，在机场、车站、酒店设置统一标识的旅游服务中心，向游客推介旅游线路及景点。其中包括农场网页介绍、关键字营销、博客以及近年来兴起的 APP。

（一）网页营销

台湾休闲农场网页介绍已是网络营销的重头戏，依托台湾观光休闲农业发展协会设置台湾省观光农园发展协会、台湾农场趴趴走等活动网站（如图 3－8 所示），整合农业观光与资源、建立策略联盟制度、强化整体营销。通过统一介绍各种活动业务，对休闲农场进行推荐，并发布农场活动的最新资讯，让游客可以通过各种途径查询到农场信息。

1. 台湾农场趴趴走

台湾农场趴趴走是在台湾休闲农业发展协会的管理下，通过五福旅行社

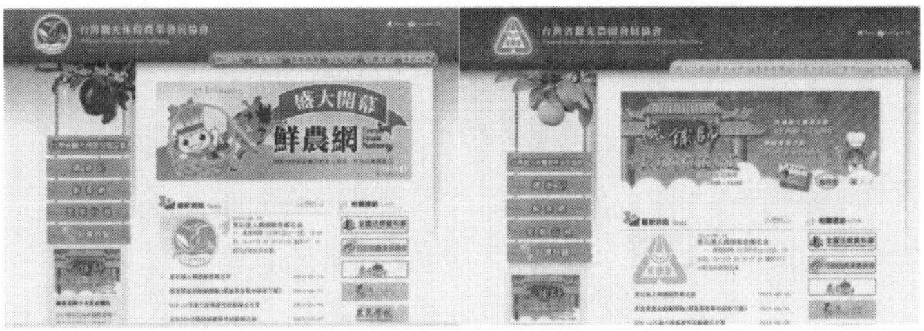

（1）台湾观光休闲农业发展协会　　（2）台湾观光农园发展协会

图 3－8　休闲农场服务网页

组织的活动，推出了一系列以农场住宿、餐饮、体验活动为特色的旅游票券方案，如单人美食体验兑换券、温馨双人住宿兑换券及丰富双人住宿兑换券，还特别针对亲子及团体游客，推出温馨四人住宿兑换券及丰富四人住宿兑换券，共 80 条休闲农场旅游行程。行程内容包罗万象，游客可以在网上查询到全面的信息，方便假期出行。

2. 鲜农网

鲜农网（http：//fruit777. com. tw/index. php）是台湾当地观光农园及观光果园推出的精致水果及伴手礼购买网站，是由台湾省观光农园协会及观光果园协会认证许可的唯一官方授权网络通路，包含礼盒、团购、伴手礼、农特产品、果品等，对台湾本地特色产品进行网络推销与售卖，还推出会员活动，享有会员专属价、优惠消息通知及特约商家优惠等。另外，还进行农场游记与推介服务。

（二）企业网站

企业网站是企业对外宣传的重要门户，通过企业网站，可以利用虚拟方式，不受地区位置的限制为游客提供服务，如图 3－9 所示，在游客出发前，通过农场资讯、交通资讯、最新活动等信息，不仅让游客认识到休闲农场，还能够达到广告促销的目的。

（1）网站首页　　（2）套装资讯

图 3－9　休闲农场企业网站

如台湾三富休闲农场，其网站首页不仅详细介绍了农场的相关基本信息，包括位置、联系方式、入园资讯等内容，还公布农场的最新活动内容及优惠信息，同时，还设置博客、Facebook 等链接，进行多方面的宣传与互动。另外，网站还对农场的吃、住、玩等具体活动以及游玩套餐进行了详细的介绍与图片说明，包括时间点、活动内容、价位等，让游客可以有更加直观的感受。再次，网站对到达农场的不同交通线路进行了说明，方便游客的出行。最后，通过电话、E－mail、在线客服等业务，可以与游客直接互动，为其提供个性化的服务，如行程建议服务、行程安排服务、订房服务等。

（三）关键字营销

关键字营销是一种新兴且成长快速的网络营销工具，它可以让企业客户精确地将营销讯息传送给目标客户群。网络用户通常会使用搜索引擎查询他们想要寻找的产品或服务。关键字就是让搜索引擎引导潜在客户到企业网站，增加网络浏览量，提升网络排名，从而获得最佳的网站宣传及推广效果。休闲农场从业者可通过关键字营销增加搜索的知名度。

（四）博客营销

博客（weblog）是继 E－mail、BBS、即时讯息后，第四个改变世界的网络应用方式。博客颠覆了传统的营销模式，任何角落的不知名人士，张贴一篇博客文章，获得其他人的共鸣后，通过网络转寄与连结，便可吸引人潮上博客观看，然后针对内容发起讨论，引起共鸣。博客的真实呈现并快速散播的特性，近年来获得休闲农场的广泛重视，如图 3－10 所示。

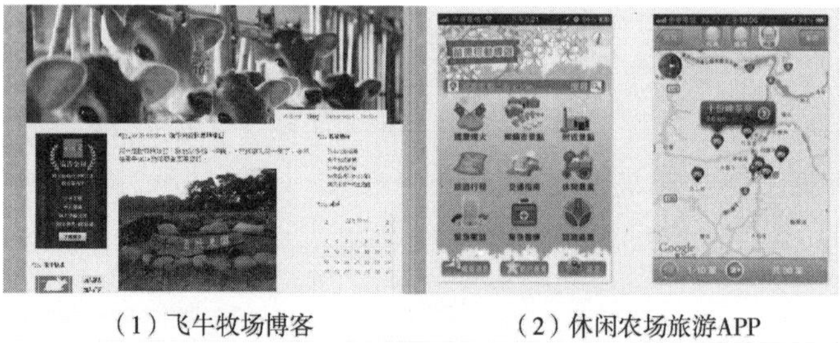

（1）飞牛牧场博客　　（2）休闲农场旅游APP

图 3－10　休闲农场网络营销系统

（五）APP 营销

智能型手机在全球正掀起浪潮。休闲农场可与网络资讯公司合作设计 APP 应用程序，提供手机网络平台免费下载，让手机使用者通过 APP 应用程序互动。游客应用 APP 可了解休闲农场的经营形态，即时收到农场的活动与优惠讯息，并通过农场设计的体验活动小游戏，达到促使游客想去农场实际体验的效果。

七、休闲农场经营诊断

休闲农场经营诊断是以系统化的方法去检视企业经营状态，进而规划休闲农场发展的方向。经诊断发现问题时，依轻重缓急分类整理，有助于改善休闲农场经营体质，解决经营问题。

农场企业化经营有其理念、目标及程序，农场经营者灵活运用其原理与方法，固然能达到改善运营的效果，然而由于环境变化，农场经营者必须经常实施经营诊断，发现问题，立即改善，达到可持续发展的目的。

（一）意义

在多变的环境下，农场企业难免发生适应不良、经营不力的问题，需借助专家的分析研究，提供建议，以促进健全经营。

因此，农场经营诊断，是一种分析农场经营状况，发掘问题症结，提供改善方案，以增强企业体质，促进合理化经营为目的的管理技术。

1. 经营诊断的种类

（1）以诊断主体为标准，可分为以下两种情况。

①自我诊断。农场经营者自我反省，自谋改进。可经常实施。

②外部诊断。由农场以外的专家采用专门技术实施诊断。较具系统性，但不易经常实施。

由于外部诊断较客观，农场内部人员也较能接受专家意见，故一般的诊断，多指外部诊断。

（2）以诊断范围为标准，可分为以下两种情况。

①综合诊断。全盘性诊断农场所有业务的问题。

②部门诊断。诊断农场部分业务的问题。如对复合式柑橘农场，仅诊断其柑橘产销的问题。

（3）以诊断性质为标准，可分为以下两种情况。

①策略诊断。诊断合作策略、经营方针等高层问题。

②管理诊断。在目前既有的经营方针下，诊断经营行为。

2. 诊断的项目

（1）业务面　按农场的业务（enterprises）种类来分。

（2）管理面　按管理的行为面，分为组织与管理、市场与营销、资源与技术、人力与领导、成本与财务、研究与开发等。

（二）程序

经营诊断是以分析问题为手段，解决问题为目的，故可参照解决问题的步骤（认定问题→诊断情况→搜集并分析与问题有关的资料→提出各项可能的解答→分析各项解答→选择最具可行性的解答→付诸实施）研定诊断程序。

政府、学术单位、研究机构或管理顾问团体受理农场经营诊断申请案后，由相关专业的专家组成诊断小组，依照下列程序实施诊断。

1. 搜集数据

包括现有数据及需要新调查的资料。前者以农场的记账数据及经营记录为主。后者诊断小组可采取观察、访问、问卷调查、实验等方法搜集必要的资料。

2. 分析资料

包括财务分析及统计分析。财务分析就农场的收益力、安定力、活动力、生产力、成长力等方面进行衡量，以了解整体经营的绩效。统计分析，如以次数分配、百分比、平均数、相关系数、时间序列分析等法，了解经营的实况。

3. 分析问题症结

问题症结之分析，尽量使用图表，以说明问题成因，指出改进的方向。

4. 研商改进方案

研商经营改进方案，须经全体诊断人员协商，并与经营者面谈，达到切实可行。

5. 提出诊断报告

诊断小组汇总诊断结果后，提出诊断报告。建议事项应具体可行，必要时分短期与长期的改进建议。

（三）农场经营诊断实施要点（草案）说明

（一）本要点依农场登记规则第十五条规定订定。

（二）农场经营诊断以分析农场经营状况，发掘问题症结，提供改善方案，以健全农场体质，促进合理化经营为目的。

（三）按照农场经营种类，由省（市）主管机关聘请经营及技术专家学者三至七人组成诊断小组，其中一人为召集人，负责诊断工作之联系、分工、协调及整合。

（四）依农场登记规则办理农场登记之农场，得申请农场经营诊断。农场负责人于每年七月至九月向直辖市或县（市）主管机关提出申请，经县（市）主管机关初审后，送省主管机关复审，并聘请专家学者实施诊断。

（五）农场经营诊断依个别农场之体质及需要，采用适当的方式诊断之。

（六）诊断项目涵盖环境与机会、规模与产品、组织与企划、产销与技术、人事与财务、研究与开发等项。

（七）诊断小组仿下列程序实施诊断：（1）搜集资料，（2）分析资料，（3）分析问题症结，（4）研商改进方案，（5）提出诊断报告。

（八）资料搜集时农场负责人应充份合作，并备妥完整的记账数据及经营记录。

（九）分析内容包括产销及经营管理二大部门，以明了整体经营之绩效。

（十）问题症结之分析应说明问题成因，指出改进及指导方向。

（十一）研商经营改善方案，须经全体诊断人员及经营者协商，以求周延可行。

（十二）诊断小组汇总诊断结果后，最迟于年度结束前一个月内提出诊断报告。建议事项应具体可行，分短期与长期的改进建议。

（十三）建议事项中属于农场应改善者即送其实行；余依权责范围，得送请有关机关提供必要支持或加强辅导。

（十四）农场于诊断改进后每年应自我考评，以求落实改善经营管理之效果。

（十五）主管机关及协办机关辅导经营诊断成绩卓著之人员报请奖励。

（四）经营者自我诊断

专家诊断花费较高，难以经常实施。因此一般农场经营者有必要具备自我诊断的能力，随时检查，立即改正。

（五）结论

农场经营过程经常遭遇内外变量的影响。如果调适不良，问题就会发生，轻者获利降低、导致亏损，重则农场倒闭。

这些威胁因素能事先防范规避最好，若不幸发生则应立即杜绝舒解，因此经营诊断至关重要。由于农场种类不同，问题也呈多面性，因此诊断技术应弹性运用。

八、对大陆休闲农业发展的启示

近年来，随着对休闲农业和体验经济研究的逐步深入，人们对旅游休闲产品需求和服务质量都直线上升，给休闲农业从业者和相关部门提出更高要求。具有更加适应休闲农业的高度参与性和互动性，创造性地开发出具有人性化、绿色化和高附加价值的休闲旅游产品，提供优质服务，才能满足大众不断增长的消费需求，推动我国休闲产业健康稳定发展。台湾休闲农业的发展过程中，企业化的经营管理模式非常值得大陆的农场、园区学习借鉴。

重视宣传推介，培养农民驾驭市场的能力。宣传推介是推动台湾休闲农业快速发展的重要手段，台湾各休闲农业企业普遍重视自身品牌和形象宣传，形成全方位宣传推介网络，使广大游客足不出户就可以了解并享受休闲农业的许多快捷服务。大陆休闲农业发展必须加强推广教育、提高农民素质、开拓产品市场才能提升休闲农业的市场竞争力。

完善休闲农业服务体系，加强体验经济与休闲农业产品研发。休闲农业是集观光、游览和度假于一体的综合性农业产业形态，旅游者通过深入农村和农家体验农村生活，感受农村文化。因此，必须完善休闲农业体系，对农业环境、接待服务等提出相应要求，提高休闲农业层次，这也是休闲农业能否取得成功的重要因素之一。

经营者方面具体包括：

1. 合理布局

休闲农业项目的布局应注重与客源市场的联系，考虑项目所在区域的交通区位，还应考虑与其周围的其他休闲项目及名胜古迹等风景区的关系。结合本地资源特点，发展有本地特色的休闲农业项目，避免与周围已有休闲项目开发上的雷同，力求与周围其他休闲项目相互协调、优势互补、相互促进。

2. 休闲农业项目的开发要以市场需求为依据，做好市场调研

以市场为导向，以本地资源为基础，确定休闲农业区的开发方向；项目的设计应遵循奇趣性、参与性、多功能性、地方特色等原则。项目的开发还应注重专题设计，如节庆活动、产品重组等。

3. 完善休闲服务体系

休闲农业要在服务上下大功夫，提高休闲农业层次，这也是一个地区休闲农业能否取得成功的关键因素之一。从观光线路的策划到每个景点内容的确定，从农业观光的导引介绍到田园风光的品味鉴赏，从日间的餐饮到夜晚的住宿，都需要一支专门的服务队伍。

4. 重视休闲农场间的合作

大陆各个休闲农业区的发展陷入“散兵游勇”的境地，难以发挥规模经济的效用；同时小农经营的生产模式不能适应休闲农业发展和游客的需求。农场间自愿组成策略同盟，可以发挥各自的比较优势，实现规模效益递增。

5. 建设休闲农业网站

网站要注重充实性、服务性、信息性，为游客提供正确必要的信息，注重与游客的互动，从而有效降低交易成本。同时，以个性化的网站吸引顾客的眼球，避免风格上的千篇一律。

第二节　休闲农业园区组织与评鉴

一、休闲农业区的管理与运营

目前，台湾休闲农场的服务质量仍是良莠不齐。对于民众而言，由于无从判断哪些是好的休闲农场，因此在消费选择时可能无所适从；甚至可能会

在信息不足的情况下选择了服务质量较低的休闲农场，而对这种农场服务的评价大打折扣，影响游客对整个产业的印象。这种服务质量素质参差的问题很快就造成了休闲农业竞争力的冲击。

一般民众对于农业常存有“初级产业”的刻板印象，当农场增加“旅游服务”的项目时，民众的游憩选择偏好也将增列与服务质量有关的评价标准。因此建立休闲农场的分级制度，将有助于民众选择休闲去处。更重要的是，分级制对于休闲农场经营者也大有益处，可提高各休闲农场的竞争力。在设计休闲农场及订价、推广促销方面，分级认证对于其营销形象将有正面贡献，能吸引各种需求客群前往农场。

休闲观光业普遍存在评鉴分级制度，民众消费时也能对其所选择的分级场所与服务质量有相对的认知。例如，国际评鉴下的五星级旅馆与三星级旅馆，均有其既定的服务质量水平；观光游憩地也有依质量或性质分级的概念，如各国对具有自然景观的游憩地分为世界遗址、国家公园、省级公园、都市公园等，是依其自然景观的独特性（质量）分级。但是，休闲农业所具有的生产、生活、生态特色及其经营者的能力与训练素质，均有别于一般观光游乐区与旅馆，不能直接以一般观光业的标准予以评鉴分级。

二、台湾休闲农业区评价标准

台湾农业委员会每年实施休闲农业区评鉴制度，对申请受评的农业园区进行评价，包括九个方面的指标。

1. 组织运作

包含组织运作架构与成员组成、组织运作架构与分工、参与组织运作的人力人数、推展组织运作的事务与功能、组织自主财务机制、区内组织办理观摩考察活动、经营企划等。

2. 农业资源特色展现

包含应用区内农业资源于农村规划休闲体验核心特色、区内休闲农业产业经营情形、环境净化、农村生活文化资产之保存、维护与修复、休闲农业区结合外围相关资源展现、本土植物导入与环境自主营造、区内公共设施整体规划融入地方特色等。

3. 设施维护与环境管理

包含公共设施维护管理、区内环境清洁定期维护等。

4. 创意开发与整体营销

包含编印以休闲农业区为主的统一文宣、运用和结合媒体报导的状况及整体成效、整合区内经营者创意产品其包装使用区内统一的商标、创意开发区域内相关商品、区域内产品品牌的建立、参加区域性或全国性的创意比赛等。

5. 解说导览与顾客服务

包含导览解说的设计与规划、解说媒体的规划与运用、解说人员的培训与运用、意外通报体制与紧急救护系统建立、开发旅游套装商品或体验活动、顾客服务质量管理、区内投保意外公共险等。

6. 区内可及性

包含指针设计及座落位置适当、单一窗口设置及服务、联络窗口信息化发展等。

7. 小区参与

包含区内地方团体经营参与、小区民众参与或结合区内农业文化及产业活动等。

8. 人才培育与经营成效

包含农民培训情况、建立区内产值和游客统计数据、结合学校合作培育休闲农业产业人才等。

9. 带动区域内农户成长

包含增加农民就业机会、带动区域内产品销售商机、提升区内农户经济收益成效等。

三、休闲农场评鉴标准与认证制度

农业部门为促进休闲农业的可持续发展，减少休闲农场素质参差的负面影响，提升休闲旅游服务的竞争力，有必要针对休闲农场服务质量，规划完整且适当的评鉴制度与认证措施。针对休闲农场的条件、特色、及服务质量等，设计适当的评鉴标准与认证制度，不但农场在经营休闲事业的服务质量上有迹可循，民众也能在充分的信息下选择其偏好的休憩场所，因而可保障消费者权益与减少消费纠纷，对发展休闲农业与提升旅游服务的竞争力有很大帮助。

（一）优良休闲农场认证的相关单位

休闲农场是由县市政府通过后再报请主管机关核报。另参考国际标准 ISO 认证系统，其对于质量管理主要稽核架构包含三个关系人。第一关系人是采购者或顾客；第二关系人是供货商或厂商；第三关系人是与顾客及厂商无直接利害关系的第三者，应具有公信力的独立验证机构，并依据某一特定标准或各行业共同使用的标准，对厂商的服务质量予以评审。

除了 ISO 品质管理架构主体外，还应考虑将游客的意见纳入认证制度之中。其中游客为第一关系人，农场为第二关系人，县市政府的独立评鉴小组是第三关系人。游客到休闲农场旅游并消费，而农场则提供游客各种游憩休闲的服务，且为了成为合法的农场，或进一步认证优良休闲农场，均需向其主管机关即县市政府申请评鉴。主管机关应成立具有公信力的独立验证小组，依据有关行政主管机关设定的标准进行评鉴工作。因此评鉴工作亦应定期检验及不定期的临时抽验，游客对农场的意见及反映应纳入评鉴决策中。县市政府在评鉴后将通过的农场核报，最后由主管机关农委会核发已注册登记之标章。优良休闲农场认证的有效期限是 3 年，期满后农场应再进行申请，以保证其服务内容与质量不断更新。

（二）台湾优良休闲农场的认证制度

优良休闲农场的认证分为两个阶段，第一阶段是以通过评鉴成为达标休闲农场为目标，第二阶段是以达标休闲农场为对象，进行分级的评鉴工作，通过评鉴的农场将取得不同等级“优良休闲农场”的认证标章。

第一阶段：休闲农场的认证

首先应依据有关规定，申请核发休闲农场许可证。认证达标的休闲农场后应进行定期或不定期复检与监督，并订定罚则，以确保业主依照核定内容经营农场。

第二阶段：“优良休闲农场”的认证

台湾采用德国旅游协会对度假农场的分级概念，制定第二阶段的“优良休闲农场”认证制度。此阶段的申请农场应以第一阶段“休闲农场”认证成功的所有农场为对象，办理评鉴工作。第二阶段的农场应备齐“合法休闲农场”的核准文件，并提供相关数据，向主管机关提出申请。主管机关应成立独立评鉴小组，进行农场内各项设备及服务质量的评鉴工作。由于此阶段评鉴是以“质量”分级的，因此现场勘验与评鉴工作相当重要。

1. 认证流程

通过第一阶段的“休闲农场”可向主管机关提出“优良休闲农场”的认证申请，主管机关于在接到申请后委托具有公信力的独立评鉴小组进行评鉴工作。而由于供应住宿与否将是农场经营管理与游客游憩活动内容的重要影响因素，评鉴优良休闲农场的类别可分为四大类。有住宿的农场其评鉴项目应包括住宿条件，可分类为民宿与综合型（包含住宿及农业活动）；未供住宿者可包含纯粹采果（或从事农业活动）型与景观型。评鉴后通过不同等级的休闲农场应由上级主管单位核发相对等级的“优良休闲农场”标章。认证的标章财产权应归主管休闲农场的上级政府机构，且应注册登记商标。

根据通过评鉴项目的多少将优良休闲农场分为三级、二级与一级优良休闲农场，其中以三级优良休闲农场质量最高。此外，游客首先直接感受休闲农场的服务质量，其意见应能直接反映到评鉴单位，且该评鉴小组应依需要随时复检已认证的各等级休闲农场。

2. 认证标准

独立评鉴小组应依所制定的项目标准逐项评鉴，评鉴项目应由主管机关统一订定，以维持认证标准的一致性。评鉴标准可为评分制，如每项为1～100分，或1～5分，或1～50分，也可为等级制，如每项均有非常差、差、普通、好、很好五个等级，或差、满意、很好等三个等级。不论是评分还是分等级，单项评鉴标准应以各项评鉴所达成的分数或等级至少超过该项分级的75%质量水平为总评分计算基础。例如，以1～100分为准，则可用于最后总评的项目是达到75分以上者；如是以1～5分为准，则最后总评的计算基础是以那些达到3.75分的项目为准，其他评分制依此类推。若是以等级评分，则分成五个等级者应以达到评鉴为“好”的项目为总评基础，分为三个等级则以达到“很好”的项目为总评基础，其余以此类推。

“优良休闲农场”的三个分级标准，则是进一步将以上分项评鉴所得到的“总评分”基础（超过75%质量水平以上）项目数量加总，再以此与申请优良休闲农场类别评鉴项目的总数比较，超过四分之三者，通过“三级优良休闲农场”的认证；超过三分之二但未达四分之三，通过“二级优良休闲农场”的认证标章；超过二分之一但未达三分之二，通过“一级优良休闲农场”的认证标章；最后，若不超过二分之一，则不予认证为“优良休闲农场”，但仍归属于基本的“合法休闲农场”认证农场。

3. 评鉴项目

休闲农业有别于一般休闲游乐区或观光旅馆，故其评鉴项目应以农场内的生产、生活、生态条件为主轴。参考德国的经验，就不同类型的农场研拟可采用的评鉴项目，至于各项目中的细节则有待此套认证系统付诸实施时，再予以深入列示级数标准。

（1）有关于住宿的项目　主要应就其住宿条件评鉴以下项目。

①房间特征。如建材（地板、墙板、门板、隔间）、安全设施、逃生设施、房间大小、房间的隐密性、房间的位置等。

②卫浴设备。如材料、浴缸、脸盆、镜子、马桶、淋浴、毛巾架、垃圾桶、卫生纸、毛巾、通风、干净、卫生程度、冷热水等。

③房间的气氛。如光线、照明、色彩、干净度、整齐度、空气的流通性、活动空间大小、空调、装饰、窗帘、家具等。

④睡床。如床垫、床单、枕头、床的大小，床边的家具、灯等。

⑤使用设备。如衣柜、衣橱、外套架、晒衣场、洗衣机、桌椅、收音机、电视、电话、冰箱、纸篓等。

⑥服务态度。如农场主或服务人员的亲切度、农场或地方导览解说的详细度。

（2）有关于膳食的项目　若农场提供饮食服务，则除了应依食品卫生安全管理办理外，就以下评鉴项目。

①厨房设备及食物准备。是否符合“食品良好卫生规范”的准则。

②餐饮区设备。如桌椅量与质量、通风、洗手间的干净程度、照明、装潢等。

（3）有关农业活动的项目　有提供农业活动（如采摘、耕作、挤牛乳、钓鱼等）者，依下列项目评鉴。

①农业活动区的设备。如清洗台、活动空间大小、活动的动线、护栏、急救箱、休息区、解说设备、使用人数的容量等。

②农业活动的设计。如农业活动的多元性、独特性、流畅性、农村文化的发扬、教育性、推广性等。

③农业生产方式。供农业活动的农场产品生产是否为有机产品。

（4）对于环境保育的贡献　生态维护是休闲农业的目标之一，因此不论何种型态的农场均不应对环境造成破坏，可依下列项目评鉴。

①农场内的垃圾分类执行情况。

②农产品废弃物与游客餐饮厨余的利用。

③农场设施是否破坏自然生态。

（5）有关自然景观的项目　户外游憩事业与自然景观有关连，农场除了农家生活与农业生产之外，也会因具有自然景观而具有游憩事业的竞争力，因此以景观为农场特点提供游憩服务的农场具有游憩质量，可依下列评鉴项目。

①农场内具备的自然景观。

②农场内具备的人工景观。

③可自农场直接观察的农场外景观。

④农场内各项生产与生活活动所形成的农家景观。

（6）一般休闲活动项目　除了与农业有关的各种服务，农场也可能提供一般休闲或运动服务，如野生动物观察、陶艺、女红、绘画、球类游戏（网球、乒乓球、篮球、羽毛球、高尔夫、迷你高尔夫）。

（7）特别加分项目　农场经营者与员工的专业相关证书或专业训练证明。

农场生产的产品或使用原料的认证，如CAS、吉园圃、有机农产品认证等。

四、对大陆休闲农业发展的启示

台湾休闲农场服务品质认定对于提升台湾休闲农场旅游服务质量具有重要推动意义，发挥出了积极作用。中国大陆为了提升旅游服务质量也采取了很多相关措施，如出台了《旅游法》，形成了较为完善的法规体系；鼓励旅游企业或景区参与 ISO14000 环境质量管理体系认证、ISO9000 质量管理体系认证、绿色环球 21 认证等国际有关认证体系，也有不少学者呼吁构建生态旅游认证制度；大力推行星级饭店等级评定、绿色饭店等级评定、A 级景区等级评定等；大力开展优秀旅游城市评定、旅游标准化建设试点、休闲农业与乡村旅游示范县与示范点、生态旅游示范等。这些措施对于提升旅游服务质量发挥出了积极的作用。但在发展过程中，也存在这样或那样的问题，台湾休闲农场服务品质认证制度及其运作方式可以为中国大陆通过认证、等级评定和标准化建设等相关措施（以下简称评定）进一步完善和提升旅游质量管理提供一定借鉴意义。具体表现在以下几个方面。

1. 积极发挥社会组织作用

有关行政主管机关把规划、管理、辅导、教育、督查、评鉴等功能委托下放到休闲农业学会、协会或相关研究、推广部门。台湾休闲农场服务品质认证完全由休闲农业发展协会负责运作。该协会作为社会组织机构，是台湾各界沟通的桥梁，也是台湾休闲农场产业发展的重要推手，不但担负整合休闲农场资源及开发拓展旅游市场的职责，还要致力于确保休闲农场提供稳定而优质的服务品质。大陆虽然不少旅游评定也是交由行业协会运作，但这些协会仍旧摆脱不了行政色彩，从评定标准的出台，到评委会的组建和具体的评定等都受到政府机构的影响。大陆应借鉴台湾做法，敢于并善于放权，保持社会组织机构的相对独立性，积极发挥社会组织在旅游评定中的作用。

2. 全方位发挥以评促改、以评促建作用

台湾休闲农场服务品质认证无论是在认证过程中，还是认证后的监督管理，都严格按照认证标准细则对认证农场服务品质提出建议或警示、提供咨询或进行辅导、帮助培训等。如服务管理评定小组除了撰写评定报告，还有义务提出休闲农场服务管理改善建议；服务品质诊断小组除了撰写诊断报告，还有义务提出休闲农场服务品质改善建议。大陆应借鉴这些经验，不能只专注评定、揭示评定结果，也要对其提出质量改善建议，提供专家咨询和专业的教育辅导等，尤其要强化评定后的质量跟踪，并提前发出必要警示，督促改进。

3. 重视游客体验、彰显游客为本

台湾休闲农场服务品质认证标准细则非常注重游客体验、游客价值，尽力彰显游客为本。其服务品质标准细则能从游客体验角度进行设计，并充分考虑到游客对休闲农场核心需求，如农业性、生态性和舒适安全性等。服务管理标准细则能充分考虑到游客最为基本的安全需求和最为关键的信息需求。大陆应借鉴其经验，在设计或完善有关旅游评定指标时要以游客体验为核心视角、以游客价值为落脚点，真正培育和践行旅游行业核心价值观：游客为本，服务至诚。

4. 搭建服务平台、重视市场推广

台湾休闲农场服务品质认证制度的推行，不仅仅是纯粹的认证，还是为参与认证的农场搭建一个广阔的综合服务平台。通过这个平台，各农场可以更加便利地相互学习借鉴，从而提升台湾农场整体服务品质；可以更加便利地进行广泛交流合作，甚至组建区域性产业联盟；可以获得更多的专业辅导和教育培训机会。尤为重要的是，这个平台还能让认证农场获得更好的全方位的市场推广机会。台湾休闲农业发展协会网站、台湾休闲旅游网等台湾其他农业相关机构网站实现无缝链接，在其网站上建立了专门的认证栏目，进入认证栏目后，每个获得认证的农场都有详细介绍。介绍包括认证期限、范围等基本信息，农场地理位置、行驶路线等基本信息，还有休闲农场体验、食游推荐等非常详细的推介，“使广大游客足不出户就可以了解并享受休闲农业的许多快捷服务”。这一做法尤其值得大陆借鉴。大陆绝大多数评定都忽略了服务平台的搭建和市场推广。评定组织机构不但没有建立相应网站，对获得认证或通过等级评定等的旅游景区或旅游企业、旅游城市等进行网络宣传推介，也没有与其他相关网站进行无缝链接，便于游客、旅行社等机构或个人查阅，甚至连完整的名单查起来都非常难。今后应充分利用网络和移动通信技术，提升智慧水平，形成全方位市场推广网络，让广大游客做到“轻松一键游中国、无忧无虑中国行”。

第三节　游客与农场经营者的互促发展

一、社区营造

（一）背景

台湾从20世纪60年代开始，启动了“社区发展”策略，以应对快速城市化带给台湾社会的诸多问题。20世纪80年代，台湾的各类社会运动风起。到了20世纪90年代初，有一批曾经的街头运动的参与者开始意识到，激进的社会运动往往只有“一时”之功，却难以从根本上塑造和改变社会文化，从而推动真正的社会进步。他们于是转而将注意力投向基层的社区，协助当地居民用参与式的方式，利用当地的的资源，解决本社区的问题。

如今，在台湾近8000个村中几乎一半的社区都参与了社区营造。虽然不同类型的社区所做的社区营造有所差异，但它们带来了一些共同的经验。

“社区总体营造”包含“人、文、地、产、景”多个层面，牵涉台湾当局的“文建会”“农经会”等有关行政部门，内容庞杂。纵观近20年台湾社区营造策略，有三个关键词“文创、赋权、参与”值得关注。“文创”涉及社区营造的可持续性问题，“赋权”关乎社区营造的决策模式，“参与”涉及社区主体的改造，由此形成了社区营造的三个面向，三者统一于居民素质的全面提升和社区的整体发展。20年来，台湾社区总体营造主要经历了如下转变：从文化建设看，从过去重视艺文活动到关注文化创意产业；从施政观念看，从开始由上而下的精英式决策到以地方或社区为中心的民意型决策；从指导精神看，从最初的泛政治化到当下的向生活美学的回归。

（二）社区营造理念（宗旨）

社区营造的宗旨是建立一个具有共同体属性的社区，它包括两个层面关系，一是人与人之间形成社会与心理的联系关系，二是人们与生活环境之间形成的社会与心理的联系关系。社区营造将居住于一定地域空间范围内的人群聚合成富有认同感和内聚力的群体。它已经超越了传统的物质空间环境规划的范畴。

对于社区营造而言，“单纯实质空间营造或是文化活动，并不能完全算是社区总体营造工作的完成，真正的重点是要在过程中累积社区成员对于公共生活领域的问题意识和参与经验”。“文建会”在1998年提出：“‘社区总体营造’的意义即是希望营造一个家或一个村，使其成员具有健全的生活态度、生活价值观及生活艺术的涵养。换言之，在改善生活环境品质的同时，也提升了人的品质。”从这一角度分析，社区营造实际上体现了一种规划思想模式的转变，从对物质空间的关注转向对社会、对人的关注。

（三）台湾社区营造方法

1. 将社区历史文化的发掘作为社区营造的第一步

在传统的社区中，共同的信仰是凝聚社区感的重要元素，发掘社区历史文化的过程正是重新发掘共同信仰的过程，社区居民能够在这一过程中增强社区感，培养共同的社区营造愿景，并从中发现社区所具备的优势和资源。最典型的例子莫过于埔里镇鱼池乡大雁村的山楂脚社区。这是一个在“9.21”地震中损毁严重又深陷老龄化的社区，社区居民自行创作了一幅百米马赛克拼图墙，记述了村民们对社区的共同记忆，也在集体参与中找回了濒临瓦解的社区感。

2. 社区产业是社区营造的主轴

社区产业弱化是社区凋敝最重要的原因之一。当资源和工作机会都越来越多地集中于都市时，大量的传统社区沦为单纯的消费市场，而在市场经济中被动地裹挟前行。唯有复兴了当地经济，才有可能创作出工作机会和发展前景，才能留住年轻人，社区营造才可能有持续的力量，居民的参与也才会有持久的动力。同样以山楂脚社区为例，当地再造了传统的红茶产业，带动了社区复兴；而两个原住民部落的社区产业发展则吸引了更多的年轻人返回部落。

社区产业的发展对于社区营造的另一层意义在于为社区提供了发展所需的共同资源，社区中被开掘出的资源也反过来支持了社区产业的可持续发展。

3. 社区营造可有效地盘活当地资源

任何一个社区都有自己的资源，重要的是这些资源是否会被发现和认知。

桃米村的生态资源得天独厚，全台湾有 29 种青蛙，桃米村就发现了 23 种；全台湾有 143 种蜻蜓，桃米村就有 49 种之多，然而这些资源长久以来并不为在地居民所重视，在当地居民以往的观念里，青蛙除了做自己的盘中餐和喂鹅之外，再没有别的什么用途了。山楂脚社区居民利用地震产生的碎瓷破瓦创作出的拼贴画让人动容，而他们所复兴的红茶产业只有在充分发掘当地的红茶文化的基础上才有可能发展壮大的。社区最大的资源其实是当地的居民。桃米村在 9. 21 地震后不久即动员居民动手清理，开始了社区自我重建的过程。在一系列的活动中，社区居民中建筑、园艺等方面的人才开始涌现，进而成立了桃米的社区工班。

这些人也成为后续社区营造的中坚力量，他们在工作中结成的“战斗友谊”也成为后来坚定前行的力量。

4. 社区营造的重要原则是“当地参与”

以桃米村为例，他们开创了“雇工购料”的社区营造模式，当地居民参与设计了社区真正需要的工程，由社区施工队来施工，并充分利用当地原材料。如今，社区内的茅埔坑溪的河道修复、湿地改造和竹桥、蜻蜓流笼、蛙树屋、凉亭等都具有浓郁的地方特色，都是当地居民参与的成果。

这种“当地参与”的价值不仅在于使社区营造真正实现取之于民用之于民，从更高的层面来看，也是一种积极的民主实践，体现出了在地居民对于社区和社区事务的主动权，并在实际参与营造的过程中训练了民主决策的技能。

5. 社区营造要能做到“以点撬面”

社区可以看作是一个小型社会，其中存在诸多相互关联、错综复杂的问题。做社区营造既不能“只顾一点不计其余”，也不能“眉毛胡子一把抓”，而要能够找到一个关键点发力，带动多个议题，从而撬动整个社区面。所谓“社区总体营造”，“总体”二字指的就是社区营造首先要根据当地特色，从单一角度切入，再带动其他相关项目，逐渐整合成一个总体的营造计划。如新港文教基金会便是从文艺演出开始，带动了语言学习、民宿产业、国际交流、文艺展示等相关议题，进而扩散至社区营造的各个方面；而桃米社区则将“青蛙叫做老板”，开创了生态旅游，也以此来承载社区的共同理念和价值。现今，桃米村的生态解说已从“青蛙”扩展到了“蝴蝶”和“蜻蜓”，而模式依旧。

6. 社区营造需要“多方协力”

社区内的问题错综复杂，因此需由多家机构共同解决所有问题。仍以桃米村为例，在社区营造的过程中，新故乡文教基金会引入“专业者都市改革组织（OURs）”做空间营造，引入南投县集集镇的农委会特有生物中心来做生态调查与解说培训，引入世新大学观光系帮助培训旅游、管理等内容，可谓“多方协力”的典范。“社区总体营造”策略由文建会提出，鼓励民间自下而上的努力。

7. 准确把握社区本身与外来协助者之间的关系

对社区而言，如何避免过度依赖外部力量，有效建立具备能力的本社区组织是一大考验；而对外部协作者而言，如何在陪伴社区发展的同时对社区进行赋权，如何有效引入资源并合理配置，如何刺激社区的主体意识减少依赖感，同样是巨大挑战。

8. 社区营造是一件需要极大耐心的事情

台湾的各个社区营造，一般花费 5 ~ 20 年的时间。以桃米村为例，从1999 年的“9. 21”地震至今，新故乡文教基金会已经在那里陪伴了 13 年。

跳出社区营造的具体工作，从整个社会的民主化进程来看，社区作为行政和政治的基本单位，也是社会的基本组成部分，对推动台湾社会深入的民主化、增加台湾民众的民主实践、培养公民参与意识和公民社会建设，都起到了巨大作用。也正是通过广泛而持久的社区营造活动，唤起了台湾民众对于土地和家乡的感情，拉近了邻里之间的关系，使整个社会成为一个有机整体。社区营造所累积的经验是台湾民主发展的果实，也是台湾社会独特的资产。

当然，台湾的社区营造所取得的成就也并非一蹴而就。从 1994 年提出“社区总体营造”，台湾民众用了几乎十年时间才理解原来“营造”并非是建筑工程，而是重建人与人之间、人与所处环境之间的关系，营造的是人们的“社区感”。

（四）从“社区营造”到“休闲农业”发展

台湾休闲农场不仅非常重视环境保护，营造宜居的乡村环境，还对农场周边的社区文化建设、基础设施建设、社会公益活动非常关心，经常和社区联合举办联谊活动，如歌唱比赛、书法笔会、乡村趣味运动会、儿童风筝节等，且大都设有公益募捐箱，举办爱心传递活动和公益义卖活动。可以说，公益理念已经成为台湾休闲农庄的重要文化，如“薰之园”休闲农园在扩大规模时，优先录取弱势青年，使失足青年以及身体上存在一些障碍的青年获得工作机会，他们还不定期邀请当地独居的老人到香草园免费体验游玩。

花莲新光兆丰休闲农场是一个结合农、林、畜牧、观光、鸟园的综合性花莲民宿与饭店的休闲农场，位处花莲县凤林镇，占地约 726hm^2。农业旅游资源类型齐全，集农、林、畜牧于一体，为游客提供多样化的休闲体验空间；功能综合性强，具有观光、体验、休闲度假、生态教育、动植物养育等功能；可承办一些节庆活动或社区活动。

台湾休闲农业注重园区和农业旅游景点的检查凭证，并颁发认证标志。台湾休闲农业园区检查凭证将社区参与作为凭证的一部分。

休闲农业发展还可以促进乡村社会转型和价值转变，提升社区环境质量和居民社区意识。休闲农业通过为城市居民提供休闲与体验服务扩大了居民参与休闲农场、民宿及休闲农业园区的经营、政治和社会参与度，促进了城乡交流，使乡村休闲产业经营者摆脱了传统依赖，逐步建立起独立自主的社会价值。休闲农业园区还可以增加社区居民表达需求、执行发展计划等合作与联盟的机会。促使园区居民、农场和民宿业者保护自然生态景观，改善社区环境质量，吸引更多游客观光旅游。这一功能不但成为加速社区分化转型的促进剂，形成休闲农业新的乡村社会价值观，而且在无形中还塑造了乡村社会团结互助，互利共赢的社区意识。

休闲农业园区在发展过程中，必须通过推动参与式行动来引导园区居民参与休闲农业发展，使社区居民成为社区营造的参与者，才会让属于园区居民的集体记忆逐渐深厚而难忘。同时，还应让专业人士参与地方共同谋划并思考建设方案，把园区产业发展的主导权力重新还给居民。这种参与式的规划有助于唤醒社区居民参与公共事务的热情和积极性，同时也唤醒社区居民、主管部门以及地方利益集团对园区社会、文化、空间和生态环境的共同价值认同和责任心，把社区建设成为具有乡村性，重视生态环境并给广大居民和游客带来幸福快乐和完美体验的魅力园区。

（五）从“社区营造”到“可持续发展”

社区营造通过居住于本社区内部的居民自发性的组织很多个小团体，以期自我治理，自己解决诸多社区问题，在大集体中和谐共存，协商解决矛盾，提升居民的各种能力。社区营造的主要目标是帮助社区居民满足社区需要，自己解决社区问题，培养社区成员的参与感和使命感；更深层次的目的是挖掘居民自我价值，增加居民信心和社区自我组织的权利，改善社区环境，并促成其自我价值的实现，形成社区自治，最终建立可持续社区。

2010 年 7 月 14 日台湾当局分 10 年编列 1500 亿新台币，后续再编列 500 亿新台币，共计 2000 亿新台币农村再生基金，以有序地推动农村发展，扶持台湾4000个农渔村、60万户农渔民，突破农村长期的发展瓶颈，从产业、文化与具体建设，打造生活质量高、人人安居乐业的新农村。该规定以农村为中心、兼顾农民生活、农业生产及农村环境，三农整体发展，整体落实小区赋权目标，以"由下而上"强化共同参与、"计划导向"促进土地合理利用、"软硬兼施"引导整体发展的原则，推动农村再生计划；以成立基金专款专用的方式办理推动农村再生，另外在规定中明确项目用途，并依照小区居民的需要进行计划拨款，力争惠及全台湾的农渔村小区。

截止2015年7月底，累计办理农村社区建设的共有1514个社区，包括协助456个社区办理农村社区整体环境改善、公共设施建设，针对尚未完成农村再生计划的农村社区；主动协助1514个农村社区改善基础环境，提升生活质量。试办青年回乡筑梦计划，通过部门补助工作津贴及劳健保障等费用，提供年轻人回乡发展的机会，累计辅导361个社区及1023人次的农村青年返乡服务，陪伴社区共同实现未来发展愿景。

2015年，台湾休耕土地面积从2007年的22万 hm^2，降低至10万 hm^2，土地得以活化利用。

（六）"农村再生"案例

1. 三芝共荣社区

三芝共荣社区从2005年就开始陆续向有关行政主管部门提出项目计划，着手农村人力资源培训和社区生态资源保育。2011年，共荣社区依托"农村再生"计划开始申请"一区一特色"的辅导计划，进一步强化对农村社区的人才培养，带领社区居民进行乡村设施改造和生态保育建设，并在社区生态资源改善的基础上发展以茭白和南瓜为优势特色产业的有机生态农业。共荣社区通过几年的农村再生转变，逐渐成为台湾各地社区模仿、学习的典范。

2. 台湾台中南投县桃米村社区

该社区向其他社区提供了灾区自然环境、传统产业、人际关系的重建及再生经验。"9.21"地震后，新故乡文教基金会进入埔里桃米社区，协助居民从家园的山水土地间，找到一个重建与转型的新方向，桃米村居民上上下下动起来，为打造生态村的理想而努力，以生态工法绿化美化，家园及景观设施大变身；现在以可持续教育求新知，培育解说员，传播生态保育观念，带动地方开设特色民宿、自创DIY、风味餐饮及桃米施工队等，创造1/4社区居民的就业机会。

二、整合性乡村社区发展

农户是休闲农业开发中不可或缺的主体，只有农户参与到休闲农业中，才能真正体现乡风民俗，使游客体会到乡村的文化底蕴。

台湾休闲农业以当地农民出资建设为主，很少有外来企业介入，一般通过农会等农民合作组织进行相关经营活动。

台湾休闲农业在“体验经济”理念之外，还出现了“分享经济”的理念，即休闲农业经营者与游客分享乡村生活，变“消费者为上帝”为“与客人首先成为志同道合的朋友”，倡导“拥有不如享有”的消费理念。农场主很爱坐下来跟游客倾谈，愿意将悠然快乐的浓浓感情和追求与游客分享，将游客从“上帝”变“朋友”。

整合园区内农场、农园、民宿或所有景点，使其由点连成线，再扩大成面，最后以策略联盟方式构成带状休闲农业园区，供游客前来旅游消费，增加园区居民的收益以及地方的繁荣与发展。以区域为范围，发挥集聚经济优势，台湾休闲农业园区和乡村游憩地的发展跳出了以往规模经济的思维，朝向精致农业延伸转型。休闲农业园区的“园区”概念，被赋予了具有地方意义的社区的理念，而不只是强调专业生产的属于工业特质的厂区概念。整合农场、农园、民宿或所有景点，使其由点连成线，再扩大成面，最后以策略联盟的方式构成带状休闲农业园区，并适时开展以策略联盟方式结合的“社区”理念来推动社区各项工作，这是台湾发展农业旅游和休闲产业的成功经验，也是走在世界休闲农业开发建设前列的重要原因。

社区经营理念的落实，地方共同体意识的唤醒，地方产业文化主体性格的建立，以及社区居民参与式规划行动的实践，是休闲农业不可或缺的要素，也是休闲农业带动乡村发展的重要策略。通过当地产业行动委员会或相关组织发起，由社区居民分工合作，从园区的规划建设到经营管理全由居民来主导，以达社区自立自助、自动自发的自我管理状态。

第二部分

台湾休闲农场典型案例分析

为了便于大陆休闲农场主学习，编者结合台湾休闲农场和大陆休闲农场现阶段的发展特点，进行了以下分类，也请研究者及从业者共同商讨研究。

第四章
依托产业开发的休闲农场

第一节　飞牛牧场

一、背景及现状

（一）区位与交通

飞牛牧场位于南势溪上游，苗栗县通霄镇与三义乡间，在行政区划分上属通霄镇所管辖，主要联外道路为东向 121 号县道，衔接台一线纵贯道路，向东南离三义交流道约 20km，西北约 10km 则可达通霄镇市区，如图 4－1 所示。

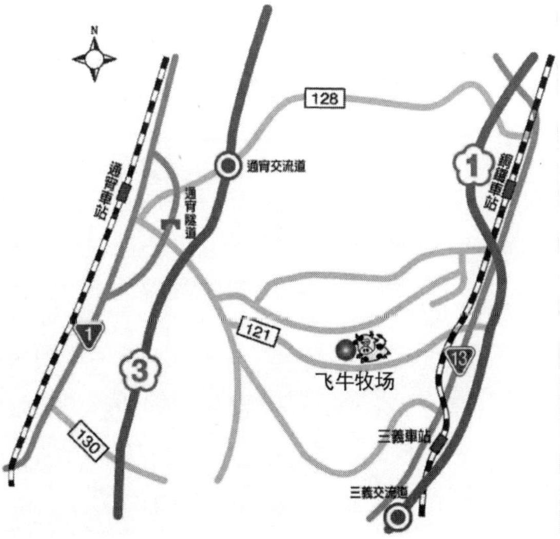

图 4－1　飞牛牧场区位分析图

（二）自然环境与景观

飞牛牧场在地理上属通霄镇南和段地区，位于一处东南向西倾斜的坡地上，属于丘陵地形，海拔高度介于120～300m，地形变化丰富，高处视野广阔，可以俯瞰远地风景、海面夕阳及近处的广阔牧草地，园区内数个节点可以平视以树林为背景的牧场风光，由洼地可以仰视牧场草原及山顶上的房舍，随着视线的移动可以感受许多不同形态的风光。牧场外有水稻田、茶园及鸟类、蝴蝶、乳牛等自然生态景观，夜间则有极佳的天文景观，具备了丰富的景观资源。该片区附近工商活动少，污染程度甚低，区内空气、水源质量均佳，且由于农场内目前尚无通过性交通，几乎无噪音干扰，十分宁静，自然环境质量良好，如图4－2和图4－3所示。

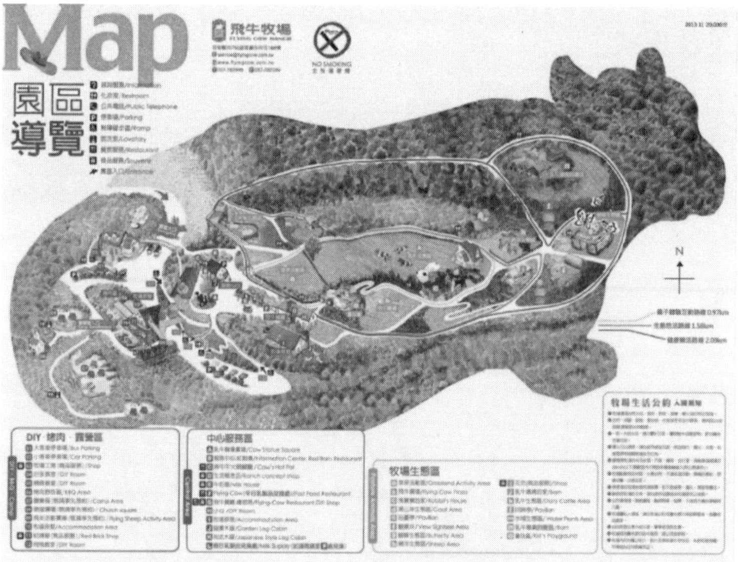

图4－2　飞牛牧场导览图

（1）入口标识　　（2）服务中心

图4－3　飞牛牧场入口图

（三）地区人文资源

苗栗县农村文物以客家文化为主，包括客家文物、陶瓷制作、竹器、腌渍农产品、客家菜肴等，其中通霄镇及三义乡附近以木雕闻名。

二、项目内容及特点

（一）飞牛牧场分区配置

飞牛牧场经营面积120hm^2，现有服务设施面积约50hm^2，前身为“中部青年奶农村”，区内林木青葱翠绿、繁花茂盛，飞牛牧场青葱的绿野上有低矮的房舍和成群的乳牛，可供都市民众休闲活动，让人亲近大自然，享受自然之美。

飞牛牧场分为游客游憩区和牧场生态区；游客游憩区中有游客服务中心区、烤肉区、露营区、住宿区、餐厅、纪念品屋、乳制品专卖店、会议室等，提供游客来到飞牛牧场享受最完备的休闲服务。牧场生态区内细分为草原活动区、飞牛广场、大草坪亲子活动区、农业生产区、有机园区和蝴蝶中心等，让游客充分体验农场生活，如图4－4所示。

（1）主题景观　（2）标识景观
（3）彩绘乳牛　（4）牧场景观

图4－4　飞牛牧场景观

（二）飞牛牧场发展特点

1. 创立阶段

1973年，农场主及同伴前往新西兰及美国接受奶农专业训练，并于次年回到台湾，开始筹组青年奶农村，建立示范奶农户。

1975 年，在有关单位协助下，购买 $53hm^2$ 土地，并成立“中部青年奶农村”，共有 17 户奶农。由于新西兰和澳大利亚牛肉的进口外部压力，以及台湾本土喝牛乳的风气尚未形成的内部原因，导致供需失去平衡，乳价低至不敷成本，奶农户经营日益艰辛。

1977—1979 年，部分奶农转业，经多次协商后 14 户弃养，牧场只剩下 3 人继续经营。

2. 转型开始

通过机械化的整地，种植大面积的牧草，形成了优美景观，意外吸引大量游客前来观赏牧野景象，刺激了农场主人转型的念头。

1987 年，农场主前往日本参观休闲农场，并编制了《中部青年奶农村观光开发基本计划说明书》。

1993 年，农场设计企业形象辨识，确定以“飞牛牧场”作为转型后的品牌名称。

3. 经营主轴

飞牛以资源基础为主轴，从资源的创造到资源的转换，将农场的固有资源转换成引人注意并具特色的产品及服务，以可持续经营为发展方向，如图 4 -5 所示。

（1）牛乳屋

（2）牧场产品销售

图 4 -5　牧场售卖屋

4. 全球首创

飞牛牧场是台湾地区第一家引进娟姗牛的农场，农场主人为了给予顾客最好的品质，特地从澳洲进口乳脂率最高的娟姗牛。

三、经营管理

（一）经营管理方式

1. 经营主体

飞牛牧场是一个私人公司性质的农场，农场主负责业务推展及投资盈亏的责任，有关经营体组织章程等细则依公司法规定办理，现有主要股东 2 人，以经营责任制或利润分享制进行运作。

2. 生产现况

飞牛牧场以饲养乳牛、生产牛乳及种植盘固拉牧草为主要农业生产活动，现饲养乳牛约500头，日平均牛乳产量约6t，所产牛乳运缴苗栗县农会鲜乳加工厂和光泉鲜乳加工厂，制成将军、光泉牛乳。

盘固拉牧草种植面积约80hm^2，每hm^2牧草年产量为15~20t，以供应场内乳牛喂食为主。

3. 营销管理

飞牛牧场目前并无具体的营销活动规划，营销活动主要是依靠游客口口相传及传播媒体（如报纸、杂志等）。另外牧场也印制了一些牧场简介，增加游客对牧场的印象。

目前门票分为成人和儿童两个收费标准。产品展售区内售卖各类当地农产品及相关农牧加工制品；牛奶屋内有牛乳品尝活动；飞牛牧场常与相关机构合作举办休闲游憩活动。

4. 人力管理

人力管理由两个农场主共同负责。农场雇有员工约30名，均是来自附近的居民，主要从事现场景观维护、餐饮料理、现场管理等工作。节假日农场也雇请当地工读生，以协助农场管理活动。

5. 住宿经营

飞牛牧场住宿设施由原有牛舍改建而成，包含双人房、四人房及团体房共40间，可容纳100人左右。

6. 餐饮管理

包含西式简餐与中式快餐、合菜三类，如图4-6所示。

（1）飞牛餐厅

（2）牛乳火锅

图4-6　主题餐饮

7. 教育解说

①静态教育解说。乳牛生态教育解说手册、植物生态解说手册、农场导

览地图、农场简介等。

②动态教育解说。有专业解说人员为游客解说乳牛生态。

8. 游憩活动管理

以开放式的活动空间供游客活动为主。也可根据游客要求提供活动安排或动态教育解说服务，如图 4－7 所示。

（1）牧场饲喂　（2）牧场表演

（3）鸭BB大游行　（4）兔宝宝的家

图 4－7　小动物主题活动

（二）经营特色

1. 经营理念

①“飞牛”的由来。“飞”代表“蝴蝶”，“牛”代表“乳牛”。蓝、白、绿所组成的飞牛绿，蓝色代表快乐的生活假期，白色代表健康的奶农生产，绿色代表自然的可持续生态。

②牧场使命。通过三生（生活、生产、生态）一体；三育（培育、保育、教育）并重的发展策略，可持续经营寓教于乐的休闲事业，提供游客身、心、灵全方位的休闲体验。

2. 核心产品

飞牛牧场属于农业体验型农场，需要提供教育解说服务，作为游客与牧场的沟通媒介。

休闲体验区产品线长度最长，且针对主题加以呈现，如表 4－1 所示。

表 4－1　　飞牛牧场产品组合的广度与长度

产品组合的广度→ 产品线长度↓	休闲体验区	游憩区	会议室	住宿	餐饮	动态活动
	牧场生态区	飞牛广场	会议室 1 间	双人套房	中式合菜	解说服务
	观牛坪	童玩区	（180 人）	4 人套房	中式快餐	功能不明显
	蝴蝶生态区	露营区		8 人团体房	西式餐厅	
	赏蝶步道	野炊烤肉区				
	可爱动物区	停车场				
	有机农园区					
	挑盐古道					

3. 生态环保

为加强游憩冲击与生态保育两者之间的平衡，飞牛牧场所有的工程，包括步道、建筑物、游憩设施平台等尽量采用石头、枕木等自然材质，并兼顾生物多样性的生态工法施工。在水域生态区设计多个湿地水塘，栽植了可净化水质的水生植物，并利用野溪、水车、瀑布及蜿蜒的阶梯式水渠等自然净化的方法，把净化后的水引入园区内循环，作为景观及灌溉用水。

四、启示借鉴

通过飞牛牧场的发展历程及成就可知，一个产业的发展成果与其竞争能力来自于资产、能力两者互相交互作用下来形成具有价值、稀有性及专属性的企业核心价值。飞牛牧场的经营从其内部寻求最佳的资源，创造了其长期的竞争优势，并利用其固有资源及该农场的运作机制，创造出自我品牌，这都是现阶段大陆休闲农场需要尽快学习的地方。通过自身实力的增强来获取市场的认可，并且以农业为基底的休闲农场才会避免因节庆、气候等原因导致的人流量变化带来的影响。

从飞牛牧场的历史来看，飞牛牧场在不同的经营时期下采取不同的经营策略来创造自我的竞争优势，而且也是先有产业后有休闲体验类的项目辅助，这就为农场的可持续运营提供了坚实的基础。

在经营管理方面，农场主非常关键，飞牛牧场的创始人始终保持创新产品的激情，不断学习新的经营理念。农场主的这种精神是做农业所必须具备的品质，尤其是要做出有特色的农场活动或项目，就必须深入一线，接触客户和市场。

第二节 清境农场

清境农场位于台湾南投县仁爱乡，海拔 1700 ~ 2000m，与武陵农场、梨山福寿山农场合称为台湾三大高山农场，是台湾高山旅游、婚纱摄影及避暑胜地。清境农场面积约 760hm^2，坐拥群山之间，视野广阔，游客可欣赏奇莱山日出的奇景，远眺合欢山积雪，山岚云雾飘渺，夕阳晚霞的缤纷万变，夜晚仰望灿烂的银河星空，年平均温度约 16℃，早晚温差 2 ~ 5℃，因此清境农场有“雾上桃源”的美称。

清境农场设有青青草原、畜牧中心、旅游服务中心、游客休闲中心、寿山园生态区、清境小瑞士花园、特色步道等项目，将自然景观与农牧生产相结合。农场以种植温带水果为主，另外还有高冷蔬菜；农场内还饲养了绵羊和肉牛，如图 4 - 8 所示。

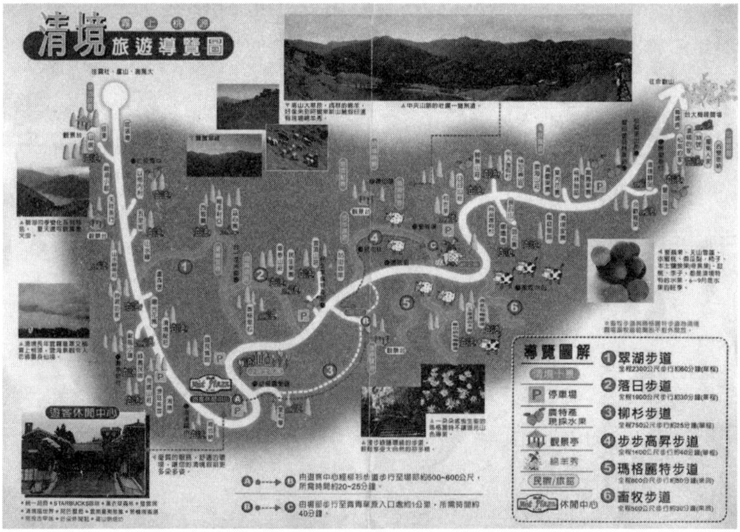

图 4 - 8 旅游导览图

一、项目内容

清境农场有一望无际的草地，适合野炊、滑草或做团体游戏。思源池可供露营，可容纳近千人。附近的清境农场民宿区也是吸引游客的一大度假住宿点，各民宿为了展现自有特色，吸引游客目光，都融入了特殊元素，包括风格、型式、色彩、造景等，形成全台湾最经典的民宿街。以前的清境农场旅游，主打冬天雪景、青青草原、羊咩咩脱衣秀、面具牛跑草原等景象，现在的清境地区，多了许多旅游项目，如六大步道及新兴的景点、摆夷文化风情观览、云端上喝咖啡、高山上听民歌等。

1. 农、林业内容体验

清境农场蔬果区分为温带水果区和高冷蔬菜区。

温带水果为清境农场最主要的农产品，以水蜜桃、苹果、梨、加州李为主；高冷蔬菜包括圆白菜、菠菜、豌豆苗、大白菜、翠玉白菜等；高山花卉为目前产值最高的经济作物，包括各种百合、郁金香、海芋和其他温带花卉等。

农场以温带花卉营造欧式花园，园中还栽植有枫香、青枫、落羽松、榉木、榆树等植物。

2. 畜牧内容体验

畜牧中心是清境农场牛、羊的家，饲养的牛为肉用牛，品种以黑色安格斯为主；白面黄身的海弗牛数量较少，主要做观光用；白面黑身为杂交种；还有圣达肉牛、德国黄牛、布拉曼、夏洛利、荷兰牛、日本和牛等；饲养的羊有绵羊、台湾黑山羊、黑肚绵羊、台湾乳用山羊等。饲养方式采用粗放轮牧方式，育肥后期改用圈饲。

蝴蝶园区有大面积的蜜源、食草及诱鸟植物，赏蝶步道旁，随着季节变换，五颜六色蜂蝶美不胜收。为让爱鸟人士能近距离与鸟类接触，该区设置了鸟巢及赏鸟亭，甲虫生态介绍区可以让大家认识有趣的昆虫世界。

3. 景观内容体验

清境农场的景观主要集中在“清境小瑞士花园”“六大步道”和“青青农场”。

位于清境农场附近的“清境小瑞士花园”，面积虽不大，但在农场用心经营下，种植了来自世界各地的花草，游人登高远眺清境云雾，如梦如幻，仿佛置身于欧洲，因此有“小瑞士”的美名。

在清境农场中，最受欢迎的景点莫过于青青草原，以招牌“羊咩咩脱衣秀”最负盛名，深得大众喜爱。绵延不尽的草地上有着成群的牛羊奔跑其中，是中部地区最热门的观光景点，游人徜徉其中不但可近距离地接触到牛羊，还能欣赏到可爱的“绵羊秀”。

步道群是青青草原至国民宾馆间踏青、健行、赏景的连接网脉。进入步道，游客可以安步当车，欣赏高山、流水、枯藤、老树、昏鸦，其间清新的空气，优美的景色，更是让人感恩大自然的丰饶。

六大步道：①翠湖步道。一边是梯田式的茶园、一边可眺望碧湖美景，步道早、中、晚景色各异，四季景色变化气象万千，春观花、夏看虫、秋泛舟、冬赏雪。全程2300m，步行约60min（单程）；②落日步道。落日时分在布满多彩缤纷花卉的步道上，游客观赏清境特有的奇景红落日。全程1000m，步行约40min（单程）；③柳杉步道。两旁高大的柳杉环绕着步道区，凉风迎面吹来有如沐浴在大自然中。全程750m，步行约25min；④步步高升。游客沿着阶梯往上一步步的爬升，沿途可欣赏蝴蝶飞舞，两旁种植的枫树及梅树，随季节而各展风情。全程1800m，步行约50min（单程）；⑤玛格丽特步道。步道周围种植着美丽的法国菊花海，游客累了可以在草地上休息、野餐、放风筝，观看牛、绵羊。全程600m，步行约50min（来回）；⑥畜牧步道。成群的牛、绵羊在大草原上游走，游客坐在草地上放风筝，自由的享受原野的风光。全程500m，步行约30min（来回）。

此外，园区还有“挪威森林广场”“阿尔卑斯双塔”“落羽松步道”“主题花园”等项目，皆环绕着“天鹅湖”而建，欧洲花园般的景色让民众可以放松身心，置身于一片自然的童话世界。

4. 休闲活动内容体验

清境农场的休闲活动大多是观赏性和参与性的。

①亲近动物。在农场可以近距离接触、喂食小动物，骑迷你马，体验为牛沐浴、甩牛鞭、跳斗牛舞等活动；②场庆活动。每年2月20日为农场场庆，借此举办庆祝活动，吸引游客参与比赛活动，动手DIY，彩绘，茶艺等项目；③清境一夏。7、8月暑假期间，游客如织，为给暑假到来游客留下美好之回忆而举办各类文艺活动；④绵羊秀。由新西兰籍员工，以哨音驱动牧羊犬，引领绵羊于草原上奔跑，配合与游客互动的分羊、羊生态介绍、羊拍卖及最受游客喜爱的剪羊毛秀；⑤云南风俗。在端午节前后举办的泼水节、文物表演、摆夷飨宴；⑥滑草。清境农场凭借其高山草原的优势，设计滑草活动；⑦赏雪。清境农场所在地合欢山的积雪是宝岛奇景之一，入冬进山沿途白雪皑皑，银光一片；⑧观星。清境农场山岭起伏，观星地点极佳，每年流星雨和月食等天象吸引天文爱好者前来观赏。

5. 清境农场建设特点

清境农场融合最新概念，设计建设农场，应用各种学科指导农场发展，在发展时避免对当地自然景观、生态环境造成破坏，确保休闲农业的持续发展，重视农场的特色与创新建设，避免雷同，形成个性特色。

（1）就地取材，汲取精华　注重本土文化和当地特色资源的挖掘，如摆夷文化风情观览、高山上听民歌等活动，既丰富了农场的活动项目，同时也是对当地文化的传承和守护。

（2）以农为主，三产联合　农场以农林畜牧产品，为基础推进加工业的发展，再提升到第三产业，发货农业的多功能性，丰富游客体验内容，更增加农场的经营收入。如游客中心售卖的各种与牧草、绵羊、羊乳制品有关的商品。

（3）四季可游，月月有景　清境农场打造四季皆可游赏，初春莺飞草长，漫山遍野桃李争妍，夏秋毛地黄和高山野花相继开放，深秋枫红颜绕，冬季远山积雪，景观别致。

（4）欧式风格，异国风情　农场整体风格为欧式，给游客营造了浓浓的异国情调。如玛格丽特步道、荷兰郁金香、荷兰小风车、欧式风情的建筑、云端上喝咖啡等，使游客仿佛置身西欧唯美的乡村。

（5）整体开发，重点发展　农场重视乡村民宿的建设和发展，将自然景观与农牧生产相结合以发展休闲农业。清境农场的民宿区成为游客最喜爱的旅游吸引物之一。

（6）寓教于乐，实现真正意义上的教育基地　清境农场不仅是种植农作物的场所，还肩负着教育基地的职能，在农场栽植的作物、饲养的动物以及配备的设施都有现代农业科学的教育内涵。农场与各旅行社及有关学校合作开展学生春游、假期社会实践活动等，让学生了解各项农业科学技术和农业生产的各个环节，使游客在参观的过程中，丰富知识，提高个人素质，如图4－9所示。

（1）游客中心　（2）清境绵羊城堡

（3）创意花钵　（4）景观小品

图4－9　清境农场景观

二、发展特点

清境农场是集观光、休闲、体验、度假为主要内容的农园，发展时注重生态、社会、经济的协调发展，强化休闲观光功能，在综合分析下因地制宜、科学发展园区，并呈现多元化发展模式，在此可以体验农家民宿、森林活动、农耕教育、乡土民俗、亲近自然、动物互动等休闲活动。清境农场重视网络媒体的建设，新闻发布、景点介绍、游区地图、线路推荐、住宿餐饮、门票服务等方面都很完善，实现休闲农业企业化；有形产品与无形产品相结合，产品经营多样化。清境农场利用自己的主打品牌，借助环境、地形优势建设欧洲风情的农园，以差异化发展吸引观光者的兴趣，提高其消费欲望，如图4-10所示；结合当地摆夷文化资源，发展本地特色的休闲农业项目，力求与周围其他休闲项目相协调、互补优势、相互促进。

（1）绵羊饲喂　　（2）马术表演

图4-10　清境农场小动物主题活动

三、经营管理

（一）经营方式及经营特点

清境农场本着“以顾客满意为导向，以优质服务为中心”的企业经营理念，落实“以客为尊”的服务态度，积极塑造优良的观光产业企业形象，进而提升整体竞争力。

农场在生产与经营方面具有以下特点。

1. 通过对消费者的了解、研究和分析，掌握消费者的需要与欲求，最大化满足顾客，实现服务特色化，营销差异化发展。

2. 注重形象宣传和品牌的打造，以“农”为根本，让农业作为产业支撑，融入文化内涵，形成产业链，使农场充满活力，保证其长久的发展。

3. 科学合理的规划，不盲目扩张，稳健投资，实现可持续的发展。

4. 旅游产品的开发，将生态旅游与度假旅游产品相结合，将农场变成农业生产场所、农产品消费场所和休闲旅游场所结合为一体的区域。

5. 经营目标分析

（1）主要目标——经济目标　合理规划，统筹安排，降低产销成本，提升农场运营绩效。

（2）辅助目标——游客目标　协调假日与非假日游客数量，注重基础服务，提高服务品质。

（3）延伸目标——生态目标　重视生态资源及环境的保护，运用绿色经营手段开发，使农场得以可持续的发展。

（二）经营服务特点分析

1. 解说服务

农场内配置解说人员提供专业资讯与解说服务，一方面在游客中心提供资料或问题咨询解答服务；另一方面对农场内景点或活动进行解说。

2. 游客服务

在农场内有游客服务中心广场，设有咖啡馆、景观餐厅、便利商店、休息室等建设内容。台湾原住民赛德克族人会在此售卖民族风味的装饰品。

3. 民宿服务

清境农场民宿发展很快，各具特色的民宿相继建设，为吸引游客目光，各家都融入了民宿主人的特质，包括欧式、日式、色彩表现、庭院景观等，形成全岛唯一的国际性民宿街。

4. 餐饮服务

清境农场的美食文化中，最具特色的就是摆夷料理，其最大的特色就是酸、辣，辅以山椒、花椒等香料，结合高丽菜、猪头皮等各种食材，经过处理，做出一道道脍炙人口的摆夷料理，这也是游客乐此不疲来清境农场游玩的原因之一。

5. 安全服务

在农场内设置警卫处，并配备足够的通讯及警戒设备与器材，有警卫人员负责安全管理工作，应对灾害或紧急救援情况。

四、启示借鉴

由于休闲观光农业具有涉及面广、产业链长、带动力强、关联度大的特点，它除了直接促进农业产业发展外，还带动农旅产品加工业、商贸流通业、交通运输业、餐饮服务业等相关产业的发展，成为农业经济发展新的增长点。

1. 清境农场促进了第一产业与第三产业的有效结合和产业结构的调整提升，使农村以旅游业为龙头的第三产业所占比重逐渐上升，充分利用郊区的丰富农业资源，提高农业资源的附加值，如图 4－11 所示。

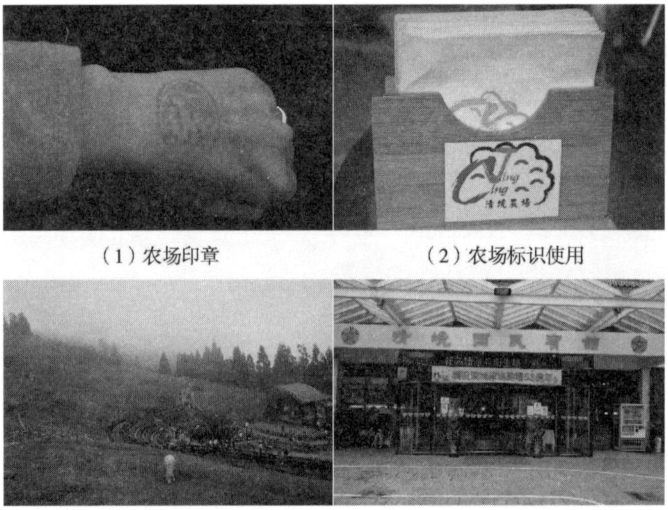

（1）农场印章　　（2）农场标识使用

（3）表演场　　（4）清境农场国民宾馆

图 4－11　清境农场休闲项目

2. 清境农场的建设有利于保护农村生态环境和自然景观，挖掘农场文化资源，注重农业生产与休闲观光的同步发展，充实休闲观光农业的内涵和提升农业的整体效益。

3. 利用农场闲游资源，加强农业的转型升级，使农业与第二、第三产业结合，清境农场在一定程度上解决了农民就业问题并促进了农民增收致富。

4. 休闲旅游的发展，促进了配套设施的建设，积极完善水、电、路、通讯等各项设施建设，改善了农村整体风貌，提升了农民的居住环境。

第三节　瑞穗牧场

瑞穗牧场位于舞鹤风景区内，是一个开放式的牧场，也是东台湾知名的奶农区，同时也是亲子旅游的最佳场所。瑞穗牧场占地约 580 亩（1 亩 = 666.6m^2）。瑞穗牧场原来是一片木瓜田，每当台风后，农民辛苦种植的木瓜常全部被毁。当年农场主和友人开玩笑说“来养牛好了，从来没见过牧草被台风吹倒的，饲乳牛免风险啦”，正是这句玩笑话开启了瑞穗牧业的事业。碧绿的草场和纯净的蓝色天空，还有自在的乳牛，也让游客第一感觉是在置身荷兰或新西兰的牧场，如图 4－12 所示。

1987 年，10 户奶农共同组成了瑞穗牧场，牧场选址在地势平坦、道路和排水等公共设施完善的地方，种植牧草，兴建牛舍，饲养自美国进口的荷兰

图 4－12　入口标识

种乳牛。瑞穗牧场经过奶农朋友们的经营，已经成为台湾知名奶农区，是超优质鲜乳的故乡。

中央山脉的纯净水源将这片河床地灌溉成肥美的草场，为出产优质鲜乳的牧场乳牛提供养料。瑞穗牧场人耕耘 30 多年，鲜乳及其衍生产品因品质优良广受欢迎。之后牧场开始探索农业观光的模式，开辟一片开放式休闲观光区，使牧场逐渐成为一个多元化的观光牧场。

一、项目内容

瑞穗牧场分为三个区域，分别为休闲区、养殖区和露营区，设有游客中心、露天咖啡座、自行车道等设施，整个牧场开放的区域不大，游客可以骑着自行车，也可以选择步行。露营区位于牧场入口位置处，主要为本地自驾游客提供住宿露营服务，建筑采用木屋的形式；牧场中部为休闲区，设置喂养体验牧场、林下休闲区、冷饮售卖店等，是游客休闲体验的场所，如图 4－13 所示；养殖区位于牧场最里面，主要用于生产养殖。

（1）冷饮售卖　　（2）林下座椅

图 4－13　牧场产品销售

瑞穗牧场还规划了亲子游憩区、赏鸵鸟区等。游客来到牧场，沿着入口的林荫路前行，右边是一片牧场，几只乳牛和驼鸟在里面闲庭信步。路的尽头则是乳牛养殖场，大人带着孩子可以与乳牛亲密接触。

在牧场观光区，游客可以和乳牛亲密接触，喂食饲草，自由合影。许多当地家庭也趁假日来瑞穗牧场体验亲子游。在牛棚里，周围草木的清新盖不住新鲜的牛粪味，但大小游客都在牛栏前流连，自拍、喂食、和乳牛说话，沉浸在自然香氛中，如图 4 – 14 所示。

（1）牧场景观　　（2）乳牛饲喂

图 4 – 14　牧场观光

这里的最佳美食就是乳制品，除了可以品尝每天现挤、现煮的浓、纯、香的鲜乳外，还可吃到香喷喷、热呼呼的鲜乳馒头，另外还有充满乳香的原味牛轧糖，或是掺入咖啡香的咖啡牛轧糖。除此之外，各色乳酪蛋糕、鲜乳酪、乳制冰品等甜点也受欢迎。

二、经营管理

“维持最低度开发，提供最高度体验”是瑞穗牧场人的坚持。一份坚持保护了一片纯净的天地，哺育一群快乐的乳牛，也感动着到访牧场的游客。瑞穗牧场以典型的专业化经营模式，营造了以“牛乳”为核心的主题形象。瑞穗牧场的特色较为突出，不管是出售的产品还是内部活动的设计都是围绕牛乳展开，而休闲体验设施的经营也是以最大限度的保护乳牛生活的生态环境为前提。

1. 多样性牛乳主题商品

在牧场的礼品部，有许多深具牧场特色与风味的纪念品展售，除了大大小小的乳牛布偶外，还有各种乳牛造型的马克杯、文具、餐具与饰品等。瑞穗牧场在产品层面紧紧围绕“牛乳”的主题，形成了鲜明特色，有利于品牌建设与推广，如图 4 – 15 所示。

2. 与牛乳紧密相关的活动及设施设计

瑞穗牧场内有专门用于休闲的草场，单独隔离出来几只牛和牛犊供游客

（1）牛轧糖礼盒　　（2）牧场纪念礼品

图 4－15　伴手礼

喂养体验，并设有游客中心、露天咖啡座、自行车道等设施，便于游客品尝甜点以及进行喂养体验、牧场观光；瑞穗牧场的围栏、垃圾桶和卖场的柜台、食物托盘的设计多采用黑白花搭配，随处可见乳牛的卡通元素。

3. 注重生态环境的维护

瑞穗牧场在进行休闲体验功能开发时坚持“维持最低度开发、提供最高度体验”的原则，以提供清新环境为宗旨，因此并没有开发丰富的娱乐项目，而始终是在牧场养殖的基础上进行相应的功能拓展，以乳制品的售卖和喂养体验、牛和鸵鸟观光等对生态环境干扰度低的项目为主。在分区上，将养殖区与休闲区隔离，保持了乳牛良好的饲养环境，避免了旅游观光活动对其的影响，生产养殖正常进行；另一方面，也保持了休闲区的环境洁净，利于休闲观光的发展，如图 4－16 所示。

（1）观景亭　　（2）生态步道

图 4－16　牧场景观

第四节　初鹿牧场

初鹿牧场位于台东县卑南乡明峰村，距台东市仅有 18km，早期委托土地银行代营，以栽种柑橘等高经济价值的农作物为主，后与台糖公司合作经营“东部农业推广暨农业发展中心”。直到1973年，开始发展山坡地饲牛事业，成立了台东初鹿示范牧场，并引进荷兰乳牛。初鹿牧场成立以来，均由土地银行代为经营管理。自2005年开始由超能生化科技公司正式接手经营，以现代化的企业经营方式，积极发展使初鹿牧场成为多元化的观光休闲农场。

初鹿牧场占地70hm^2，属丘陵地形微酸性砂质壤土，海拔高度200～390m，是全台坡地集中牧场之最。初鹿牧场位于高台地，坡度不大，排水良好，且气候温和，雨量丰沛，因此牧草生长旺盛，终年可供应青割牧草，如图4－17所示。

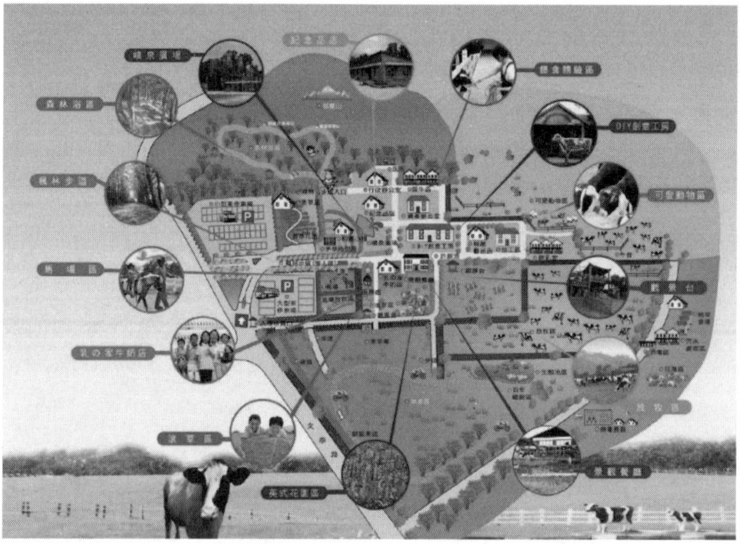

图4－17　初鹿牧场导览图

一、项目内容

初鹿牧场位于台东县卑南乡境内，是全台湾唯一的坡地牧场。初鹿牧场设有森林浴、滚草、喂食黑白相间的荷兰种乳牛等观光活动，以出产新鲜、香醇的初鹿鲜乳闻名。

初鹿牧场是一个以慢食、乐活为理念，以休闲观光和牛乳制品生产及延伸牛乳产业链为主的综合性休闲农场。

初鹿牧场种植牧草及放牧区约45hm^2，饲养荷兰种乳牛350头，年产乳量约500t；另推广合作奶农7户，饲养1100头荷兰种乳牛，年产乳量约3000t，原料乳交由本牧场加工制成鲜乳。同时牧场延伸牛乳产业链，生产了一系列乳制品，如鲜乳馒头、鲜乳薄片等。

初鹿牧场内宽广辽阔，视野尤佳，青青牧草，景色宜人。在初鹿牧场附近，还有许多家民宿、饭店、旅馆可供游客住宿选择，为了顺应卑南旅游观光潮流，卑南饭店、卑南旅馆、卑南民宿、卑南汽车旅馆也都在陆续开发，以吸引更多的游客来卑南旅游。更有多家旅馆饭店与民宿从业者使用饭店线上即时订房系统，游客通过安全的线上交易，即可预订卑南饭店、卑南旅馆、卑南民宿，体会卑南当地的乡村情怀。

乳牛是主要初鹿牧场的经营目标，也是其特色之一。的乳牛是从加拿大进口，且以品质较佳的温带苜蓿草喂养，生产出的牛乳香浓可口，品质绝佳。初鹿牧场里除了有新鲜的初鹿鲜乳可以购买之外，冰淇淋也是一项受欢迎的食品。由于冰淇淋是用初鹿鲜乳制成，香醇可口的风味更是令人难以忘怀。

建设内容主要有枫林步道、骑马场、乳家牛乳店、滚草区、英式花园区、景观餐厅、放牧区、可爱动物区、DIY 创意工坊、喂食体验区、纪念品区、森林浴区、观景台、喷泉广场、香草屋。

1. 枫林步道

走进初鹿牧场，首先映入眼帘的，是两旁茂盛的枫木迎宾步道，让游客彷彿进入一个秋天童话般的欧洲牧场。

2. 骑马场

枫木林道旁就是骑马区，大马小马都有，另外还有欧式皇家马车可供游客搭乘，游客可以边在园区走，边欣赏风景。

3. 乳家牛乳店

所有鲜乳制品，均在这里展示上架并供游客购买，最收欢迎的产品有初鹿鲜乳、鲜乳饼干、鲜乳麻薯、鲜乳糖等等。

4. 滚草区

在初鹿牧场翠绿的青草地上，提供数捆干牧草供游客体验滚草的乐趣。

5. 英式花园区

这里种满了各式花卉，很多都是平时难以见到的品种，五颜六色、争奇斗艳，蝴蝶蜜蜂争相采蜜。

6. 景观餐厅

餐厅提供精致餐点服务，加上牧场美丽的景致，以及餐厅优雅的装潢，让人享受美食，享受美景，享受新鲜的空气。

7. 放牧区

每天早晨及傍晚初鹿牧场会放牧乳牛，黑白相间的乳牛与绿色草原构成一幅美丽的画面。

8. 可爱动物区

除了众所周知的乳牛外，这里还有其他可爱的小动物，以吃牧草的动物居多，对牛的巨大体型较惧怕的游客，可以到这里享受喂食的乐趣，如图4－18所示。

（1）可爱动物　　（2）放牧区

图4－18　牧场休闲项目

9. DIY创意工坊

游客提供自己动手做的乐趣，让游客留下最难忘的回忆作品。

10. 喂食体验区

这里不仅可以看到牛，旁边还有牧草供游客喂食牛群。

11. 纪念品区

各式各样的创意纪念品是很多游客很喜欢逛的地方，牧场乳牛造型的纪念品非常受欢迎。

12. 森林浴区

走进初鹿牧场的森林浴区，可以奢侈地享受森林芬多精，也可以远眺花东纵谷的秀丽风光。

13. 观景台

登上初鹿牧场的木制观景平台，可以纵览牧场全貌，游客点一杯香醇牛乳或咖啡，享受片刻的悠闲与宁静。

14. 喷泉广场

律动的喷泉，带给游客无限清凉的感觉。游客在这里可以坐上摇椅，品尝牧场的乳制产品。

15. 香草屋

香草屋是入园就可以看到的欧式庄园建筑，加上前亭铺满各式花卉香草，吸引游客进入。香草屋内部提供各种天然保养系列的精油产品，提供游客现做的花草茶或奶茶，游客游赏完全园后，可以到这里喝杯花草茶，放松一下心情。

二、经营管理

初鹿牧场除经营牧场外也开始推动当地旅游，吸引更多的民众前往初鹿牧场观光。

初鹿牧场除了乳牛养殖外，还划分为露营区、产品贩卖部、凤梨园、茶园、槟榔2园、枇杷园和竹林等区域，适合露营度假；牧场一角的森林区，设有凉亭与森林步道，徒步一周仅需15min，是极佳的休憩乘荫场所；初鹿牧场远处错落的红瓦房，使人仿佛置身欧洲庄园，清静而悠闲，每至假日人潮汹涌，是游客到台东必游的景点。

初鹿牧场的规模在台湾全岛居第8位，占有率在7%～8%。总的销售收入约1.5亿新台币，利润有2000多万新台币。

三、启示借鉴

1. 注重生态环境保护，维持农业本身生产、生态和生活等特色。农场养畜的牛均为优质乳牛，通过绿色、科学饲养，生产优质的乳制品。

2. 大力发展休闲观光、生态旅游。为游客提供游憩、服务及学习的服务，为传统的畜牧业转型树立了典范。

3. 初鹿牧场不只提供传统畜牧业的转型契机，其意义还包括对于牧场生态与文化的保存、发展生态旅游的机会、提供游客多元休憩体验和学习与自然和谐共处为目标。

第五节　花莲立川渔场

立川渔场位于花莲寿丰乡，是一处以养殖黄金蚬、金鳟、香鱼及水鳗等水产品，并研发腌制蚬、蚬精、蚬锭、蚬丸等加工品的休闲观光渔场。渔场还结合了休闲教育的理念，让游客们了解渔村文化及生活，体验渔村的风情。

一、背景及现状

（一）区位交通条件

立川渔场位于花莲县寿丰乡共和村鱼池45号。

（二）自然资源条件

立川渔场位于花东海岸山脉与中央山脉间的纵谷平原上。寿丰乡是花东净土的清泉之乡，渔场养殖池均为天然涌泉养殖池。

水塘遍布、河川交织，形成了本区独特的自然生态体系，尤其是鸟类资源更为丰富，冬季候鸟有苍鹭、伯劳、雁鸭等，夏季候鸟有小燕鸥、翠鸟、秧鸡、红冠水鸡、莺、雀及成群的大白鹭、小白鹭、牛背鹭则是这里栖息觅食的常客，构成了这里生动有趣的鸟类世界。

（三）人文资源条件

寿丰乡昔日为阿美族的聚落所在地，汉族人民的开垦活动则大约在明朝永历年间开始。目前辖区内有远雄海洋公园、东华大学、盐寮海岸、和南寺、十八号桥、番薯寮、水琏海岸、牛山自然生态保护区、鲤鱼潭风景区、理想度假村等旅游景点。

二、项目内容及特点

（一）发展历程

1971 年，蔡有进先生在寿丰乡河川新生地上开辟建设了立川渔场。

1989 年，立川渔场荣获全台湾十大杰出农民“神农奖”殊荣。

1995 年，立川渔场荣获全台湾十大杰出渔民。

1996 年，立川黄金蚬精研发成功，并开始上市销售。

1999 年，立川黄金蚬精荣获台湾消费者协会“消费金牌奖”，并取得“GMP 食品”认证。

2004 年，立川农场（股）公司取得“优良水产养殖场”认证。

2005 年，立川黄金蚬精取得“CAS 优良农产品”证明标章认证。同年取得“花莲县无毒农业示范户”认证。

近年来因为渔业休闲化发展趋势，通过发展转型，立川休闲渔场成为具代表性的旅游景点，除了知名的“黄金蚬系列产品”拥有高度的口碑以外，渔场还特别规划完善了摸蜊仔池及渔场风味餐厅。渔场内还设置了一个充满自然野趣的生态区，让游客得以了解蚬的养殖生态、采收加工过程，游客更可以下到池塘内体验摸蚬仔兼洗裤的儿时乐趣。立川渔场秉持一贯谦和、踏实的精神，多年来在养殖技术与专业的经营管理不断创新下，将原本一粒粒毫不起眼的蜊仔养殖成为体型饱满、味道鲜美且外壳呈现金黄色的“黄金蚬”。在渔场成员的不断努力下更成为闻名台湾的专业渔产养殖基地。

（二）渔场分区布置

园区内有蚬文化生态馆、摸蚬体验池、五饼二鱼餐厅、渔乡美馔餐厅、黄金蚬加工厂、恩典钟等区域。

三、经营管理

（一）经营管理方法

立川渔场不断改良土质、菌相、藻相，培育出稀有品种的有机绿藻，并养殖黄金蚬。渔场进行科技转型，开发的第一瓶立川黄金蚬上市，荣获台湾消费者协会的“消费金牌奖”，之后渔场又与台糖公司合作，制成台糖蚬精上市，产品畅销日本、东南亚等地。渔场主通过用心投入将不起眼的蚬经营得有声有色，包括以蚬为主的系列产品，如蚬精、蚬丸、咸蚬、蚬制儿童健素等。如今，立川黄金蚬开发出的系列产品年产值高达30亿新台币。

（二）体验活动

1. 摸蚬体验

卷起裤腿，在渔场边抓鱼、摸蚬、打水仗，可以体验儿时“摸蜊仔兼洗裤”的乡土野趣。

2. 参观黄金蚬文化生态馆

了解有关蚬的养殖、加工等渔业文化。

3. 蚬壳 DIY

蚬壳 DIY 是孩子们喜欢的活动。孩子们尽情发挥想象与创造力，把漂亮的蚬壳搭配上简单的工艺素材，制作出各种灵巧、独具特色的纪念品。

4. 蚬风味餐

游客可以在号称是“老饕们的私家厨房”里品尝立川特有的渔乡美味。现炒黄金蚬、清蒸贵妃鱼以及盐烤香鱼与台湾鲷，都是游客们不能错过的招牌佳肴。

5. 立川湧泉水族生态之旅

是一项兼具知性与感性的热门活动。

此外，游客得以一窥黄金蚬的养殖奥秘，并欣赏养殖湿地的飞羽之美。

（三）主营产品

立川渔场是全球黄金蚬唯一制造原厂，而黄金蚬由立川所创，也是世界第一个深入蚬研究的公司。黄金蚬养殖价值远远高于其他蚬类，立川渔场的产品口碑广传两岸与国际，并根据游客喜好开发出不同的蚬产品伴手礼。

常温产品：炭蚬牛轧糖、藻蚬牛轧糖、蚬之素、黄金蚬健康汤包、蚬香豆干、蚬仔干等。

冷冻产品：黄金蚬、贵妃鱼、甜虾、蚬丸等。

第六节　魔菇部落生态休闲农场

一、背景及现状

（一）区位与交通

魔菇部落生态休闲农场位于彰化县埔心乡埤脚村柳桥东路829号。

（二）自然环境与景观

自然景观方面，大肚溪口丰富的湿地生态，是赏鸟人士的最爱，而八卦山脉成为近年岛内休闲旅游的新宠。彰化县有多样化的观光果园，如银行山的杨桃园、芬园的荔枝园、大村的葡萄园和大城乡出产的大西瓜，物美价廉，县域内的园艺花卉事业，更是独步全台。近年来，台湾民俗村的加入，更将当地的观光事业，推上另一个高峰。

（三）地区人文资源

彰化县的人文史迹多不可数，如彰化的八卦山大佛，现存的三大书院（道东书院、文开书院和兴贤书院）、民俗文物馆、余三馆、益源大厝等；三步一寺，五步一庙的彰化县，光是鹿港一带大小庙宇便超过60座，有" 台湾紫禁城" 美誉的龙山寺、供奉妈祖的天后宫，昔日“三岩两寺”中的宝藏寺、清水岩、虎山岩，台湾唯一独立祭祀节女烈妇的节孝祠等；西部沿海的汉宝、王功一带，落日余晖下，渔人驾着胶筏，穿梭在海中采蚵捕鱼，构成一幅都市人向往的渔家画面。

二、项目内容及特点

（一）魔菇部落休闲农场分区配置

园区设置景点有蘑菇停车场、玩偶菇菇广场、小朋友游戏区、门市主题商店、蘑菇养生餐厅、百菇御宴厅、六星级菇菇家、快乐小火车、蘑菇真菌园、蘑菇植物园、魔法大草原、太空 DIY 星球、团体拍照广场、木栈道休息区、落羽松森林区等。

魔菇部落体验区被分为好几个部分，包括灵芝馆、银耳馆、生态馆、魔菇王国、菇菇小火锅馆、DIY 教室馆等，游客在这里不仅能看到蘑菇，还能吃到各种蘑菇加工产品，并且可以亲手参与种植。

魔菇部落生态休闲农场提供了宽阔的大草坪，是一个非常适合亲子互动的好地方。宽阔的大草坪，小朋友可以尽情玩耍，大人则可在一旁的遮阳蓬下休憩。蘑菇大草原的部分草坪，规划了一列全台湾最长的亲子小火车。

游客在亲子营可以教孩子自己种蘑菇，家长可以带着孩子体验蘑菇种植和蘑菇的认养的活动，孩子们的作品可以在展厅里展示，也可以带回家。只要按照要求培养，几天后就能在家里看到长出来的蘑菇，这种方式能增加游客对农场的黏性，将体验乐趣扩大化，很符合乐在过程而不是结果的理念。

在魔菇部落的有机餐厅，消费者可以享受到蘑菇大餐，其中自助小火锅可以让游客自己挑选喜欢的蘑菇。另外还可搭配有机猪肉和有机牛肉等，都是由蘑菇部落的合作伙伴提供，让消费者的体验更加舒心。

（二）魔菇部落休闲农场发展特点

1. 创立阶段

魔菇部落生态休闲农场是方世文先生打造出来的蘑菇王国，其前身为大村农场，是以菇类的菌种供应及栽培为主要业务的栽培场。

方世文先生创办的菌优生物科技农场，研发创设“生产、采收、包装全程无尘”的科技农法，菌菇生产厂房全程无尘与温湿度环控，生产出的产品无需用药并完整保留菌菇的高营养价值。

2. 转型开始

2009 年导入观光理念，发展为教育型休闲农场，方世文先生随即推广以亲子休闲、生态旅游和乐活休闲结合为目标，创立了“蘑菇部落”生态休闲农场，除了生产之外，目前开放太空包生产过程及菇类种植过程供游客参观，并有相关体验及餐饮服务。这里种植了五颜六色的蘑菇，孩子可以亲手体验栽培的乐趣，了解蘑菇的整个种植和生长过程。

3. 经营主轴

园区以生产蘑菇为主，并与大学合作，生产车间已达到农业 4.0 版本，全部采用物联网控制系统，生产现代化水平极高，生产 8 大类菇。不仅如此，公司十分重视菇的深加工，形成了几十个品种的系列产品。

总结来说就是：“一乡一业”与观光休闲结合、大学与市场主体进行产学研结合，加入文创进来，使得农业有了更多的可能。

三、经营管理

（一）经营理念

菌优生物科技农场以“人”为本、顺应自然、尊重生命，并致力于食品安全的严格把控。将自然导入科技，再以科技回归自然，借此推广有机生活，让所有的消费者吃得安心、玩得开心，并放心享受魔菇部落所提供的感官体验，最终诚心把“自然”“养生”“乐活”“健康”的概念分享给同样珍爱自然的每一个人。

（二）经营特色

园区推广亲子休闲与生态旅游结合乐活美食，创立魔菇部落生态休闲农场，在充满欢乐与惊奇的园区内，让大人小孩都可以自在地徜徉在草原上，并且请专业的导览员带领，使游客了解菌菇的成长过程。园区内也有专属的魔菇火锅餐厅，让大家品尝各种菇类的创意料理，留下美好回忆。

1. 主题鲜明，风格独特

农场的一切都是以蘑菇为主题，无论是设施设计、作物种植、体验设计、餐饮娱乐等都围绕着蘑菇展开，营造出童话般的氛围，让主题得以淋漓的展现。

2. 有明确的目标市场

魔菇部落以亲子市场为明确的目标客户群。整体的色彩风格、设施形象等，都很好的迎合了儿童的喜好，让儿童乐在其中。

3. 形成完整的产业链

魔菇部落除了硬件打造之外，还形成了种植—加工—销售整条的蘑菇产业链，既丰富了体验内容，又增加了经济效益，可谓一举多得。

4. 拥有良好的服务氛围

魔菇部落让游人轻松愉快，不仅因为其设施环境优美梦幻，更因为农场工作者良好的工作及服务态度。

四、启示借鉴

台湾的休闲农业针对亲子活动提供了场所和便利，让孩子享受自然的同时学习课外知识，大陆可以吸收借鉴其中的成功经验，避免一搞休闲旅游就成了农家乐，或者只具备表面功能的农园。

通过将一个明确的主题贯穿整个园区的设计。围绕主题打造特色鲜明的集休闲、娱乐、教育、生产、售卖为一体的农场。确定市场目标，定位消费人群。整体的色彩风格、设施形象等，都要围绕目标人群的需求特点进行设计。在此基础上配备良好舒适的服务氛围也是非常重要的营销手段。除了硬件的打造之外，最重要的基于主导产业和主要产品形成完整的农产品产业链，实现农业的多功能性，增加经济效益。

第七节　胜洋水草农场

胜洋水草农场位于宜兰县员山乡尚德村，面积约 5hm^2，员工不到 40 人，年收入高达数千万新台币。整个农场以极简主义的元素（清水模、玻璃、金属）构筑而成，将建筑没入水池以降低对环境的影响。

一、背景及现状

（一）区位与交通

胜洋水草农场位于宜兰县员山乡尚德村。

农场主致力于水草研究，现在农场有多达 200 余种水草品种。农场曾获得 2009 年神农大奖，并出版水草知识相关书籍。胜洋水草休闲农场是一处集文化、产业、自然于一体的休闲农场，通过不断开发创意空间，逐步形成了独特的风格特色。

（二）自然环境与景观

胜洋休闲农场以水草种殖为主题，外观为布满兰阳雨水痕的清水模板，呈现一种清新的面貌。建筑主体在水的包围下，搭配室内宽敞的空间、通透的走道设计以及大片的玻璃，显现出空间延伸感及极简的空间品味。各式各样的水草植物、兰草织品及水草装饰品等，使建筑白天像是一座水草美术馆，而在夜晚的灯光下，更是别有风情。室外区的水草种殖区种植布袋莲、满江红等植物，水质富含铁质，号称“黑金水”，也是滋养水草的必要元素。草餐厅搭配绿意盎然的水塘风光，享用水草风味餐更有独特优雅的气氛。

胜洋水草农场依托当地特殊的水资源，利用地下蕴藏着大量含氧化铁的泉水，从以前的水草供货商，成功转型朝水生植物栽种买卖发展，之后转型成现在的休闲农业。这里多种类的水草、别具风格的建筑、乡村美景、生态瓶 DIY 制作、垂钓、水草知识，成为台湾假日休闲旅游的绝佳选择。

（三）地区人文资源

宜兰是个多山的县，山的环抱致使兰阳平原形如簸箕，在东北季风的吹拂下，宜兰尽揽雨水湿气，故人称" 竹风兰雨"。农业是宜兰的重要产业，主要作物为稻谷。渔业是宜兰另一重要产业，绵长的海岸线使得渔业很发达。宜兰以山水胜景取胜，北关、太平山、翠峰湖、栖兰、明池、松萝湖、神秘湖、福山植物园最有代表性；人文风情则有头城牵罟、二龙村赛舟、本地歌仔戏，还有致力田园乡土体验的头城、北关、香格里拉等休闲农场，以及南澳纯朴的泰雅风情；而规划设计精良的冬山河游憩区、罗东北成运动公园，更是近年台湾公共艺术、建设的里程碑。

二、项目内容及特点

（一）胜洋水草农场分区配置

1. DIY 体验区

游客可亲手制作属于自己的纪念品，如开运球、幸福藻球、海水生态瓶、急冻花等，相比其他固态商品，植入了水草的纪念品更像是囊括了生命的活力，充满了生活的动感。

除此之外，用户还可以利用废物进行再加工，如环保生态瓶 DIY，喝完豆浆的空瓶拿来做水草生态瓶，使小鱼小虾在瓶中游来游去；环保苔球 DIY，用农家苔藓制作苔球，造出独特的盆栽；农场还通过提供生态瓶清洗服务，争取到不少回头客。

2. 水草餐厅

餐厅四方通过大型落地窗使空气对流，窗外是一大片田园景观，餐厅乍看像未完成的建筑，多部电影、MV 都曾在此取景。餐厅内菜品以水草入菜的创意料理为主，游客品尝过后发现原来水草入菜后的味道竟是如此的奇特。

3. 水草文化馆

水草文化馆是外观清水模建筑，常有建筑系学生参观探访。这里记载着水生植物的生命史，以及多种不同型态和生态背景的湿地、水生植物，如大陶碗里面的浮萍，水盆混植的各种挺水植物，还有鱼缸内的水草等，处处展示水草的丰富和多样性。

农场内还有可爱动物区、养殖区、生态区、甲虫区、水草温室、水草精品区、包装区、戏水区、竹筏乐园、钓鱼区、摸蛤区。

（二）发展特点

1. 创立阶段

最初，胜洋水草农场是一个鳗鱼养殖场，后来鳗鱼销售市场萎缩，老板徐志雄抱着试试看的想法，开始发展水草种殖，结果生意越做越大，甚至将水草出口到国外市场。

2. 转型开始

2002 年，农场主开始转型做休闲观光农场。原来农场种植 20 ~ 30 种水草，以沉水性植物为主。后来，为了做休闲观光，农场开始改变水草栽种品种，并把种植品种增加至 40 多种。与此同时，农场把水草做为设计元素，对农庄进行整体风格再造，简约风贯彻整个农场的设计过程，并通过玻璃、灯光、水泥等元素，将水的透彻以及草的自然美全然展现。最终，“水草”这个差异点让胜洋休闲农场从宜兰县众多休闲农场中脱颖而出。

整个园区有三栋灰白简约质朴的主体建筑，包括水草文化馆、水草主题餐厅、水草创意商铺。其他区域都是单元化生态池，种养着各式各样的水草和鱼。每一种水草都配以简易大方的解说牌，解说牌的材质、安装的位置以及牌上的内容、字体和图案都可见农场主追求卓越的心思。

三、经营管理

（一）经营管理方式

农场在做好水草主题休闲产品的同时，一方面与高校合作，继续做深水草这个核心产业；另一方面，从简单的产品销售升级到与大项目和大企业的战略合作，为其提供“设计—建造—维护”一条龙服务以获得持续收益。

农场的发展规模有限，在发展休闲观光农业的同时，也不断尝试着建立产品品牌。一方面，农场水草种植区中所种植的各品种的水草，可作为水族箱产品进入园林观赏造景中，并通过订单销往大陆甚至出口至东南亚多个国家；另一方面，水族箱、水草瓶子、绿植盆栽等产品进驻台湾岛各大百货商场、博物馆等公共环境，并且还以“鱼草共生”的创意主题参加台湾绿色博览会等大型活动。从而实现三产融合，逐步发展成为一个文化标志。

除了门票、产品售卖、创意休闲互动活动之外，农场的“线上”营销也很热闹，通过种植区自动化管理系统、农场官网、手机移动端、宅急送等设备和社会设施资源，可成功将产品送达终端，并扩大品牌知名度。通过培训并雇用见习大学生、高薪控发管理机制来降低人力资源管理成本；通过部分高校设置见习农场“教育费”，积极参与教育项目，可进一步减少成本。通过电视、网络等媒体到访拍摄特色节目，书籍、电视、电影、音乐片、专题片等文化传播手段进行宣传，利用明星效应强化推广，吸引更多的游客前来。

（二）经营特色

确定以“农”为核心的产业依托，在此基础上进行文创和体验活动设计，进而打造全产业链的休闲平台。胜洋水草农场这个单点切入的爆品模式，堪称农庄经营的教科书级案例。

农场的水草品种大部分在农村极其常见，普遍用于家禽与牲畜喂养，但是在胜洋水草农场，会看到各类普通水草所承载的平衡生态环境的功能。农场到处展现生态智慧，大到建筑设计的理念，细到每一个小纪念品中所蕴含的生态原理。

（三）经营主轴

农场提供半日或一日游，除了园区内导览解说外，农场还有多个区域可让游客充分亲近自然，如甲虫区、水草温室、养殖区、钓鱼区、去角质区、摸蛤区等多个不同的区块。

为了延长产业链，2008 年起，农庄重新投资打造水草主题餐厅，主打水草创意料理，如水紫苏番茄沙拉、鱼腥草鸡汤等。水草主题餐厅的就餐环境别具一格，一系列养生的食材更是让顾客流连忘返。除此之外，为了体现水草的知识性和趣味性，增加休闲的内涵，农场还打造了水草文化馆和水草创意商铺。在水草文化馆内，各种水草产品被精心布置在馆内各个角落，农场主用心让水草还原生活的角色，处处诠释着水草与生活的关系。

胜洋水草农场还是一个小型的生态圈，利用水草、夏威夷火山虾以及消化菌构成生态循环结构，水草在光合作用下可以生长藻类提供给小虾食物，消化菌可以将虾的粪便分解成水草的养料，构成一个自足的微型世界。农场将生产、生活、生态整合起来，形成水草的文化符号。

四、启示借鉴

1. 景观美学与文创设计

胜洋水草农场围绕“水草”这一主题，将水草的景观、水草的功能、水草的文化、水草的创意购物、水草的手作活动进行精致设计，在一个有限的空间内，为游客提供了丰富且主题鲜明的体验内容。围绕一个主题去开发农场始终是一个重要的设计原则。

2. 精耕主题

农场在规划时遵循一定的构成规律，一般由展览教育区、创意购物区、休闲餐饮区、手工体验区等几个基础部分构成，有时甚至会加上加工观看区。在细致的规划下，可以保证游客在农场的每一个角落都有体验，而不会感到无聊。

3. 产品的深化

农场内销售的主题产品非常多样，且原料来自农场的深加工产品。游客来到农场不仅是欣赏与体验，更加可以购买到各种各样有趣的深加工产品，同时农场也会结合主题创意进行商品销售。

4. 贴心服务

农场的服务体现在细节，极具亲和力。农场对自己的工作人员进行培训，通过标准化的服务来规范工作人员的行为，保证客户的满意度。

胜洋水草农场通过创意，让小小的水草发挥出巨大的经济效益，现在胜洋水草农场依然在坚持不断地在创新，探索水草家庭农场的经营模式，并希望最终打造成一个创意产业，这种创新的精神，不仅非常具有感染力，同时也给大陆地区观光农业发展带来很多启示和思考。

第五章 长远发展的生态农场

第一节　绿世界生态农场

绿世界生态农场位于新竹县北埔乡，是一个以动植物的自然生态搭配台湾传统茅草屋，结合休闲、教育娱乐为一体的大型国际级生态农场，占地约 85hm^2，拥有 700 多家大型企业作为签约会员。绿世界有六大主题公园：天鹅湖、大探奇区、水生植物公园、鸟类生态公园、蝴蝶生态公园、生物多样性探索区。共拥有 47 个观赏区，如金刚鹦鹉区、可爱动物区、亚马逊雨林区、空中植物区、有毒物区、美食天地、绿野广场、景观厕所、国际会议厅、世界兰花区、热带风情屋以及客家古厝文物区等，如图 5－1 所示。

（1）入口标识　　（2）游客服务中心

图 5－1　入口景观

一、项目内容

1. 天鹅湖

天鹅湖为自然湖泊，在园区的规划下，变成了一个与大自然融为一体的主题公园，这里有许多的天鹅、鹈鹕、雁鸭、鸳鸯等，游客来到这个主题公园便更能了解自然生态，特别在每年中秋节前后，西伯利亚的各种雁鸭会来到这个自然的湖泊栖息，待到来年儿童节前后会陆续返回西伯利亚。有留下来的雁鸭，便在这里继续孕育它们的下一代，为天鹅湖增加生力军。

2. 仙人掌公园

仙人掌遍布整个主题公园，绿世界园方从仙人掌的原产地中南美洲、墨西哥、美国亚利桑那州收集了1000多种各式不同的仙人掌，许多仙人掌都已经超过100年，仙人掌每年开花1～2次，开花期间花朵色彩缤纷蔚为花海，主题公园内弥漫着花香，令人心情愉快。

3. 水生植物公园

水生植物公园是亚洲最大的水生植物公园之一，在水生植物公园内有台湾萍蓬草、台湾水韭、埃及纸莎草等各种沉水、浮水、挺水、漂浮等大约500种珍贵的水生植物，每到水生植物开花的季节时，斑蝶便会来此采蜜，游客便可以看到难得一见的景观。

4. 鸟类生态公园

鸟类生态公园是绿世界中最特别的主题公园，公园模拟鸟类自然生态环境，构成一个天然鸟园，丛林中上百种各式各样的鸟在游客身边飞翔觅食，仿佛置身于原野丛林中，如图5－2所示。

（1）天鹅湖　（2）鹈鹕喂食秀　（3）仙人掌公园

（4）客家百年古厝　（5）羊驼的家

图5－2　休闲项目

5. 蝴蝶生态公园

蝴蝶生态公园内蝴蝶种类相当丰富，是亚洲最大的蝴蝶园，有蛇头蛾、凤蝶、黄蝶等各种蝶类，讲述从蝴蝶的交配、产卵、结蛹到羽化的过程，让我们感受到蝴蝶生命的奥妙；蝴蝶生态公园内设有大自然教室，培育独角仙、甲虫、蜂类、螳螂、蝗虫等，并设有一系列昆虫的介绍以及生态的解说。

6. 人文民俗活动

绿世界生态农场内除了拥有丰富的生态资源及介绍之外，园方还设计了人文民俗活动的体验项目，如竹山茶园的茶香传统、美食天地的传统美食及客家擂茶 DIY，让来到绿世界的游客可以体验台湾的客家文化。

7. 热带雨林空中步道

热带雨林空中步道是架空建设的，最高点离地达 15m，为了不破坏周围的生态环境，这条步道采取纯手工艺打造，也是台湾唯一一座手工打造的热带雨林空中步道。

8. 亚马逊雨林区

本区中有世界最大的淡水鱼（象鱼）、豪猪及变色龙。

9. 可爱动物区

本区域的动物是比较常见的对游人不会造成攻击的小动物，使游人可以近距离喂养、观赏，实现体验的趣味性。

10. 生物多样性探索区

绿世界生态农场的生物多样性探索区受到全球瞩目，该区域拥有来自热带雨林的各种动植物及昆虫的丰富物种。

11. 台湾原生兰区与世界兰花区

台湾原生兰是最珍贵的兰种，本区收集近 200 余种原生兰，目的在于保育这些濒临绝种的本土原生兰，因此这里是植物学家的最爱。

12. 动物剧场

游客在动物剧场可以观看聪明的金刚鹦鹉与可爱的大嘴鸟的游戏表演，如图 5－3 所示。

（1）生物多样性探索区

（2）兰花区

图 5－3　农场休闲活动

二、经营管理

绿世界生态农场经营主体为法人公司。农场为复合式经营模式，旨在提供综合的体验内容。绿世界生态农场总经理李明益先生在经营绿世界生态农场之前拥有近二三十年的游乐场公园经营经验，并且凭借其几十年的贸易经验，长时间从事野生动物进出口工作，与四五十个国家均有贸易联系。

2006 年，李明益先生以人民币约 300 万元/hm^2 的价格从民间购买到绿世界农场用地，目前已开发 30 多 hm^2，剩余 50 多 hm^2 未开发，绿世界生态农场目前累计投资额约 7～8 亿元人民币。

绿世界生态农场目前的发展形式主要表现为生态教育，农场游客层次广泛，每年 4～5 月和 11～12 月是学生集中游园的时间段，一年中的 120 多个节假日、寒暑假，每天的游客量都很大，农场经常会接待大型活动。农场与 700 多家大公司均有签约，每个特别签约公司的人员每人可以辐射 4 人享受会员待遇。农场门票价格为 350 新台币/人，农场一天可容纳最多游客人数为 2 万人，一年游客容量约 70～80 万人次。

农场主认为发展生态游乐场既要与世界发展同步，同时又要投资成本低，回报率高。农场主认为“植物园”与“动物园”的经营状况是一个国家水准的二大衡量指标。

发展休闲农业可以使农民获益更大，农民将通过经营休闲农业获得来自于三个方面的收益，一是农产品的直接产销，二是精致农业升级的获利，三是休闲体验的增加收益，而农场规模越大越有利于发展精致农业。

各类主题景区的动物与植物都有详实的解说图文。解说内容包含动植物的品名、科目，特性，如图 5－4 所示。

（1）农场内各景区都有自动按钮解说系统；

（2）热带雨林与多样性动物探索区设有模仿场景的背景音乐；

（3）保证空气湿度的自动喷雾系统。

三、启示借鉴

绿世界生态农场是一个以动植物的自然生态搭配台湾传统茅草屋，结合休闲、教育娱乐为一体的大型国际级生态农场，如图 5－5 所示。绿世界生态农场作为生态农场发展的领军者，其在发展理念、发展模式、经营管理等方面具有十分重要的借鉴意义。

首先在发展理念方面，绿界生态农场以生态为本，从规划设计到建设运营始终坚持生态可持续的发展理念，利用系统的设施设备、技术支撑及其自然资源和自然条件，打造多个生态公园，为农场动植物创造良好的生存栖息环境，营造良好的生态环境，成为人们心之向往的世外桃源。

其次在发展模式方面，绿世界生态农场拥有 47 个观赏体验区和六大主题公园，其不仅内容丰富多彩，并且成功打造出亚洲之最，比如亚洲最大的水

（1）科普知识互动　　（2）导览标识

（3）导览标识　　（4）DIY自助解说系统

图5－4　农场导览系统

生植物公园之一、亚洲最大的蝴蝶园等，因此绿世界生态农场追求新奇特、大而美的发展模式，令其知名度不断提升。

（1）动物医院　　（2）宠物客栈

（3）湖畔咖啡吧　　（4）观景平台

图5－5　农场景观

最后在经营管理方面，绿世界农场主打生态教育，将农场主题和游客紧密联系在一起形成多方互动，农场主管理经验丰富，能够将其在游乐场方面的经验用到农场上来。同时，农场的活动组织非常丰富多样，游客层次广泛，此外农场与700多家大型公司签约，发展会员的模式，也非常有借鉴意义。

第二节　东势林场

东势林场位于台湾中部的苗栗县，原来是一个以造林为主的林场，总面积225hm^2，海拔高度500～700m，是台湾第一个以农业形态经营的旅游观光林场。场区腹地辽阔，东望中央山脉，西眺大安溪口，云雾林间，有幽深意境之美。这里也是个赏花的绝佳地点，四季繁花盛开，如梅花、樱花、牡丹、杜鹃、油桐花等，万紫千红的花样风情，让人流连忘返，因而享有“中部阳明山”的美称。

一、项目内容

东势林场全部归彰化县农会所有，在非都市土地使用分区方面均属于山坡地保育区，大多为林业用地，少部分为丙种建筑用地。林场主要分区配置为营林区及设施区，如表5－1所示。

1. 设施区

设施区包括大门口服务区、停车场、露营烤肉区、山训区、金狮王游乐场区、默林区、樱花园、蝴蝶谷、赏鸟区、住宿区、杜鹃茶花园、忘忧池水景、民俗公园、药用植物标本园、萤火虫观赏区。

表5－1　　东势林场设施区分区及其建设内容

分区名称	建设内容
大门口服务区	设置仿美国黄石公园的入园大门
停车场	分大安第一和第二停车场、大型车停车场、梧桐停车场；同时可停放50辆大型车、600辆小型车、300辆摩托车
露营烤肉区	分大安、梧桐两个露营烤肉区，共有77个营位、80个烤肉炉，同时可容纳600人举办露营烤肉活动
山训区	占地3hm^2，60项山训体能运动设施
金狮王游乐场	占地3hm^2，是老少兼宜的森林乐园
默林区	占地30hm^2，3000多株梅树，区内有5条快乐散步道，每年元月是梅花季，4月可采青梅

续表

分区名称	建设内容
樱花园	12000 株樱花，每年 1 ~3 月是樱花季
蝴蝶谷	以生态的方法，种植适合蝴蝶的蜜源植物、食草植物，长期经营；区内设有赏蝶步道，供游客游园赏蝶
赏鸟区	种植各种适合鸟类生存的植物，设置赏鸟墙、饲鸟台、鸟浴池、鸟屋，吸引各种野鸟栖息，供游客赏鸟
住宿区	设有农村青年活动中心、农民活动中心、农业推广中心、林间木屋区、相思山庄、团体房区、默林山庄、油桐山庄、枫香山庄，共有客房 200 间，同时可容纳 600 人住宿；设有大礼堂、林间教室、视听教室、小型会议室、简报教室，可供各界讲习会议需求；另设有餐厅、福利社餐厅、梅园餐厅及快餐，可供应各色餐饮
杜鹃茶花园	种植各色杜鹃、茶花，供人游园赏花
忘忧池水景	设置喷水，池中养荷花、萍蓬草，池边种柳树
民俗公园	搜集各项古农具、古用具陈列展示
药用植物标本园	利用林相整理后的景观山坡，规划种植各种药用植物，供人游园学习中草药知识
萤火虫观赏区	利用各山沟萤火虫栖息地，划定萤火虫观赏区，运用栖息地保护的方法，自然繁殖萤火虫，每年 4 ~9 月为萤火虫季

2. 营林区

营林区包括森林浴场、好汉坡登步道、赏枫区、水土保持外教室、侏罗纪公园、相思林、枫林小径自然观察步道、观光柑橘园区等。

表 5 -2　　东势林场营林区分区及其建设内容

分区名称	建设内容
森林浴场	设有森林浴健康步道 3000m，沿途设有 14 项 SPA 运动设施，森林浴场原有的营林区有杉木林、油桐林、杉桐混合林、松树林、枫香林、樟树林及乌心石林、竹柏林、肖楠林等，步道沿途种植有大量的香花、野果植物，构成一处健康、自然、生态多样化的森林浴场
好汉坡登步道	全长 4000m，沿林场西南边境棱线而上，沿途皆为原始林及笔筒树林，是全林场最高的营林区，以自然保护为主
赏枫区	位于林场东南侧，10hm^2 枫香林，观赏期每年 12 月起至次年 2 月止
水土保持外教室	设于森林浴场内，沿途有 20 项水土保持教育设施

续表

分区名称	建设内容
侏罗纪公园	位于森林浴场出口处，因大型蕨类是侏罗纪草食恐龙的主食，因此在森林中摆设暴龙、剑龙、三角龙模型各 1 只
相思林	位于默林区上方，相思树高大成林，林间绿草如茵，堪称台内最美的相思林
枫林小径自然观察步道	全长 2000m，沿途种植枫香树，森林则以自然生长的生态林为主，沿途植物种类十分丰富，是森林探险、自然观察最好的步道
观光柑橘园区	共有 2 处，约 $10hm^2$，是早期退伍军人的耕地，却由民间果农经营，种植椪柑，每年 12 月至次年 1 月是采果期

二、经营管理

1. 经营主体

东势林场经营主体是彰化县农会的附属事业，原属推广课管辖。推广课下仍设农业观光组负责企划及宣传广告等业务。

2. 生产现况

全场已不再砍伐林木，主要生产的水果为青梅，近年来以观赏梅花为主，青梅成熟时则自采加工，或开放游客采摘。

3. 营销管理

林场主要营销活动由县农会观光组策划，分宣传广告（报纸杂志、电视、广播）、宣传活动、旧客户联系、新客户开拓、特约度假中心签约户招募、与相关单位策略联盟、度假券发售等。每年以花季为主轴，设计各项造势活动宣传，积极参加各项展示会、旅游展活动，利用淡季派业务代表拜访机关团体、学校及各旅行社、各游览车公司。

4. 人力管理

林场设场长 1 人，副场长 4 人，分别掌管总务、业务、住宿部、及人事公关。工作人员分为农会编制内职员、县农会临时雇员、当地常用工等共约 100 人，不包括场内各餐厅、各游乐场人员。假日增加的工作人员则以县农会有关单位人员支持为主。

5. 财务管理

林场主要收入为大门口的环境美化清洁维护费；住宿部的住宿费、会议室租金；露营中心的露营烤肉场地费、器材租借费；各销售点的冷热饮、食品、纪念品等收入；另有一项大宗收入为各外包餐厅、2 家游乐场、樟脑油场、养蜂场、茶展场等的月租金。林场并无独立会计，各项开支均纳入县农会的预算。

6. 住宿部经营

现有客房200间，同时可容纳600人住宿。管理依职位分前台5人、订房3人、房务4人、及教室管理2人、清扫工人18人，由住宿部副场长负责指挥。

7. 餐饮管理

林场餐饮均为外包制，设有郁品园餐厅、福利社餐厅、梅园餐厅及宏隆快餐，由总务单位负责管理。自营部分仅有西式早餐及旅游中心的热食。

8. 教育解说

设有解说员服务制度，有专业解说员3位、兼任解说员5位，正在募集义务解说员。备有各项解说折页、多媒体简介、录像带简介及各种解说广告牌、植物标示牌。

9. 游憩活动管理

主要由解说组负责，依团体游客的需要设计套装式活动，并提供活动指导、森林解说、生态教学、赏萤解说、赏花解说、赏鸟解说等服务。

第三节　头城农场

头城农场位于宜兰县头城镇更新路，倚山面海，距滨海公路1.8km，面积约100hm^2，其中约有50hm^2的桂竹林，头城农场内更有平溪、桃子林溪以及当地人俗称的“大溪”等三条溪流，贯穿其中，构成了得天独厚的自然景观及丰富的生态资源，头城农场大部分为山坡地，属于热带和亚热带的次生林区，林相复杂，鸟类、昆虫甚至野生动物，栖息其间，生态资源非常丰富，是一个万物共存共荣的自然教室，农场内广植果树、园艺花卉及竹林和各式各样的景观植物。结合自然与田园的巧妙设计，形成摸蚬、捉虾、戏水的天然游乐场。

一、项目内容

头城农场于1992年开园，是一个学习体验型农场。其配套旅游项目有一日游、两天一夜、三天两夜等多种类型。

1. 林木果树区

该分区植有柑橘、桃李、金枣、莲雾、文旦、桂竹等多种蔬果，依产期的不同，让游客自行采摘。

2. 苗圃区

苗圃区分布在溪谷两侧及平坦的地方，栽植马拉巴栗、龙柏、黑松、印度橡胶、枫香、山樱花、桃花、刺桐、黑松、龙柏、琉球松、南洋杉、茶花、杜鹃、铁树等庭园景观花木以及供切花用的花材等。

3. 民宅活动区

民宅活动区是头城农场的大本营，提供住宿餐饮，露营区和鱼池也供游客野营、野炊及垂钓。

4. 水稻文化区

游客在这里可以体验农夫生活，感受插秧、收获的快乐。

5. 农村动物区

饲养火鸡、鹅、兔子、羊、鸡等，可供游客观光和亲自饲喂，还可以除草喂牛、赶鸭回家、捡鸡蛋等。

6. 菜园区

伴随着四季的变化，都有不同的收成，另外还有昆虫教室。

7. 六条枕山步道

游客走过枕山步道可吸取森林间所散发自然芬多精，沿着小径走入高处到达景观平台，在这里可以眺望头城农场的全景风貌，更可以俯瞰龟山岛以及太平洋，景色优美。

二、发展特点

（一）发展理念

企业文化——爱与传承，待客如亲。

发展愿景——世代传承，永续大地。

使命——返璞归真，提供美好的自然空间与健康美味的食物。

价值观——自利利他，共好的概念，传播爱与生命的感动。

（二）发展定位

头城农场将“三生”（生产、生活、生态）融合在一起，提供外界山林生态与亲子旅游。总结头城农场的经营理念，就是卓妈妈的“儿时记忆”“健康、快乐、体验、学习”，不断地创新农场各项资源转换为各种有趣的学习活动，让来到园区的游客活到过去那自然纯朴却充满生机的年代，带着孩子回到“阿嬷的家”，热热闹闹的开心玩耍，感受“丰收、自在”的情感。农场主卓妈妈希望孩子们来到农场，可以接触一切有生命的事务，吃的玩的都来自大自然，使游客体验大自然与农村文化，并将农业资源在永续与友善土地的条件下尽情发挥与利用，以达到友善环境、健康农业、循环使用资源，永续地球的目标。

（三）发展特色

参与式体验与教育式游园是头城农场的特色，“用体验营造感动和记忆”

是头城农场的经营理念。这里不但有台湾第一家农业生产 + 酿酒加工 + 体验休闲（知识、技能、休闲及品味绿生活）的农村酒庄，而且其成功的经营模式已经成为“六级产业”的经典范例。农场内活动以农村生活为主题，活动类型多样，可以让大小朋友都能参与，主要的活动内容如下。

1. 农场酒庄体验活动

以大米、梅子、葡萄、柑橘、金橘、金枣、天仙果甚至是桑葚为原材料酿酒，“春梅、夏葡、秋米、冬枣，一年四季酒香四溢”，酿酒的副产物酒粕也被加以利用，制成低钠健康的盐曲。

游客可以在这里体验酒的 DIY 过程，或到特色吧台前品尝酸甜可口的金枣醋和各式水果酒，也可以到餐厅享用以酒曲发酵而成的面包。成品酒除了供应农场游客外，大多销往岛内高档酒店，供不应求。

2. 农村趣味活动

制作彩绘祈福天灯、介绍农村生态的园区导览，有专业的解说老师带领游客认识大自然，还有竹艺创作、农村童玩踩高跷、扯铃、竹竿舞等活动。

3. 果蔬采摘

农场的果园、菜园随着季节更替，有不同的收获，保障四季现采现摘。

4. 水稻体验

农场设有插秧区、晒谷场，游客可以实地操作风鼓机、打谷机、石磨等，让其体验春耕、夏耘、秋收、冬藏。

5. 动物喂养

农场设有可爱动物区，区内饲养火鸡、鹅、山猪、水牛、番鸭、羊等农村动物，可让游客亲自喂养，游客还能在鸡舍亲手捡拾最新鲜的鸡蛋。

6. 创意叶拓

游客可捡拾园区的落叶，运用巧思和智慧，设计一件自己独有的 T 恤或环保袋。

7. 特色美食

头城农场的小吃种类非常多，配合季节推出不一样的小吃，有人见人爱的绿豆汤、小朋友最爱的 QQ 圈、养生的烧仙草、温暖人心的关东煮、清凉消暑的挫冰、软软的麻薯、自助乐无穷的担仔面等。

8. 竹艺童玩

头城农场的桂竹林占总面积一半以上，而农场也发展出一连串的竹艺与童玩供大家 DIY，农场主也时刻都会有新的点子，利用桂竹创造出许多的竹艺品，与游客共享她与竹子生活多年的亲密对话。

9. 野溪探索

游客一来到农场就能感到水流的魅力，清澈的溪水中，有着丰富的生态，溪旁有阶梯步道，让游客享受亲水的乐趣。

（四）发展历程

20 世纪 70 年代，台湾经济腾飞成就了一批成功商人，卓妈妈就是其中之一。她原是台中一所小学的教师，后来到台北经营了一家成衣工厂，生意有所成就后，就萌发了归隐的念头。在她 40 岁生日前一天，卓爸爸为她在与台北临近的宜兰签约买下了一块 $120hm^2$ 依山面海的山林地。从此，卓妈妈原本只是想过面朝大海、砍柴喂马的农夫生活，却误打误撞成就了另一番事业。

最初，农场主要是种植果树、花材及植树造林，周边的交通并不怎么便利，只是偶尔有城里来的游客前来投宿。后来，随着农村观光游的兴起，越来越多的城市客节假日前往深山中游玩，尤其是通往台北的雪山隧道开通后，农场原有的几间屋子远远不能满足游客了，于是客房越来越多、餐厅越来越大，服务项目也日渐增多：有机农园、水稻体验区、动物区、果树区、森林步道，甚至还建了一座酒窖。经过 30 多年的经营，一座充满台湾原始乡村气息的休闲农场已成规模。

卓妈妈虽然年近 80，但依然活跃在田间地头，与游客一起分享欢乐，农场的主要经营都已交由其儿子卓志宏来打理。

（五）项目支持

头城农场发展过程中获得过有关行政主管部门的扶持与技术引导，相关的建设项目可申请到总费用的 20% ~30% 补贴。

三、经营管理

1. 经营主体

由私人签约购买山林地，种植果树、植花造林，并逐渐开展以生态、体验、休闲为特色的多元化休闲农场。

2. 住宿管理

头城农场设有多种类型的房型，有朝日楼（双人房、四人房）、新明楼（双人房、四人房、团体套房）、山海楼（四人房、楼中楼），具有较强的住宿接待能力。

3. 游憩活动管理

头城农场坚持对自然生态不破坏的前提下，根据农场的资源和农场的主题定位，设计一些有创意的体验活动。

（1）要为客人们提供健康、深度的旅游方式，满足人们对返璞归真生活方式的渴求。

（2）要配合自然四季的运转来安排不同的活动，在客人心中留一份牵挂。

（3）要充分引导和发挥客人“五感”功能，将所有的知识与观念自然地融入各种体验活动之中。

（4）注重道德精神的传承，培养客人敬天谢地、惜物惜福的感恩之心。

因此，游客在头城农场里可以体验一系列亲近土地的农事体验，包括下田除草、到牧场喂养牛羊、在蔬菜园摘瓜采果，或到溪边玩水、在湖畔钓鱼或泛舟等，也可以自己动手制作泡菜、豆腐乳，做饭也是采用传统炉灶烧柴、大锅大碗煮出来的传统农家菜，充满浓浓的乡村的味道。

4. 行程管理

根据不同游客的不同需求特点，设计了热门行程和特殊行程。

热门行程包括一日游体验之旅、两天一夜丰富之旅、两天一夜酒香之旅、三天两夜豪华假期、三天两夜农村假期。

特殊行程包括惊喜一下、环境教育、野趣一夏、从树梢看世界等。

5. 打工换宿活动

（1）一般换宿　农务工作、园区整理、竹林果园除草、除虫、施肥、收成等。

（2）事业换宿　景观设计与执行、装置艺术设计与执行、旅游部落摄影撰稿。

（3）工作时间　一周 5d，每天 8h，提供简单 3 餐与住宿。

第四节　九斗村休闲有机农场

九斗村是典型客家农村，位于此处的休闲农场，游客可体验农家生活、农业生产、农村生态，该农场是一个具有农业经营特色、可放松度假的休闲农场，如图 5 -6 所示。

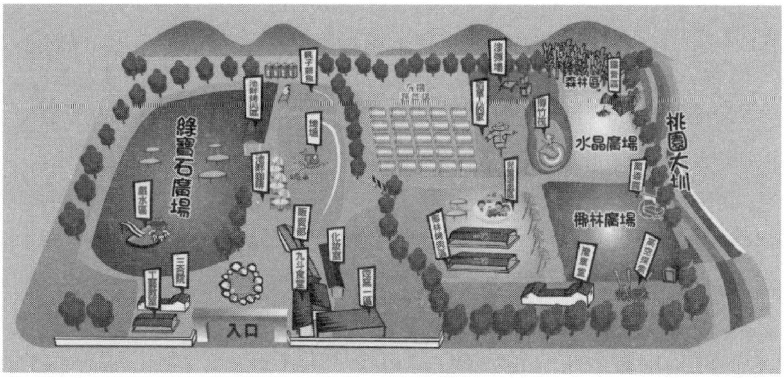

图 5 -6　园区导览图

一、背景及现状

（一）区位与交通

九斗有机农场位于桃园市新屋区东侧九斗村4邻5号，新屋区东北方临观音乡、中坜市、平镇市，西南边与杨梅镇、新竹县相临，西滨台湾海峡。新屋区的交通便捷，可以很方便地到达这个温馨的客家小镇。

（二）自然资源

新屋区位于台湾省桃园市的西南边，是一个靠海的乡镇，境内以永安渔港拥有丰富的海洋资源及优美的天然生态景观最为知名。港内设有鱼市区，游客无论要购买渔货还是吃海产，都可以得到满足。南岸拥有全岛第一座室内人工造雪场及全岛面积最大的海滨公园，北岸有滨海游憩区，港内的跨港拱桥，设计具有多种变化的灯幕，游客可自桥顶观景平台观赏渔船由外海驶入，或是漫步流连于观海凉亭，洗涤心情，也可自港内欣赏落日余辉、享受海风吹拂、领受休闲情致。永安渔港西南处往南延伸至福兴宫的的林荫大道是远近驰名的绿色走廊。

（三）人文资源

新屋区起源于清朝乾隆年间，范姜一氏来台拓垦。经过百余年的努力，范姜一族不但使荒野变田园，而且吸引了拓荒者迁入此地。新屋区是台湾客家文化重点发展区，盛产稻米、瓜果，设有新屋区客家文化图书馆、新屋区农会稻米博物馆等。

二、项目内容及特点

九斗村休闲有机农场占地约15hm^2，大部分土地为农牧用地，目前农场分为休闲活动区和有机蔬菜专业区两大区域。

1. 休闲活动区

（1）大地活动　在绿草茹茵的中央广场，举办风火轮蜈蚣竞走及弹跳夺标比赛，此外还有扎稻草人及抓泥鳅、大力水手闯五关等的精采户外活动，滑水道和戏水池更是小朋友夏天的最爱，如图5－7所示。

（2）户外教学　设置肉食植物生态、蝴蝶生态、水生植物生态、有机生活生产生态等解说导览。

（3）童玩DIY活动　有竹制水枪、彩绘竹斗笠、沙朔蜡烛及放天灯、彩绘陶瓷灯笼、制作草编等活动。

（4）餐饮　可容纳千人的雨棚烤肉区，还有客家米食料理以及深受男女老少欢迎的土窑，餐点焦点是有机蔬果大餐。

（5）住宿　在住宿方面，提供民宿及可以看到月亮星星的草地小别墅和

（1）滑水道　　（2）活动草坪

图 5－7　休闲活动项目

生态工法的土堆式露营位。

（6）停车　在停车方面，九斗农场以生态方法设置了非常温馨的停车场，4 棵树 1 个停车位，即使是在炎热的夏天也非常凉爽。

2. 有机蔬果专业区

主要生产包叶菜、短期叶菜、根茎菜、花菜、瓜菜、豆菜、瓜果、果菜、大浆果等有机蔬菜。该农场获得桃园区农业改良场的认证，场内也设有农村文物暨有机农产品展览馆。

三、经营管理

（一）经营管理方式

严格采用有机种植方式，进行园区的生产栽培管理、货物管理等。栽培管理方面，严格控制水、土、肥质量，一年四季采用不同的方式防治病虫害的发生；货物管理方面，从产品的收获、预处理、冷藏、包装、出货均采取规范化管理；销售市场方面，通过电子商务、场内营销、举办活动等方式开发拓展市场。

（二）经营特色

1. 经营策略

以有机养生、休闲养生、道家养生为经营策略，为游客提供休闲娱乐的度假场所，在全岛范围内提供宅配服务，将现采蔬果以冷藏车运送，迅速送达，保持新鲜。

2. 营业项目：

（1）农业产销　现采有机蔬果、现碾芋香米、现抓福寿鱼等宅配。

（2）休闲活动　焢窑、烤肉、稻草人创意秀、撑竹筏比赛、童玩 DIY、弹跳、滑水戏水、高空探索、露营、喂鱼、喂鸭等活动。

（3）生态导览　有机蔬果栽培、埤塘生态、稻米生产等解说导览。

（4）餐饮　有机蔬果餐、养生火烤二吃、客家麻薯、咖啡简餐。

（5）套装行程　由专业领团人员协助举办亲子联谊、户外教学等活动。

（6）解说教室　农场备有舞台、音响、投影机，适合开会、酒会及教育训练等。

第五节　廻乡有机生活农场

一、项目背景

廻乡是由30位平均年龄32岁的都市年轻人，从2005开始，以其在竹山经营有机农场的经验，共同集资在苗栗三义开发完成的有机生活农场，目前有铜锣场与三义场，总占地面积8hm^2。天然的溪流环绕整个农场，水质清凉、水势细缓、生态多元、景色优美。经营者更以生态农法栽培出可以全年宅配的季节芽菜，生产各种有机的蔬菜及葱姜配料、水果、鸡蛋，还加工有机手工水果酱料、蔗香馒头、全麦土司、全麦面条、豆浆、果冻、粽子、萝卜糕。

二、项目内容

廻乡有机农场贯彻绿色有机耕作的饮食与生活理念，在台湾，“廻乡”所代表的是无毒、健康、安心，是理念更是全方位的有机生活。廻乡设立台湾第一间专属有机食品厂及有机酿酒厂，还有有机产业的具体化呈现场域，在大众的心中，深具良好口碑与品牌基础。在原乡人的心中，“廻乡”更是有机生活的倡导者和推动者。

2014年，廻乡来到通霄开拓据点“廻乡有机驿站”，除了原有的观光体验导览，更增设了商店及餐厅。商店是为了协助有机农民解决农产品过剩、附加价值低的问题，其中陈设了数十种当地有机农产加工品，遵循古法制作，给游客提供最放心的选择；餐厅是以当季的有机食材为主轴，开发具地方特色的蔬食风味料理，采用低温油炸，以蒸、烫为主的烹调方式，保留了食材的营养。在通霄，廻乡还投入大量资金新建碾米厂，用于农产加工品的研发及制作。

表5－3　廻乡有机农场营业项目

营业项目	项目内容
农场体验	稻米农耕文化体验、四季有机蔬果采收、生态探索挖哇哇、芬芳香草扦插乐、堆肥制作
手作DIY	古早爆米香、香草扦插、有机蔬果汁、恋恋棉花糖、龙王豆腐、酵素

续表

营业项目	项目内容
餐饮	简餐、套餐、合菜、百汇餐、喜宴
伴手礼	风味菜干礼盒、有机果酱礼盒、有机酵素礼盒、蔗糖蜜礼盒、风味菜酱礼盒
课程	有机农业课程、自然饮食课程、食农教育课程、有机厨房、国际有机交流座谈会
轻食	手工窑烤披萨、有机巧克力蛋糕、有机轻食餐、有机咖啡、有机酵素饮、季节有机水果冰沙

三、经营管理

农场盈利点包括有机食品销售、农场体验活动、露营和餐饮、定期的活动课程。

（一）经营理念

廻乡有机生活农场是私人团队经营性质的农场，提倡厨余堆肥 DIY，重视垃圾分类、资源回收、土壤复育、虫害防治、病害防治等基础工作。

通过发展乡村有机产业，吸引年轻人返乡就业，增添乡村活力，这也符合了选用“廻”字旋转之意的初衷。农场主期许未来可以通过年轻人的返乡，将多元知识带回农村，农村有所消化之后，再推动“回乡讲堂”，将力量重新带进城市，如此形成良性循环，达到活化地方、永续农村的目的。

（二）经营特点

重视自然生态环境的复育，开创一种人与万物共享共荣而且能广泛普及的耕作方式，以多种方式改善农民生活，促进整个农业产业的健康发展，总结起来就是：

1. 倡导有机生活，亲力改善“有机事业”。

2. 创造农村有机产业，吸引年轻人返乡。

3. 拓展加工品市场，新建碾米厂，带动硬件设备配置，吸引当地农民加入有机种植行列。

第六章 多元化的主题农场

第一节 熏衣草森林

熏衣草森林由台湾女性银行白领詹慧君和钢琴老师林庭妃共同创办。两个人亲力亲为植草、种树、开路，建成了第一座位于台中新社熏衣草中的咖啡馆。正是因为优美舒适的环境、热情周到的服务，主人精致艺术的巧思，恰到好处的宣传等因素，促使这座梦幻的熏衣草森林在开业三个月后就客流如潮。从2001年年初始开店时没有客人，加上老板在内只有四个工作人员的小咖啡馆，到现在已扩展成拥有5个品牌、11家分店拥有员工上百人的企业。

不到十年的时间，熏衣草森林已在休闲、餐饮、民宿、婚宴及零售领域创出5个品牌，年总营业额5亿新台币。除了台中新社、新竹尖石、苗栗明德各有1家“熏衣草森林”外，在苗栗三义还开了1家同样是景观餐厅性质的“桐花村”。另外还有2间“缓慢民宿”、8间周边商品店面“香草铺子”。2010年1月正式经营的婚宴休闲场地“心之芳庭”，整年宜嫁娶的好日子几乎全被订满。2010年日本北海道美瑛镇也出现了第一家由台湾人跨海开设的“缓慢民宿”。

一、项目内容

熏衣草森林有“最偏远的咖啡屋”之称，园区内除种植了1200㎡的熏衣草外，还分为王妈妈香草原、葛雷斯花园、森林咖啡馆、香草铺子、紫丘咖啡馆、梯分泥的森林野宴等。虽然只是一座简单的林中民宿，但在其中却融入了主人的精心和巧思，周到而贴心的设计和服务。

熏衣草森林的与众不同之处是它能给游人提供一场心灵深处的旅行。

1. 偏远——宁静的世外桃源

熏衣草森林远离城市，远到地图上都没有标示，手机收不到信号。但是这里有潺潺小溪，层层山峦，在树林花丛间游走的阳光微风，在林间自在出没的各种动物。在山谷里散居的二十余户人家，组成守望相助队，一边巡逻、一边保育生态，夜晚大门不必上锁，俨然成为一个现实版的“世外桃源”。游客沿着紫色的指路牌，走到森林的最尽处就到达目的地，如图 6 – 1 所示。

（1）导览牌　　（2）主题板设计　　（3）道路标牌设计

图 6 – 1　紫色主题导览牌

2. 文艺——巧思设计、人性体验

薰衣草森林处处都体现了主人对客人最质朴的关注与体贴。连提示牌都别具一格，在这里随处可见主人用粉笔画在黑板上的温馨提示，包括路线、各馆的名字及餐点，如图 6 – 2 所示。

（1）故事巧思　　（2）童话祝福

（3）活动设计　　（4）主题展览

图 6 – 2　薰衣草森林特色设计

熏衣草森林的民宿房间内只有床、灯、泡茶桌，虽然装饰朴素，但是设计感十足，置身于此会感受到它别样的风情，使你更真切的融入到简朴的山居生活。

熏衣草森林有许多令人惊奇并感动的细节，如图 6－3 所示。如员工自己钉的椅子，粉刷上鲜艳的油漆，使游客仿佛森林里充满梦幻的童话。山顶上的许愿树，在饮料专卖店有树形的许愿卡出售，人们可以填上自己的愿望，挂在树上；又如经过装饰的收银台等。熏衣草森林的每个角落都是特别的存在。

（1）小熊的家　　（2）装饰设计

图 6－3　薰衣草森林内部景观

3. 贴心——别样的感动

（1）令人感动的仪式　进入熏衣草森林之前主人设计了熏衣草精油香熏门，人们经过熏衣草水的净身仪式，相信如此会为自己带来好运与正能量，同时呼吸着熏衣草的香味，在进入熏衣草森林之前就拥有了一个无比美好的心情。

（2）来自山中的祝福　熏衣草森林提供了贴心的邮寄明信片服务，配合明信片独特的设计，购买一张明信片，写完后投入木造的小信箱中，熏衣草森林就会寄出，让对方感受来自山中无限的祝福，如图 6－4 所示。

（3）宾至如归的服务　熏衣草森林的服务生都穿着统一的紫色服饰，背后还装着两个白色的翅膀，非常可爱也很亲切。从客人一进门就有一套细致的服务，如先奉上一杯饮料；冬天到了会有壁炉，虽然外面很冷，但是一进去非常温暖。

4. 慢活——幸福慢慢来

坐在英式花园中，啜着热拿铁，想着人与土地之间纠葛不清的依恋，没有电视，没有喧嚣，一切都在缓慢地进行，四处都是可以沉静放松的角落，如图 6－5 所示。

熏衣草森林有香草铺子和香草集市，会出售香草的手工制品，如精油皂、

（1）伴手礼　（2）薰衣草产品

（3）特色伴手礼　（4）香草铺子

图 6 - 4　薰衣草森林特色展卖

（1）慢活体验　（2）DIY教室

图 6 - 5　薰衣草森林休闲活动

精油、香草袋及香草干花等。餐饮亭会售卖香草饮料及冰淇淋。为了能够让人们感受自然，森林中设置了开放式厨房，每天会有套餐出售，游客只要按照餐单选择套餐，服务员会提供一只野餐箱，里面会有所有食材，游客只需要来到户外野餐场地，就可以自己动手享受美食了。当然室内的美食也非常有特色，不过每天都人满为患，每次用餐要等 2h。

5. 独特——只有森林才有的自然

每年 3 ~ 5 月是园区赏萤火虫节（陆生种：黑翅萤，水生种：黄缘萤），园区内还提供萤火虫导览与解说。

萤火虫季时，园区每天会提供萤火晚宴。另外园区还有提供萤火虫相关产品（灯笼、T 恤、明信片等），达到宣传落实保育观念的效果。

每天下午提供的香草工坊课程，会收取材料费 160 新台币/人。

周六、日有免费的香草导览。

周日下午 12：30 园区会举办音乐会。

二、发展模式

（一）经营主体

企业化经营模式，企业组织体制。

（二）发展历程

初始期——熏衣草森林以创办人为领导中心的运作体质，工作人员结构为亲友及工读生。在意识到这样的经营团队结构不利于成长后，熏衣草森林迅速做出了调整。

转型期——组建企业组织体制、制定企业经营目标，聘用专业经理人、聘用顾问协助组织运作。

①组织上的转型　分阶段逐步成立财务部、运营部、厨部、营销企业部、采购部、人力资源部、客户服务部。

②创办人的转型　创办人的角色从领导人转为精神领袖，负责对内对外宣传熏衣草森林的创办理念。通过报表的统计分析来控制公司整体的运营状况，并作为决策的参考。

（三）外聘人员的职责

职业经理人的职责是协助企业经营。顾问的职责是协助组织运作。园区主要聘用会计师、建筑师、律师等，当需要在这些领域的专业建议时，可以得到有效的协助。另外，通过餐饮管理的专业顾问每个月定期巡视各店，从顾客立场针对店内环境、服务、餐饮品质等状况提出改善建议，并提交给经营部门参考，以补内部管理不足。

（四）品牌模式的建立

熏衣草森林发展了“熏衣草森林”“缓慢民宿”“香草铺子”“心之芳庭”“桐花村”5 个品牌。涉及休闲、民宿、零售、婚庆、餐饮 5 个部分。

三、经营管理

（一）熏衣草森林的定位

熏衣草森林定位是一家环境优美，人文气息浓重的休闲餐饮店。以 20 ~ 50 岁的人群为主要的消费对象。这群人会因为社会压力而在休息时向往大自然，购买力强。

（二）经营模式分析

熏衣草森林的经营模式如图 7 –6 所示，主要通过以下几方面构成香草文化核心价值的元素并加上进一步营造心理层次上的快乐、幸福感受。当消费者通过杂志或节目介绍，去熏衣草森林实际体验后，便会将愉快的经验分享给好友，形成口碑营销的效果。其收入来源则来自门票收入、餐饮收入与周边产品收入。

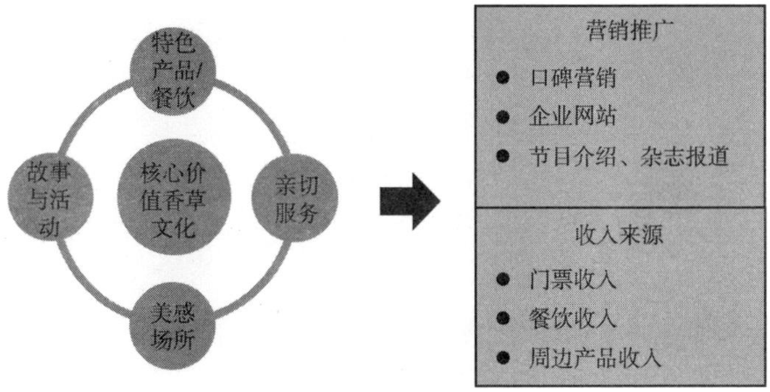

图 6 –6　经营模式图

（三）经营模式特点

熏衣草森林用独特的颜色来安定人心，抓住现代都市男女对水泥的疏离感与逃避忙碌生活压力的心理需求，贩卖一种“紫色梦想”。甚至运用自己的产业特色，让产品也更加多元。除此之外，熏衣草森林还是台湾第一家主题餐厅咖啡馆，也因为熏衣草森林的不同，才能让熏衣草森林在生活创意产业中稳稳占有一席之地。

1. 美感经营——打造一家像画一样的店

运用插画进行环境与商品的布置，形成熏衣草森林视觉识别特点之一。在园区扩充或新分店的规划设计上，维持整体的美感与风格是首要考虑条件。任何一家分店，只要是呈现在顾客面前的物品，也必须符合美感的要求。山路的路牌利用废弃木材手写，并通过口语化的文字，营造出人性的温暖；菜单的设计会把当季的营销主题、经营者的山居心情、工作伙伴的人生梦想，以个性化的图文融入其中。

建筑设计要给人舒适引导生活与环境的美感，但不以牺牲环境为条件。尽量保存原有地形、地貌、生态、水文等自然条件，不去伤害原来的结构，使建筑与水流、树木自然天成的融为一体。

在口碑营销中，有名字的事物才会被广为传播。熏衣草森林中从入口的“净身仪式”到各个景点的特殊名字，这些名称以人物或情感的特征被认知，而其他未以感性名称命名的景点则用故事来塑造景点形象。如坐在房子入口前的迎宾小熊，有一个温馨故事，就是惺忪小熊在睡前许下一百个祝福，在醒后分送祝福给朋友。这样的方式，容易唤起消费者在脑海中的记忆，也多了几分人性的温暖。

2. 活动经营

熏衣草森林全年有连续不断的园区活动。以一年为周期，划分为一般节庆活动与熏衣草森林特有活动。一般节庆活动如情人节、母亲节、父亲节、圣诞节等，主要活动除了吃喝庆祝外，也加入了许多别出心裁的玩法。如情人节，举办“大声说出我爱你”、点情人餐送恋人证书等活动；圣诞节，则安排小天使唱圣诞歌好、圣诞老人和顾客玩游戏送糖果或顾客间互换礼物等。熏衣草森林的特有活动为常态性及季节性活动。前者如园区各景点的游园盖章、挂许愿卡等终年持续的活动；后者则如熏衣草节、萤火虫节、暑假旅行、周年庆生等特定时间举办的活动，而这些活动充分运用园区内的自然景观资源。

3. 餐饮经营

熏衣草森林的菜单是由营销部提出菜单的构想经主管会议讨论决定的，由厨部去研发新菜单、召开试餐会议，会议中由各部门主管试吃并表决，同时给予建议。熏衣草森林的菜单每半年更换一次。以餐饮为重心的“桐花村”的菜单则是每四个月换一次。熏衣草森林把一年分为夏季与冬季。4～10 月为夏季，其余时间为冬季。根据不同季节提供不同的冷热餐点。

4. 服务经营

熏衣草森林不是卖服务而是卖回忆。与顾客像朋友一样互动是熏衣草森林服务人员的工作。如和顾客玩游戏送奖品的活动可以在服务人员与顾客之间产生良性互动。同时，当顾客抱怨时，现场服务人员也具有解决问题的权责，可以使游人迅速得到回应。如只要顾客抱怨餐饮有质量问题时，现场工作人员（不论是正式员工还是实习生）可以立即要求厨房或吧台无条件更换产品。为了维持顾客高满意度，园区还设立“微笑天使”制度以协助现场员工做好客户服务工作，依照各店来客数量调配一部分服务人员担任微笑天使，其主要工作就是到各桌去跟顾客寒暄，关心顾客需要，最好能认出来过两次以上的客人，协助处理顾客投诉事件，并负责追踪、汇总顾客投诉的处理过程和结果。通过以上以确保熏衣草森林能提供亲切的服务，并能够立即妥善处理现场的问题，从而感动顾客，给顾客美好回忆。

四、启示借鉴

1. 带动创意产业发展

2001 年台湾内部的产业面临来自内外部的市场竞争，产业转型势在必行。

此时台湾发展强调内需市场导向，文化创意产业成为台湾依照产业转型与生活改善为目标持有的一个产业范畴，也是台湾特有的经济转型过程产物。在这样的背景下，熏衣草森林得到了有利的条件支持，建立了具有自身特色的熏衣草森林模式，同时带动了台湾创意生活产业的发展，为其他创意生活开发者提供了参考。

2. 带动周边经济发展

熏衣草森林的成功，不仅成就了自己的梦想。更加带动了深山经济发展，为周边的居民提供了发展机遇与经营机会。在拉动片区经济发展的同时，更加拉动了台湾内需经济。

第二节　阿里山邹族文化部落

阿里山邹族文化部落位于台湾嘉义县阿里山乡乐野村，海拔 1300m 的高山茶园里，是邹族青年为了发展原住民特色产业而创建的文化部落，这也是台湾文创农业的典型代表。2009 年风灾重创阿里山，毁掉原住民部落，大量原住民被迫迁村到山下讨生活，部落产业受到严重冲击，原本稳定发展中的各种经济活动，如观光旅游、民宿、特色餐饮受到严重影响，部落经济面临萎缩。

当阿里山地区的观光产业正往山下转移的时候，“优游吧斯”却以反向思考的操作方式，在阿里山地区的中心地段（乐野部落），兴建了筑巢圆梦的部落园区。园区可为有创意、有理想的邹族原住民提供就业机会，提供当地农特产精致化销售平台，让加入此团队的原住民青年男女更深的自我激发文化创意的潜力，部落在这样的价值观指导下重建起来，并让原住民以身为阿里山邹族为傲。

现在，阿里山邹族文化部落发展成为阿里山必去的新景点，从文化、艺术、生活民宿等方面营造出符合邹族民情的文化部落空间，营销阿里山区的好山好水、农特产品、手工艺品和邹族传统文化，让国内外观光客真正感受到阿里山邹族文化之美，并有效创造了本地新的工作机会，让在外工作的族人能回乡服务贡献，使族人生产的各种作物产品借此平台能顺利销售，让民族经济获得保障，如图 6 –7 所示。

一、项目内容

阿里山邹族文化部落的特色就在于优质的部落观光形象、精致的文化旅游与当地特色产业的体验，其特色产业包括：生态旅游、传统祭典活动、舞蹈歌谣、工艺、美食、高山农特产品等，具有独一无二的原乡特色。内部场

（1）导览图　　（2）入口广场

图 6－7　入口处主题景观

馆设置包括神木馆、哈默文史馆、五大氏族茶栈、公主屋、矛达诺剧场、传统家屋、玛菲餐厅，如图 6－8 所示。

1. 神木馆

坐落于阿里山山脉当中的千年神木馆，全馆陈设内容主要以阿里山神木即台湾桧木为主，并展示数十件不经雕琢的天然桧木底座，以及纹理细致、独特、工艺精湛的桧木艺品、手工桧木钢笔，游客一进馆内立即嗅闻到一股沁人心脾的桧木芬多精，仿佛置身于一片绿意盎然的大自然中。除此之外，相关的桧木产品也在此呈列中，如桧木精油、桧木枕，对人体健康有益，以及精选商品桧木筷、桧木饭勺、桧木铲等，增添了日常必须品的多项选择。此外，另有利用阿里山当地特色桧木萃取的芬多精面膜以及茶多酚面膜、天萝水（丝瓜）面膜，均为天然植物提炼的美妆保养佳品。

顾客在欣赏桧木艺品的同时，还可品尝来自于海拔 500～1600m 生产的阿里山高山咖啡。香浓不带酸涩味的阿里山高山咖啡，颠覆了顾客对一般咖啡口感的认知，源自于阿拉比卡的咖啡再加上阿里山得天独厚的地理环境及气候所生产出来的咖啡，呈现出最完美的口感。

2. 哈默文史馆

这里提供专业导游解说服务，游客可以看到邹族的古老文物，了解邹族的传统生活方式，有邹族勇士及阿里山姑娘的解说。主馆里纪录了邹族先人的足迹、各类生活器具、生活工具、服饰等，在显示族人智慧的同时，让游客了解神秘的阿里山邹族历史、传统与神话故事。

3. 五大氏族茶栈

五座以邹族五大家族传统姓氏为意象命名的茶屋，能使人在茶园环绕山岚云雾渺渺中，感受阿里山之美。阿里山姑娘会为游客泡一壶地道的阿里山高山茶，并诉说阿里山茶的故事及邹族五大氏族精彩生动的冒险故事，让游人充分体验阿里山的茶香旅途。

4. 公主屋

公主屋以山为主题，结合大自然的美景与工艺家及邹族元素打造出一个视觉、听觉、味觉的全方位的享受空间。公主屋也希望通过文化艺术表演来分享阿里山邹族少年与姑娘的舞动之美。传唱已久的高山情歌中所描写的就是阿里山邹族的风土人情。公主屋还邀请游客到访并亲身体验，品尝获得金牌奖的阿里山玛翡咖啡，欣赏传承先人山林智慧的各种创意、木雕艺术工法及祖先流传下来的柔皮技术，纯手工皮包及各种皮制品等。

5. 矛达诺剧场

矛达诺剧场演出内容包含展现阿里山邹族青年气势的勇士舞、邹族姑娘身着传统服饰的民族舞蹈、充满欢庆气氛的小米丰收祭、重现部落民族采茶或打猎生态的歌舞剧演出以及原住民见长的歌曲与舞蹈创作演出等。演出内容皆由园区内的族人及员工共同构思而成，富有文化意义及价值，是部落为到访旅客提供文化体验的重要环节。平日里矛达诺剧场每天有 40min 演出（上午、下午各一场次），每逢周六晚间在矛达诺剧场及茶园间举行 100min 大型演出。

6. 传统家屋

重现传统家屋的主要原因，是因为现今邹族面临社会的变迁，导致部落的结构有极大的变迁，而部落年轻族人对于邹族传统家屋严谨的文化伦理已呈现断层的现象。同时，阿里山邹族部落除了现存的 KUBA（库巴：男子聚会所）仍然保有完整的传统建筑特色以外，其他邹族的家屋特色已经看不到了，如果想看到邹族的传统家屋，只能远离家乡前往他县市的原住民文化园区才能见到。为了让文化传承的命脉在本地生根，园区毅然决然斥资兴建正统的邹族传统家屋，并遵循传统工法及严守禁忌的态度，希望借此建筑物展现邹族的传统家族伦理。如此严谨细心的目的只为下一代邹族人能在本地体会邹族建筑美学，并深化族群的认同感，同时以邹族共荣共享的部落精神分享文化生根活化的喜悦。

7. 玛翡餐厅

玛翡餐厅是由五星级大饭店主厨领导厨师阵容，配合阿里山当季食材，加上大厨精心设计，呈现出传统中带着创新的邹族料理，游客在尽情享受美味的同时看着阿里山的美好景色。玛翡餐厅共有 30 个桌面，及两间共可容纳 40 位贵宾的 VIP 室。

（1）部落草亭　（2）茶园种植

（3）部落主题表演　（4）生活场景展示

图6－8　茶园景观与文化

二、经营管理

阿里山邹族文化部落的经营者一方面建立邹族文化博物馆和传统历史文化表演舞台，为本族年轻男女提供就业机会，作为部落产业文化营销的平台；另一方面，旅游产品的销售目标定位于年轻的乐活一族，开发主题动漫形象，结合旅游纪念品、特产茶叶、咖啡、特色饮食等，延伸整条产品线。利用年轻人易接受的动漫形象，将文化部落推向“优质并时尚的部落观光形象”“精致文化旅游”与“原住特色产业的体验”，呈现新一代原住青年的活力状态，如图6－9所示。

三、启示借鉴

2009年，阿里山邹族文化部落在台湾阿里山成立，为部落里的年轻人创造了就业条件。游客来了，年轻人放下农活为游客演出有特色的民俗节目；农活多了，他们脱下演出服下地劳动。现在阿里山邹族文化部落的年旅游收入达2亿新台币，年接待游客20多万人次，茶叶生产6万余斤，部落正朝着富裕、安康、欢乐、祥和的方向发展，还吸引了外族的优秀青年前来创业发展。

（1）部落文化展示

（2）茶叶文化展示

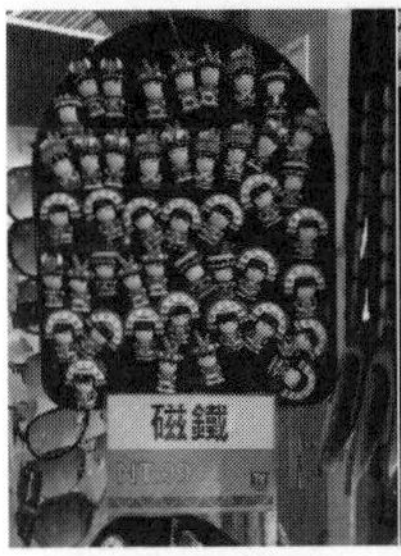

（3）部落纪念品

（4）品茶体验

图6-9 茶园特色伴手礼品

阿里山邹族文化部落有效地发挥了地方民族特色的资源，并抓住了游客对特色风情活动的参与性需求，通过不同类型的活动节目策划设计，到民族特色产品的体验式销售，为游客提供了良好的消费体验，也促进了农场运营收入的增加。这方面正是大陆休闲农场所需要注重的，提炼自身特色文化内涵，转化成喜闻乐见的消费商品和伴手礼（纪念品），游客舒心放心，农场经营也实现盈利。

第三节 花露休闲农场

花露休闲农场位于台湾苗栗县卓兰镇西坪里，占地3.2hm^2，是一座供游客释放压力的能量花园，以种植花卉香草闻名，用数百种香药植物搭配造景，游客置身其中，仿佛进入了花的世界。整个农场被山间桃园、群山乡野所包围。

农场是由退伍军人陈基能购买50亩地建起来的，农场主人在强烈的兴趣下将自己热爱的花卉世界经营得有声有色。花露休闲农场以长久持续的农业经营方式为根本，以扎实的管理为方法稳步发展。农场以原生态的物品与风格设计，瞄准中高端市场，赢得了游客的喜爱，如图6-10所示。

（1）入口大门

（2）精油博物馆

图 6－10　花露休闲农场景观

一、项目内容

花露休闲农场是以香草为主题，融合了果蔬、精油、养生料理、特色民宿于一体的休闲农场。建设内容包括入口景观区、鼻香香榭区、中式合菜养生料理区、花卉区、雨林部落区、民宿区。花露休闲农场将观光与体验深度结合，打造不同的体验形式。除了参观体验外，农场内拥有各式花卉盆栽、药用香草植物，游客走进园区就有专人引导游客体验芳香的能量，将体验与科普结合起来，实现寓教于乐的效果。

1. 新奇特植物

农场植物种类多样，分为不同的区域。“花卉区”包含了香草植物、松柏等，包括熏衣草、迷迭香、丽格海棠、仙客来、兰花等；“仙人掌区”则种植了各式的耐旱植物，最有名的莫过于仙人掌，植株色彩多样；“特殊植物园区”包含了从全球各地搜罗的近 40 种食虫植物，像猪笼草、太阳瓶草等。农场植物品种之多堪称台湾之最，可供科普与教学使用。

2. 有机草莓

农场种植的草莓，以精细化的管理方式进行栽培生产。每年的 12 月至次年 2 月对游客开放采摘，草莓品质较高，很受游客欢迎，游客可以一边体验采摘、品尝果实的乐趣，一边了解草莓的果实特性、生产标准。

3. 精油博物馆

精油博物馆，是花露休闲农场的特色之一，同时也是台湾唯一的精油博物馆。

精油博物馆是全台湾首家以精油为主题的博物馆，博物馆内详细介绍了精油的生产与制造过程，还包含了精油的功用等。结合园区丰富的香草花卉，农场开发了一系列与花草相关的产品，如生姜薄荷洗发精乳、熏衣草、迷迭香润丝精、生姜薄荷洗沐浴乳、香茅薄荷抹草三合一沐浴乳、老姜精油泡澡素、无患子天然洗洁剂及各种不同香味的精油香皂，适合作为伴手礼。同时让游客了解自己用的香水精油来自哪种植物，了解香草植物种植与应用常识等。有专门的课堂教游客如何调制一瓶最天然的乳液、萃取纯露，另外香水达人还可为游人量身订做一瓶个人的专属香水。

农场主秉持着承先启后的理念，希望能够将早年台湾人艰苦奋斗的精神保留给后代，让后代认识精油的由来与生产历史。展区还展示了一些蒸馏器具，这让更多的年轻人了解了前人的艰苦生活以及他们不屈不饶的精神。

馆内还介绍了很多不同的香草植物，并介绍香草植物精油萃取过程，可以让游客亲手体验提炼精油，学习调制香水及天然护肤霜等美容品的 DIY 课程。

4. 园林餐厅——花香美食餐饮

游客来到花露农场，除了赏花闻香外，还可品尝花香美食餐饮。园区所栽种的香草植物及芳香玫瑰花，均可作为桌上佳肴。香水玫瑰餐、园区内采摘花草冲泡成的花草茶、农场栽种的有机蔬菜都不容错过。还有专门的养生料理，如桂花醋养生蔬果虾、迷迭香宫保双、茶叶山鸡、水果海鲜火锅吧。

这里也有特别设计的园林餐厅，游客可坐在鱼儿悠游的池畔旁或草地旁享用早餐或下午茶，怡然自得地享受香草有机餐。

这里的松饼，端上来时还是热呼呼的，外皮还是酥脆的，配上有草莓颗粒的果酱更是美味。这里的迷你海鲜饭也很值得享用。

5. 特色民宿——精油城堡

为了圆游客入住城堡的梦想，农场还特别建造了精油城堡。城堡的房间设计非常现代化，原木床、高级床垫、精油泡澡浴缸、落地景观窗台、42 寸平面电视、落地玻璃，能让游客在休息或沐浴的同时尽量放松。有些房间有大露台，视野广阔，保存着最原始的农村风貌，能让游客远眺大雪山的美景。游人可在傍晚或夜晚伴随着蛙鸣虫唱观星赏月，别有一番情趣，如图 6－11 所示。

城堡有多种特色民宿可供选择，如玫瑰花王后房、桐花房、香氛房皆十分舒适浪漫。这些特色民宿还能令入住者释放压力，储备更多的能量。园区还利用当地知名的油桐花制作项链等文化创意商品，创办台湾独一无二的“携手桐心”桐花婚礼。

6. 文化创意——二便文化概念馆

游客要到餐厅用餐，必须经过一间名为“二便文化概念馆”的房间，二便即是大便与小便，主人给它起了很优美的名称“二便文化概念馆”。二便文化概念馆，充分结合农场主题进行设计，卫生间外的水龙头运用了翩翩飞舞的蝴蝶及象征智慧的猫头鹰造型，男性卫生间每个小便兜都设计成花朵的造

（1）精油城堡　　（2）餐厅

图 6－11　花露休闲主题项目

型，色彩丰富，造型奇特，细节中渗透着农场文化，如图 6－12 所示。

（1）二便文化概念馆　　（2）花卉盆栽

图 6－12　花露休闲室内景观设计

7. 沐浴花海

“花卉区”内从 10 新台币/每盆的香草植物系列到高价位的松柏均有出售；“仙人掌区”则种植了各式的耐旱植物；特殊植物园区，有从全球各地搜罗近 40 种食虫植物，可供教学服务。

在 3.2hm^2 的农场当中，除了观叶植物、仙人掌、有机蔬菜等，花露休闲农场同时还是一个天然的香草能量花园，多种不同功效的香草植物，都能散发出各种香味。

二、经营管理

因为深信农业方式长久持续的根本，农场主从来不采取任何可以迅速招揽客人的花招，只求扎实的做好每一个基本动作。不管住宿还是游玩全以原生态的物品与风格设计。

农场兼营各种精油，如图 6－13 所示。农场主搜集了百年前的精油样品和设备，筹建了一座精油博物馆。

（1）香草能量花园　　（2）花草茶

图6－13　花露休闲花草主题项目

三、启示借鉴

花露休闲农场的主要特点是小而精致，且主题鲜明、功能齐全。花露休闲农场虽然只有3.2hm^2，却将花做到了极致，不仅打出了响当当的品牌，也在台湾休闲农场中颇具竞争实力。其对大陆休闲农业品牌建设、创意发展以及推广营销等方面具有较好的借鉴意义。

1. 在品牌建设方面

农场内部各个观光区均围绕花为主题进行建设。花海赏“花”，仙人掌区学“花”，特卖场中卖“花”，精油城堡用“花”，主题餐厅食“花”，夜间留宿住“花”，甚至是厕所也以花为主题建设，让游客一踏进农场就与花密切接触，使人流连忘返、印象深刻，形成独特的风情和品牌特色。

2. 在创意发展方面

花露休闲农场将创意发展作为立场之本，且创意随处可见，如图6－14所示。如将废弃钢条和石头设计成一只只栩栩如生的小鸟；住宿楼装饰以特殊瓷砖、藤蔓、大木桶，设计成有故事性的精油城堡等。花露休闲农场充分利用农场各种事物，发挥想象，注入创意，策划出层次丰富的内容，地尽其用，且让游客每走一步都有惊喜，最终让每一寸土地都给游客留下美好的回忆。

（1）花卉小品　　（2）景观小品

图6－14　花露休闲景观小品

3. 在推广营销方面

花露休闲农场主要通过参与体验活动，使消费者对农场产品由认识到实践，再由实践到收获的过程中，加深对产品的了解和兴趣，从而使消费者对产品的需求有所增加，达到推广和营利的目的。另外花露休闲农场与花草相关的商品丰富齐全，几乎将销售渗透到观光旅游的各个环节，做到产、销、科、研一体化。

第四节　台一生态休闲农场

台一生态休闲农场位于台湾南投县北部的埔里镇，属于陷落型盆地地形，四面环山，气候温和，雨量充沛，具有优美秀丽的自然景观与地貌。

农场成立于1991年8月，占地面积23hm^2，由担任台湾大学实验农场主任的张国珍先生经营，属于相关事业体“台一种苗场”多元化发展后所衍生出来的体系之一。农场成立之初主要是进行种苗培育，为埔里地区农民提供果蔬类种苗。1997年，成立台三园艺有限公司，为台湾地区景观美化园艺工程提供高水平技术服务。近年来，鉴于自然生态教育的重要性，农场利用现有资源与自然环境的多样性成立了台一生态教育农园，如图6－15和图6－16所示。

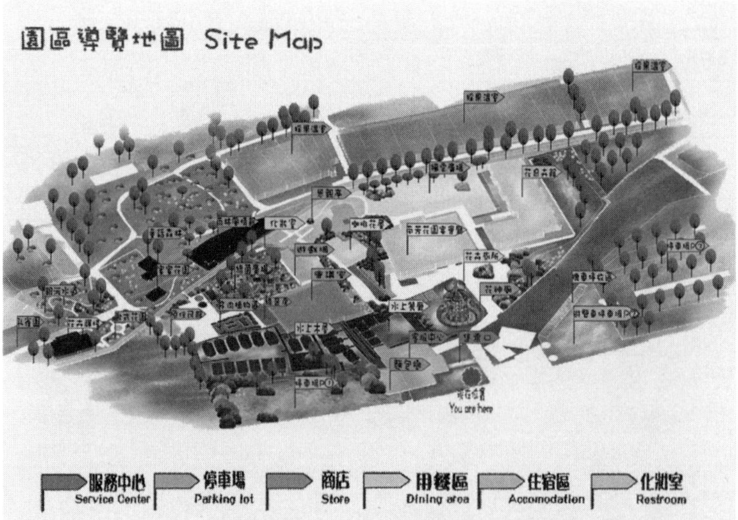

图6－15　台一生态农庄导览图

（1）入口标识　（2）花神祈愿池　（3）花神庙

图 6－16　入口主要景观

一、项目内容

台一生态休闲农场的服务宗旨是“从一粒种子观察生命的奥妙，用花香装扮多彩人生”。整个农场将休闲与生态融入园区，打造以花为主题的精致农业，使农场生产的花卉巧妙地应用在日常生活的“食、衣、住、行、育、乐”中。

围绕这一宗旨，农场内设置的分区与体验活动项目有花卉栽培区、水生植物生态区、水上花园餐厅、光合广场、蔬菜苗圃区、根的世界、仙人掌生态教学区、有机栽培区、可爱动物区、百香果区、机械播种解说区、蝴蝶生态馆、DIY 押花教室、文化长廊、缤纷花廊、梦幻品茗花屋、度假木屋、浪漫花桥、亲子戏水区以及各类生态标本区等。除此之外，农场内还配套设置了各种大、中、小型会议室、餐饮住宿等多项深具自然生态、文化教育和休闲娱乐的设施，如图 6－17 所示。

农场精心规划的特色主题项目有花神庙、雨林风情馆、悦鸟园、蝶舞馆、绿雕公园、绿茵广场等，如图 6－18 所示。

其中农场内的花神庙最为特别，仿西方神话建设，有主神佛劳拉及四季花仙子，庙旁还设有“花神许愿池”，精心设计的 12 星座许愿孔，可供来此的游客投硬币许愿。

雨林风情馆主要是利用自然材质打造出原始自然的热带雨林意境，馆内种植各种蕨类及热带植物，绿意盎然。路径用漂流木设计配置，游客需要靠平衡感闯关，充满了探索神秘的情境。

绿雕公园种植了数百棵枫树，主要利用该园区生产的花草配置平面图案。另外，农场还发挥创意利用废铁创造出了植物雕塑。

蝶舞馆利用多种农业废弃有机质打造，并且种植了多种蝴蝶需要的食草

（1）花卉驿站　　（2）童话森林

（3）水上餐厅　　（4）水上木屋

图6－17　园区特色景观

（1）花泉卉馆　　（2）南方花园宴会厅

图6－18　园区特色景观

及蜜源植物，游客在本馆可以看到馆内外数百只蝴蝶翩翩飞舞，并可欣赏蝴蝶炫丽变身的过程，是一座极富生态教育意义的自然教室。

绿茵广场主要是利用绿色植物及花卉所创造出来的室内植物公园，游客可以在这里放慢脚步，静静的享受大自然的气息。

二、发展特点

（一）生态教育，主题鲜明

台湾中小学每年都有户外教学的科目，而台一生态休闲农场则是很多学校户外教学的固定基地，是一处兼具农业休闲和教育的观光景点。台一农场注重自然生态教育的融入，拥有全亚洲最大的蝴蝶生态馆，还有根的世界、仙人掌以及各类生态标本区，设置了各种生态教学区、解说区及押花、组合盆栽等 DIY 体验教室。农场配置有专业的生态导览解说服务，可带领游客走访全园，介绍园区内丰富的植物种类与生动的田园生活景观，讲解演示各种生态产品的生产流程。园区内丰富的动植物种类结合景观设计和全方位解说系统为游客提供难忘的生态教育体验。

（二）本土设计，因地制宜

农场内的设施及颜色整体与环境协调，符合乡村风情，景观设计以配合生态资源做最适当的建构，所用用材以均为本地产的木材、竹材及农村的自然材料为主。农场的设计以花卉为主题，将花的元素进行了充分发掘和精致设计，农场里随处可见花墙、花柱、花屋景观，水上餐厅布局精致。为了提升园区内的休闲品质，农场专门聘请知名艺术、文史人士担任咨询顾问，将古今中外与花卉相关的题材，用绘画、诗词、碑刻墨拓、书法、雕刻、摄影、制陶瓷等各项艺术表现的方式，融入到园区景观中。

（三）用本地自然文化资源开展特色活动

农场注重本地自然资源与文化资源相结合。蝶舞馆的设计结合了早期的蝴蝶资源，但因人为的捕捉及其栖息地的破坏而造成蝴蝶不再满山遍野地飞舞，因此农场成立了专门的蝴蝶生态馆。为了让游客能体验到农村的生活文化，园区内的设施设计还结合了农业生产，如水车和风鼓等，增添民众对农村文化的认同与好感。

（四）注重游客体验

农场项目的开发注重与游客参与体验充分结合，使景观、生产和休闲娱乐之间的关系做到了较好的平衡。农场内的体验项目包括教学体验、科普教育解说、特色餐饮、度假民宿、生态景观体验、DIY 手工制作体验等，将农业生态观光、自然科普教育、乡土文化传承与休闲体验紧密地结合在一起，如花神许愿池、亲子戏水区、鸽子喂食、品茗花屋、水上木屋、蝴蝶生态馆、热带雨林馆等项目的设置。同时也加入各种生动活泼地让游客亲身体验的活动，其中包含解说服务及多项 DIY 课程，如押花钥匙圈、押花纸扇、组合盆栽以及青蛙黏土蜡烛等，注重游客的参与互动，让游客在体验过程中，能更进一步地认识到农业生产、生态和生活的乐趣，满足对自然的求知欲望，如图 6－19 所示。

三、启示借鉴

1. 台一生态休闲农场是建立在保护自然景观资源和良好的生态农业资源环境基础上，埔里镇本身山清水秀、雨量充沛，周边溪流贯穿，具有良好的地质地貌和生态景观，农场的自然环境得到了较好的保持和维护。

（1）水上休闲平台　（2）蝴蝶馆

（3）民俗文化木屋　（4）咖啡花屋

图 6－19　园区休闲项目

2. 注重农场内外区域环境的衔接和共同发展，农场景观、生产等与外周环境和谐融洽衔接，形成有机的整体生态系统。

3. 农场内功能的组成、空间的布局强调对自然环境的保护，在生态的基础上建设开展，如花卉栽培区、有机栽培区等。

4. 各项活动的开展以及景点设施的营建以减少对自然生态过程的破坏为前提，建筑材料就地取材，多采用本地出产的木料、竹料等，如浪漫花桥由木材及竹子构建而成。并且利用多种农业废弃有机质打造景观设施，采用环保绿色建材兴修建筑物。

5. 农场以自然生态教育为宗旨，园内有着庞大蝴蝶群的蝴蝶馆、昆虫生态馆、仙人掌生态区、水上花园餐厅、花屋、押花生活馆等休闲生态区，具有丰富的植物种类和田园景观，不仅仅是休闲游玩的场所，同时也是人们进行生态科普、实践教学的场所。

6. 农场的经营管理和游客的观光行为都贯穿了一定的生态保护意识，开展生态主题教育和实践，进行生态产品的宣传和生产流程展示。将自然生态教育、生态环保文化贯穿整个农场。

台湾的观光休闲农场各具特色，台一生态休闲农场以精致农业为方向，集生产、生态、生活多功能于一体，与台湾其他休闲农场一样具有一定的相同点，即生态环境营造上注重景观美学和细节，活动设置上注重体验与游客互动，休闲项目设置上突出创意和特色，以及园区运营上注重与科普教育相结合，如图 6－20 所示。

同时台一生态休闲农场以自然生态教育为宗旨，通过对生态的充分挖掘，以鲜明的主题与创意保持着持久旺盛的生命力与竞争力。

（1）生态垃圾桶　（2）花卉景观小品

图6－20　园区生态景观

第五节　香格里拉农场

香格里拉休闲农场位于台湾宜兰县中山休闲农业区，冬山河流域上游，为冬山河发源地之一。香格里拉休闲农场占地面积55hm^2。海拔250m，四面环山，景色秀丽。年平均气温25℃，气候宜人。

农场原来只栽种果树，后来逐步增设农产品展售区、乡土餐饮区、品茗区、住宿度假区、农业体验区及森林游乐区等，形成以乡土餐饮、品茗、住宿度假全方位休闲体验的度假农场。同时，农场也是一间丰富的自然教室，生物种类包罗万象，适合各个年龄层的游客，是具有生活、生产、生态与教育等多功能的游憩地，如图6－21所示。

（1）农场入口　（2）导览图

图6－21　农场入口景观

一、项目内容

香格里拉休闲农场是集采果、休闲、度假、生态等多功能的旅游地。总体布局分为农村体验区、乌心石树林自然生态区、庙口文化区、住宿区等，在建设中融入稻草文化、风筝文化、木屐文化，以展览、艺术节、比赛等形式展现。

1. 农、林业内容体验

果蔬采摘是农场主打项目。农场里依季节种植的各式果树，提倡生态种植，不喷洒农药，是天然、有机的果品。游客入园后可现摘现吃水果。体验区提供解说服务，解说作物特色和成长过程，让都市人了解农场内生态及植物品种。森林游乐区配合地势及原有林木，在林荫处设置吊床、简易山训活动场、烤肉区等，让游客在享受采果尝鲜之余，也能有另类的享受。

乌心石树林自然生态区位于农场周边，乌心石是台湾原生的优良树种，台湾人民对其有着浓郁的情感，罗东林管处与香格里拉休闲农场自 1970 年 10 月开始种植乌心石树苗。

2. 畜牧内容体验

香格里拉休闲农场是一间丰富的自然教室，内部的生物种类包罗万象，有猕猴、树蛙、萤火虫、蝴蝶（凤蝶）和各式植物，游客不分年纪大小，都适合在这里学习属于大自然的珍贵知识。

农场长期致力于萤火虫的复育工作，用六年的时间与宜兰县政府合作进行繁育计划，每年 4 ~5 月园内荧光闪烁飞舞，蔚为奇观，具有很强生态环保教育意义。

3. 景观内容体验

香格里拉农场景观以回归乡村生活为主题，满足都市人对田园生活的向往，探索蕴藏乡野间的原始趣味。区内有大量涌泉及伏流，如小埤湖、丸山等，属于典型的农场景致；农场里的几条信步小道，随处可见的返璞归真景观小品；步道旁的茅草凉亭，数十年来都是由农场主亲手搭建及维修的，农场主不忘劳动的乐趣，依然保持这项技艺，更借此向游客传递其经营的用心。

4. 休闲活动内容体验

农场最具特色的是庙口文化区，每晚举办打陀螺、布袋戏、钓瓶子、放天灯及搓汤圆等体验活动，重现台湾早期农村生活的娱乐性。农场设有专门的体验 DIY 活动，有专门的老师指导制作天灯、木烙、利用各种叶子不同的纹路叶脉，搭配特殊的染料制作独一无二的 T 恤等等，如图 6 – 22 所示。

（1）大自然彩绘 T 恤　利用大自然中各种叶子不同纹路的叶脉，再搭配特殊的染料，就可制作出一件独一无二的 T 恤。

（2）木烙　原色木板经过细细打磨后，呈现出一种柔美的质感，可以烙上一些可爱的图案，经过烙印后的木板，上面有焦褐的图样颜色，再编结上古式的麻绳后，就形成了完美的壁饰。

（3）叶膜书签　将一张书签，黏附上美丽的叶膜和树叶，就是一张有个性的书签。

（4）彩绘陀螺　陀螺是古时候宫里女眷闲时斗酒消遣的游戏，又名“千千”，将陀螺文化赋予更有趣的艺术味道，通过彩绘的陀螺是一件美丽的艺术品。

农场体验区内还有以废枕木、旧建材再利用搭建而成的原野体能场，让游客舒展筋骨、运动强身。

（1）农业体验区　（2）火龙果区

（3）导览牌　（4）洗手池

图 6－22　农场休闲项目

5. 香格里拉农场建设特点

项目活动丰富，注重参与体验。依托农村生活方式的娱乐性，设置专门的体验 DIY 活动。丰富的活动大大提升了农场产品的参与性。尤其是在当前体验经济形式下，这种参与体验显得尤为重要。而且这种参与体验为产品销售提供了一个新的渠道，这种形式更容易被游客所接受，更能激发其购买欲望。

打造多种文化，提升农场内涵。项目依托当地的特色，逐渐打造出了自己独特的文化，这本身就是一种强大的吸引力，如香格里拉休闲农场的稻草文化，在其重点打造下，已经使其稻草艺术闻名全岛。依附这些文化所打造的各种特色产品、开展的各种节庆活动，大大提升和丰富了农场的内涵。

多种服务功能，丰富产品类型。香格里拉休闲农场包含了丰富的旅游业态，涵盖了旅游服务的整个流程，满足了不同层次的旅游需求。有完善的接待设施、多样的餐饮美食、服务于商务人士的大型会议室、满足休闲娱乐的观光果园和生态美景、极具参与性的体验活动及各种特色节庆活动等，丰富了农场的产品类型，拓展了市场需求，如图 6－23 所示。

（1）休闲亭

（2）休闲吧

（3）茅草亭

（4）游乐吊椅

图 6－23　农场休闲景观

二、发展模式

香格里拉农场在发展模式上实现了农业休闲游憩活动的多元化发展，以自然资源为基础，资源利用为导向，使游客享受田园风光及农业体验乐趣，如图 6－24 所示。如今的休闲趋势以享受休闲的同时体验农场的生产活动为主，香格里拉农场之所以做得成功，全在于其对体验活动的设计和对资源的使用，其中又以运用农业产业资源最为重要，而香格里拉农场就是在园区内规划设计各种体验项目，吸引游客积极参与。体验活动可以将资源活化，让游客融入资源，香格里拉农场目前体验活动有彩绘、放天灯、搓汤圆、夜观萤火虫、野外采摘、森林浴、山训活动、夜游观星、传统农场民俗活动、童玩 DIY 等。

（1）观景平台 （2）观景平台

图 6－24 农场观景平台

三、经营管理

（一）经营管理特点

香格里拉农场是以生产、生活与生态为一体的综合性休闲农场，在经营上结合了农业产销、生态观光和游憩服务等三次产业于一体的农业企业，是农业经营的新型态。总体概括为以下 5 个方面。

1. 充分利用资源，打造多种特色文化，提升农场内涵

农场重视文化发展，利用文化活动带来大量人流、物流，把休闲农业快速推向市场的同时，注重品牌营销，运用创意打造极具吸引力的现代休闲农业。如利用稻草开发工艺作品的稻草文化，每年九月风筝节的风筝文化以及中国传统的木屐文化等。

2. 多业态共同发展，提升农场盈利水平

香格里拉农场既有满足休闲娱乐的观光果园、生态美景，又有极具参与性的体验活动及各种特色节庆活动，以及各种大型会议室等，满足了不同层次游客的旅游需求，提升了盈利水平。

3. 注重硬件设施的建设，提升农场整体档次

香格里拉农场结合产业经济、文化发展、环境保护和资源特色，建设和完善配套旅游设施，确保农场的建设上档次、上水平、上台阶。

4. 未雨绸缪，淡旺季都要抓

香格里拉农场作为宜兰地区独立的一个农场，淡旺季全部都要抓起来，努力开发客源，针对不同市场客源开发项目，通过开拓不同市场来弥补淡旺季的不均衡，最后达到经营平衡。

5. 休闲农场内部环境调整及策略联盟

香格里拉休闲农场在考虑本身资源基础，保留原有产业特性，选择并与四家欧美式小木屋度假旅馆共同成立台湾森林之家度假联盟，采取联盟经营

策略将市场明确化。

（二）经营服务特点分析

1. 餐饮服务

农场餐厅的特色风味餐，保留了宜兰传统的料理手法，许多蔬菜类食材是由农场自家菜园产出的。除此之外，还提供中式菜，适合各大团体聚会用餐。

2. 住宿服务

休闲农场内设有清新雅致的住宿设施，共 106 间不同档次的乡野套房。在房间内可以一览农场的美景，而且对住宿旅客赠送景观果园门票，游客可免费参加民俗活动，如图 6－25 所示。

（1）农场住宿　　（2）度假屋

图 6－25　农场住宿空间

3. 解说服务

农场按分区种植大百香果、金枣、柳橙、莲雾等十多种水果，利用广告牌解说农场栽培管理方法、农产品的初级加工，让都市人了解农场内生态以及植物品种。

4. 邮政服务

农场内所有邮局都提供邮政用品服务，邮筒为红色与绿色，红色为限时专送及航空邮件，绿色为平信。

（三）经营目标分析

1. 主体目标是创新

在现有休闲农业的基础上，开发更多、更新的 DIY 体验活动，拉近游客与农业的距离，从而扩大消费群体，增加经济收入。

2. 辅助目标是回馈

把创造的利润回馈到农场，加强农场硬件上的修建、更新，提升农场整体环境。

3. 延伸目标是引导

通过对中小学生的农业科普教育、对农业文化的传承和进行农村教育，延伸农业经济产业链。

四、启示借鉴

香格里拉农场是兼具生产、生活、生态为一体的休闲农场，使农业从第一产业向第二、三产业延伸，逐步扩大农业经营范围，农场呈现出了多元化发展的情况，因此农场在自身发展的同时也带动了相关产业的发展，并成为了农村发展的重要组成部分和新的经济增长点。

1. 农场在发展休闲农业的过程中，把有机的把农业与周边农村建设结合在一起，使农村各项基础设施不断完善，使农村环境和农民生活条件得到有效改善，促进了农村经济和农民收入的快速增长。

2. 香格里拉农场的发展带动了当地个体运输业和农副产品加工业等相关行业的发展，有效拓宽了农民增收渠道。

3. 香格里拉农场的建设为当地村民提供了各类就业岗位，并依托农林院校、农技培训中心等教育平台，针对性的输送专业人才，让更多的人选择在农村发展，并让农场成为农民“离土不离乡”的就业选择。

4. 香格里拉农场为都市居民提供接触自然、体验农业以及观光休闲的场所，增强了现代农业的文化内涵、科普教育及示范辐射作用。

5. 香格里拉农场营造了优美宜人的生态景观，改善自然环境，维护生态平衡，这有利于提高周边乡村生活环境质量，保持清新、宁静的生活环境。

第六节　向阳农场

一、背景及现状

向阳农场占地1.8hm^2，为北台湾最大的向日葵主题农场，农场是由一位毕业于屏东科技大学农园生产技术系的年轻人所成立。由于对园艺及土地的热爱，2001年园主黄永林筹集了资金，在1hm^2土地上创业，从事向日葵切花生产，希望由此实现自己的梦想。

二、项目内容

园区不仅提供采花，更仔细介绍了向日葵从播种、幼苗、开花、结籽的成长过程，农场中展示多样向日葵手工艺品。

1. 向阳小铺

拥有很多向日葵商品的向阳小铺，是每一位游客来园区必逛的地方。其中有数种商品是向阳农场独自开发的商品，包括小铺美食、小铺饰品、小铺文具、小铺杂货、小铺美体商品等。

2. DIY 采花乐

向阳农场特色之一就是 DIY 采花，游客自己亲自去花田中采花，并由向阳采花部提供花束简易包装服务，让游客轻轻松松就把最漂亮的花带回家去，同时采花部也有种子可共选购。

3. DIY 手作活动

每项收费 100 新台币，包括向日葵彩绘、向日葵盆栽种植、向日葵陶笛彩绘、木质贝壳沙相框、向日葵存钱筒彩绘等。

三、经营管理

采摘在生产区进行，由客人下地采花，每支合 3 元人民币；而农场自己运到花市上卖，每支合 1 元人民币。餐厅还有农家饭，还可举办农庄婚礼，园区多半收入来自餐饮。

农场平时聘用 10 个工人，节假日增加 20 名农业学校的学生，执行最低工资标准，每小时约合 22 元人民币。每天 9 ~ 18 点营业，周一公休。目前，向阳农场面积已扩大到 4. 67 hm^2 土地，2. 3hm^2 用于种植；2012 年营业收入约 600 万元人民币，亩产值合 8 万元人民币。

第七章
企业经营的综合农场

第一节　新光兆丰休闲农牧场

新光兆丰休闲农牧场位于花莲县凤林镇，早在20世纪70年代初期，新光兆丰农牧场只是一片布满大小石头的寿丰溪河川新生地。1970年，台湾当局积极开发东部地区，其中新光关系机构购入726hm²，成立兆丰农场。由于兆丰农场为河川新生地，石砾密布，水土保持不易，所以在开垦期间曾遭受三次严重的台风侵袭，开发过程倍尝艰辛。但在持续投入资源及长达几十年的水土改良之后，终于在1980年被指定为东部地区首座休闲农场。

在休闲旅游逐渐发展过程中，兆丰农场为了服务日益增多的游客，在农场中规划度假旅馆、戏水区、大型花卉温室、森林公园等项目，目前有256hm²已开发作为休闲农场及度假住宿相关设施。新光兆丰农牧场是台湾少有的大型观光农场之一，也是花东纵谷内知名的休闲去处，如图7－1所示。

（1）导览图　　（2）欧式花园

图7－1　入口主题景观

一、项目内容

新光兆丰农牧场是个一结合农、林、畜牧、景观综合性休闲农场，融住宿、泡汤、游园和宴会。建设内容主要包括游客中心、亲子戏水区、生态鸟园、百竹园、动物区、侏罗纪公园、药用植物园、玫瑰园、后花园、牧草区、乳牛区、观光果园、水生植物生态区、鸟类繁殖区、鹿苑、四秀湖区、青青草原、温泉区等。新光兆丰农牧场将参观与体验相结合，打造多种类型的体验形式。

1. 农、林业内容体验

$60hm^2$ 的观光果园是农场的主要生产区。约有 23 个水果品种，其中包括柠檬、鳄梨、香蕉、柚子、金橘及橙子等水果，每年 10 月至次年 4 月开放采果，游客可以一边体验果实丰收的喜悦，一边品尝新鲜的现采水果。同时在果园内还设有一座果树公园，让游客在品尝新鲜时令水果的同时了解果树的特性，使观光与体验结合，生产与科普并行。

药用植物园栽种了各种民间药草和有毒植物，并备有解说牌供游客认识各种药草的特性；水生植物标本区栽种了各种挺水型、漂浮型、浮叶型、沉水型的水生植物，另外池内有各种的原生鱼类，使农业寓教于乐，如图 7 –2 所示。

（1）果园贩卖屋

（2）水生植物区

（3）栽培场

（4）栽培育苗

图 7 –2　农场主题景观

2. 畜牧内容体验

农场设有乳牛区、生态鸟园、鹦鹉园、动物区等畜牧体验内容，如图 8 – 3 所示。乳牛区是农场的生产主力，在 70 多 hm^2 的放牧区里，种植了乳牛最爱的盘固拉牧草，饲养了 500 多头乳牛。所生产的生乳全部供应知名鲜乳厂商制成市售鲜乳。乳牛的排泄物，也由农场设置的有机肥料制造场加以处理，作为果园、牧草及植物园的肥料，达到物尽其用、自给自足的目标。在这里人们可以参观乳牛从牛犊到成牛的过程，还可参观每天16：30放巴哈音乐时挤牛乳的场面。同时人们可以品尝并购买到在东部无污染环境下生产的用新鲜的牛乳所制成的鲜奶和冰淇淋。

此外农场设有动物区，饲养着山羌、梅花鹿、水鹿、骆驼、骆马、台湾猕猴、兔、绵羊、迷你马等可爱的动物，人们不仅可以在这里观赏到各种动物，还可以通过饲喂等体验活动与动物们近距离接触，因此动物区深受小朋友们的喜爱。

农场内还设有生态鸟园和鹦鹉园，共饲养了200多种鸟类及百余种鹦鹉。生态鸟园区有金鸡、银鸡、观赏鸽、椋鸟、织布鸟、大嘴鸟、棕裤鸟、鸵鸟及孔雀等；人们可以喂养散养的白鸽、孔雀、火鸡和上百只珠鸡，与它们亲密接触并了解其形态与生活习性。在鹦鹉园，人们可以看到多达百余种的羽毛美丽的鹦鹉，有体型大的金刚鹦鹉、颜色美丽的吸蜜鹦鹉、聪明的非洲灰鹦鹉等；在特定的时段里有鸟类表演，通过人与鸟类的互动，加深人们对它们的了解并提高人们的观游兴致。

另外农场在昆虫蝴蝶生态区设有一座可让人进入的网室蝴蝶园，人们可以亲身体验彩蝶在身边飞舞的美妙感受。爬虫馆展示各种活体爬虫及爬虫标本，在这里人们可以认识到变色龙、绿鬣蜥、伞蜥等。

（1）可爱动物园　（2）侏罗纪公园

（3）乳牛区　（4）蜜蜂屋

图7-3　休闲项目景观

3. 景观内容体验

景观区占地面积18hm^2，由一座结合九族原住民和农场拓荒垦荒塑像的欧式花园、游客活动中心、大草原和四秀湖组合而成，在这里人们可以沿着环湖小道漫步欣赏湖光山色，也可以到大草原放风筝、玩飞盘。

农场通过生态工法的改造，将原钓鱼池改造为生态池，内部种植了各种水生植物，通过菱角、莎草、荷花等水生植物创造出一个适合水禽鸟类适合过冬的地方，从而吸引了不少侯鸟栖息，人们在观赏美景的同时可以进行鸟类观察。

农场内还设置了四秀湖区。人们可以在柳波湖观瀑布、九曲湖喂锦鲤鱼、鱼龙湖参观各式盆景、翠影湖看天鹅悠游其间；且湖周规划有环湖小道，供人们沿湖漫步。

农场内设置了青青草原，精巧的掌握了景观布局的疏密节奏变化，同时在一望无际的草原上开展了康乐活动。

4. 休闲活动内容体验

农场内拥有微碱性的温泉水SPA区，泉水来源于二指山，具有滋润肌肤，改善肤质的作用，被称为美人泉。

为了丰富人们的活动内容，农场设置了亲子戏水区，游客夏季可以在这里戏水，并在椰树下享受度假的乐趣，同时设有滑冰道供小朋友游玩。

在农场内还设置了130栋以荷兰村及玫瑰园为主题的休闲小木屋，供游客进行休闲度假，如图7－4所示。

（1）荷兰村度假屋　　（2）温泉区

图7－4　生态建筑景观

5. 新光兆丰农牧场建设特点

（1）深度体验，其乐融融　新光兆丰休闲农牧场设有可供多人同乐的设施，如采果区、游戏区、池畔烧烤区等；另外还有可爱动物区，是以家禽及供观赏动物为主，并让游客直接亲近、抚摸。游客可以饲喂小牛、挤牛乳，体会牧场农家生活，如图7－5所示。主要活动体验主题如下。

①活动主题一：乳牛观察。栅栏内有上百头荷兰种乳牛，游客可以在每天清晨和傍晚观察乳牛在音乐中排队挤乳的情形。

②活动主题二：可爱动物观赏。在可爱动物区内的动物约有 10 种，习性温驯，游客可观赏动物的外观特点及生活习性。

③活动主题三：赏花。农场内花草处处，设有数座大型温室与苗圃及 $2hm^2$ 的天堂鸟花田。绝大多数的花卉都是农场内自行培养。

④活动主题四：认识药草。农场内规划有药草区，一排排整齐划分的小块苗圃，分别种植不同的药草，有抗癌植物、清肝解毒的保健植物等数十种，并在每种药草前都设立解说牌，介绍该药草的疗效和特色，增进寓教于乐的功能。

⑤活动主题五：赏鸟。在鸟园区内可欣赏到多种雉科鸟类，整个农场也是一座大型鸟园，可观察到多种鸟类在此活动。

⑥活动主题六：尝果。农场内有一年四季都盛产的泰国番石榴，春季有金橘、枇杷，夏季有红番石榴、无子柠檬，秋季产鳄梨、柚子以及冬季盛产的糖橙，在果园区的贩卖部内，游客可以免费无限享用盛产的水果。如果想带回去和亲朋好友分享，则可以以斤论价。

（2）寓教于乐，广受欢迎　农场除休闲娱乐、游玩外，也是实践、学习的好场所，农场平时可接待学校师生进行毕业旅行或户外教学，也同样吸引全家度假。

（3）精深加工，效益倍增　农场将牛乳进行深入生产、制作和包装，主要生产乳片、软糖、牛乳蛋卷、钙球、牛肉干、卷心酥、牛乳饼、糙米卷等以及乳牛场最有名的鲜乳冰淇淋与乳酪。乳制品是游客到此地不能错过的美味。绵密滑顺的口感和浓郁的乳香味，一点也不输国外进口的高价冰淇淋。此外还有与牛有关的衍生产品。

（1）牧场休闲吧

（2）牧场产品

（3）乳牛座椅

（4）度假屋民宿

图 7－5　农场体验项目

二、发展特点

新光兆丰休闲农牧场综合了观光农园、教育农园、休闲牧场、休闲农场等多方面特点。农场是一个具有观光休闲与教育价值的农业园区。农场向观光游客提供所需的各种服务设施，如自行车、电动车、悠游车、小火车等方便游客的游览；农场通过其草原、牧场、水塘等多样化的景物景观、特有的动物及昆虫开展多样性的农业休闲活动，如农园体验、儿童活动、自然教室、农庄民宿等，尽显休闲农场的特色。农场内的观光果园及农产品商店、生态鸟园、动物区、昆虫蝴蝶生态区等项目使游客体验采收农特产品的乐趣并了解农特产品生产过程及动植物的生长特性，从而增加游客游览时间，满足游客的休闲娱乐需求，体现教育农园的特点。农场利用特色生产技术进行乳牛饲养，并自产多姿多彩的牛乳制品，并以其秀美的牧场景色吸引游人，使游人感受到休闲牧场的特色，如图 7－6 所示。

（1）牧草区　　　　（2）生态沟

图 7－6　农场生态种植

三、经营管理

（一）经营方式及经营特点

农场主要的经营方式包括体验活动、休闲度假、户外教学、团体联谊等。农场主要以休闲度假、休闲农产品产销为主要经营轴心，通过休闲体验活动延伸出经营项目，将生产与经营并重，实现可持续经营。

农场在生产与经营方面具有以下特点。

1. 重视休闲农产品的生产和经营活动，休闲产品的品种、特色、项目、内容繁多。
2. 重视衍生产品的开发。
3. 经营方式多样，重视企业化、社会化、现代化经营。
4. 农场开发的产品重点突出，体验的内容主题鲜明。
5. 农场将一产、二产和三产融为一体。

（二）经营服务特点分析

1. 解说服务

具有吸引力的解说服务是园区的一大特色。而具有亲和力的解说能使人们感受到农场中的生命力及农场对游客的热心，增强人们对农场游览的热情，并通过体验使农场更具活力和吸引力。如农场在乳牛区等游客体验区域都设置了解说人员，专业解说乳牛生活习性及饲养方法，让游客在直观感受和亲近动植物的同时，加强科普体验效果。

2. 住宿服务

农场内提供了不同主题及形式各异的民宿建筑，首先在视觉感官上满足了人们的多样化需求。其次房间内部卫生、安全、宁静，为人们提供了一个舒适的住宿环境，如图7-7所示。

（1）住宿接待中心　　（2）兆丰农场餐厅

图7-7　农场建筑风貌

3. 交通服务

农场内部在各交通节点都设置了路标，提供交通指南，避免游客参观、游览途中出现迷路的情况。另外农场在较长的游览路线上设置了多个交通枢纽站点，提供各种游览车辆租赁服务，如自行车、电动车、高尔夫球车、小火车等，游客可根据各自制定的游览路线选择相应的游览工具，从而节省体力，方便参观，如图7-8所示。

（1）电瓶车租车场　　（2）小火车

图7-8　农场游览车辆

4. 安全管理服务

农场内有安全救治电瓶车，在需要时可以随时赶到农场内各个地方进行紧急救治。

5. 农场经营目标分析

（1）主体目标——体验经济　农场目前主要通过项目体验和拓展活动内容来增强游客游览与参与兴趣，依靠活动体验拉动游客量，带动农场经济效益。

（2）辅助目标——知识经济　农场通过自身的优势资源开展科普教育活动，拓展游客群体，以知识作为载体，拉动农场经济。

（3）延伸目标——创意经济　农场利用自产产品进行创意制作，生产农场自主创意农产品，延伸农业产业链。

四、启示借鉴

该农场维持了农业本身生产、生态和生活等特色，兼顾了游客休憩服务及学习等功能，其对于牧场生态与文化的保存、发展生态旅游的机会、提供游客多元休憩体验和学习与自然和谐共处等方面都起到了一定的作用。除此之外，农场的发展对于农业的带动也起到了重要的作用。

1. 提供游客回归农村的空间，带动农业经济发展

农村有丰富的资源与宽广的空间，可以发展休闲农业，为需要休闲旅游的人群提供游憩观光服务。同时也间接带动了农村农业经济的增长与面貌的改变，将一产与三产结合，拉动农村经济快速稳定发展。

2. 活用农村自然景观、田园与文化资源，促进农村景观保护、文化保护

新光兆丰农牧场将农村与农业经营和农业休闲结合发展，经过整理，将农村资源的可看性、乡土性、草根性、文化性及娱乐性充分挖掘与利用，并在吸引游客的同时提升了环境品质，维护了自然生态均衡。农场借助休闲农业相关知识的教育提高了人们对环境保护和生态保育重要性的认识，主动做好资源保护工作。农场通过寓教于乐的形式，让参与者更加珍惜农村的自然文化环境，激起人们热爱劳动、热爱生活、热爱自然的兴趣，进一步增强人们保护自然、保护文化遗产、保护环境的意识，促进绿色农业的发展。

3. 增加农村就业机会，并提高农民所得条件

新光兆丰农牧场的发展，为许多农民或待业青年提供了参加经营的机会，并在实际发展过程中培育农村领导部落、带动产业发展。

4. 促进农村社会发展

新光兆丰农牧场的发展，除了增加农村就业机会、提高农民所得，还可以使农民体会农村拥有的自然景观、产业与文化的珍贵，而激发农村内部的

动力，让农民爱护农村、维护其产业与文化。

5. 改善农村生产结构

新光兆丰农牧场通过合理的劳力投入、地方特色资源的利用、有效的经营管理手段，将农业由初级产业向三级产业发展，使二者协调发展，互促前进。

第二节　走马濑农场

走马濑是平埔族台湾方言的音译；农场的宣传语是“休闲度假到农场”。

走马濑农场位于台南县大内区大浦溪和后堀溪交汇处，三面环山。虽然山隔水阻，自然景观却得天独厚。走马濑农场以专业种草起家，再转型升级为观光休闲农场，由台南县农会于1988年独资开发经营，是台湾第一家休闲农业主题游乐园，也被认为是台湾休闲观光农业经营运作的成功模板之一，如图7－9所示。

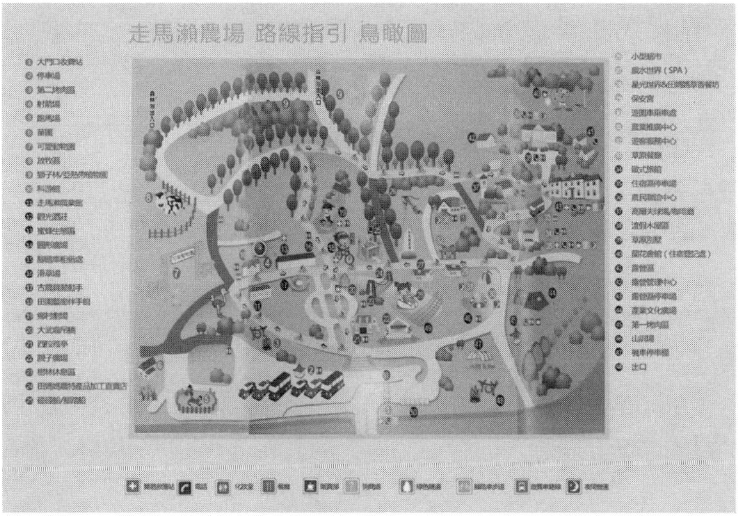

图7－9　导览图

走马濑农场占地面积近120hm^2，融合了草原、山林、河川景观于一体，并且农场设置的多元化软件服务及硬件设施，能够满足各年龄层的需求，目前已成为台湾民众度假的好去处，每年有数十万游客进入农场参观，回头客众多，这种重游意愿的创造，正是走马濑农场与众不同的特色所在。

一、项目内容

走马濑农场内以新西兰热带观光农园为主题，广植盘固拉牧草，除了饲有牛、马等牲畜，还拥有超过150种野生动物，其中甚至还有11种名列保育之列。此外，植物林相多元，包括台湾榄仁树、火焰木、桃花心木、马拉巴利、光腊树、枫树林等，风貌各异，四季景观俱佳，如图7－10所示。

除自然资源外，农场也精心规划出农业馆、田园艺廊、乡村剧场、放牧区、本土动物园、药草区等游赏区；并设有南瀛酒庄、草原餐厅、田妈妈香草餐坊、田妈妈土产餐厅等餐饮服务区。分成一般游憩、果园游憩、牧场游憩三大系统。

（1）农场标识　　（2）红宝石芒果雕塑

图7－10　农场主题印象

1. 农牧特色

规划设置的果树、放牧场、苗圃、生态园林及观光果园，非常适合市民前来体验田园乐趣。40hm^2 的盘固拉牧草区，是经过设计的人造草原景观，呈现出温带草原的牧野风光。

2. 乡土文化

为纪念并保存人文资源，农场已着手兴建农业馆、田园艺廊、保种动物园、乡村剧场，期望能在农业气息中呈现文化与民俗的风貌，如图7－11所示。

（1）景观小品　　（2）休息区景观

图7－11　农场景观

3. 游乐世界

走马濑农场规划了20余项娱乐项目，从农业性的牛车、骑马、滑草，到人体动力的协力车、越野车、体能场，水上游乐的水踏船、三轮船以及具有大型滑道的戏水世界，满足各年龄层的游乐需求。

4. 渡假小木屋

已被交通部门列入台三线游憩系统的度假中心，现有的住宿设施采多样化设计，有闽南式三合院、草原小木屋、农舍型农村小筑及欧式套房，以及欧式造型的度假旅馆。此外，经露营协会评定推荐的设施露营区可容纳2000人同时露营，在家庭露营旅游正兴起为度假主流之际，完善的设施营地是最佳选择。

5. 新潮会议厅

配合度假会议的需求，农场有两大两小四个会议场所，备有现代化会议设施，可容纳400人住宿。两个大餐厅供应乡土料理，配备夜间娱乐设备，是良好的会议、讲习、训练场所。

6. 特色活动

走马濑农场一年四季都有特色活动。举办“啃食”牧草、香草和药草为主的“草食节”；在夏天“流星雨时节”农场推出了“千人共睡一张床”计划；农场从香草植物里提炼出玫瑰花、迷迭香、熏衣草等各种精油，游客再根据喜好自己调配香水，这一系列活动都很受游客青睐，如图7－12所示。

二、经营管理

（一）经营主体

走马濑农场经营主体为台南农民会（农民团体），由最初的专业化经营转向复合式经营，不断完善综合的体验内容。

台南市农会经营的走马濑农场，为台湾老字号农场，早年以养牛为主，农场拥有大片草原种植牧草。如今牧草不仅喂牛、喂兔子，也做成牧草面和牧草馒头，让游人品尝自然滋味，也让游人体验滚牧草的趣味。

（二）经营效益

1. 盈利模式

走马濑农场是休闲性的主题农场，以牧场和牧草为主导产业，农场1988年对外营业，目前农场发展以农业主题性游乐项目为主，以生产为辅。目前，农场的总收入约2～3亿新台币，130个工作人员，不含外包的餐厅业务。收入来源主要为门票、住宿、餐饮、游憩，盈利方面以住宿和餐饮为主，游客在住宿和餐饮方面的消费比例为55∶45。

（1）田妈妈草香餐坊　（2）土产教室

（3）芒果主题馆　（4）芒果冰店

图 7－12　农场特色活动

2. 主要游憩项目

农场最吸引人的项目是滑草。游客可在农场的大草原看到牛马，在树林、果园、菜园、植物园和林间步道中看到鸡、鸭、鹅与兔，在光腊树林间可觅寻独角仙与锹形虫，还可以捉蟋蟀。据调查，走马濑农场有 150 余种野生动物，其中许多还是保育类动物。农场还引进热气球、马术秀和特技秀等项目，如图 7－13 所示。

3. 住宿

农场共有住宿客房 220 间，兰花会馆 107 间，住宿率为 50%，房间平均单价为 3000 新台币/天；每年 1.2 亿新台币的住宿收入。

4. 客群特征

农场主要客群为学生团体、大众旅游；客群主要以成年人为主，同时也设置了很多针对儿童和老人的活动项目。农场刚开始运营时游客量能达到 120 万人次/年，随着的竞争者的增多，目前农场的游客量维持在 50 万人次/年。在台南冬季热气球季，农场可以聚集 30 万～40 万人次观光，农场每天的游客量约 1 万人次。

（四）宣传方式

由于农场是老字号，因此并不需要做太多的广告媒体宣传。主要宣传方式为通过举办大型活动、策划主题项目，让媒体自己来报道；另外还有芒果季记者会、电台广告、Facebook 宣传等。

（1）蜜蜂养殖场亲子广场

（2）戏水世界　　（3）射箭场

图 7 – 13　农场游憩项目

（五）部门设置

农场设有“五官”，即产、销、人、发、财五个部门。各部门分别负责一个相应的版块，由各部门的主管定期进行会议讨论，制作农场的策划和研发计划等。

三、启示借鉴

走马濑农场最早以专业种植牧草起家，而后转型升级为多产融合的观光休闲农场，并且成为游客一游再游的度假好去处。不仅是由于农场具有得天独厚的自然景观，更为重要的是农场多样多元的软件服务、硬件设施以及别出心裁的项目设计，如图 7 – 14 所示。

农场设置的一般游憩、果园游憩、农牧游憩三大系统基本能满足所有年龄人群的休闲娱乐需求。农场的特色活动“千人睡草地”对夜晚只能看到城市霓虹灯的游客而言无疑是一种惊喜；香水 DIY 则捕捉到了城市白领对手动劳作的好奇与想象，说明农场充分考虑了城市人群的心理需求。因此大陆休闲农业在项目设计时，应与市场需求结合，更多体现人文关怀，由跟随潮流逐渐向引领潮流的方向发展。

在经营模式方面走马濑农场近年来通过邀请国际马戏团、文艺演出团等方式来提高人气，以及开展接待团体、邀请学生或者一些考察团队等针对性推广营销活动，极大的提高园区的知名度和经济效益。对于大陆娱乐型休闲园区具有较大的借鉴意义。

（1）兰花会馆　（2）欧式旅馆

（3）农业推广中心　（4）度假木屋

图 7－14　农场项目设置

第三节　兰花探索世界

台湾兰花栽培历史悠久、品种繁多，产量及品质在国际均上被肯定。但因生物科技的进步，大量组培苗的不断繁殖，影响了兰花新品种的研发，为了确保台湾兰花的优势，必须不断的开发新品种。

台湾兰花育种人才辈出，有丰富的兰花种源和高超的育种技术，以前大家默默耕耘、单打独斗，为了结合各界资源，团结力量，让志同道合的育种家有一个交流、研究的平台，使兰花产业可持续发展，建设了兰花探索世界，如图 7－15 所示。

一、项目内容

“兰花探索世界”由台湾兰花股份有限公司投资建立。该企业位于台南，是一家在台湾上市的公司，年销售额数十亿新台币。按照大陆对旅游的分类，这个园区应该叫“现代农业旅游”项目或者“文化创意旅游”项目。

兰花探索世界，前身为兰花生物科技园区，从展览产地转型成观光休闲

（1）入口大门　　（2）合影墙

图 7－15　入口主题景观

园区。其共分为四大主题区，分别是兰花探索世界、兰花城堡、台兰广场及兰花公园。“兰花探索世界”是全球最大的兰花基地，占地面积 200hm^2，是世界唯一结合精致农业、生物科技与文化创意三大旗舰产业的兰花观光园区。“兰花探索世界”有兰花主题馆、大型兰花造景特展、介绍珍贵兰花成长历程的兰花梦想工厂、兰花 DIY、兰奇迹保养品、兰花冰淇淋及餐厅。

兰花城堡有兰花故事屋、保养品专柜、兰花文化商品概念店及兰花相关资料，如图 7－16 所示。

（1）兰花城堡知识科普　　（2）兰花展览

（3）艺术景观走廊　　（4）复合式餐厅

图 7－16　兰花探索世界景观

兰花城堡入口右侧主要介绍兰花的相关资讯、台湾地理位置及气候。冬季低温易诱导花芽分化、抽梗、开花，可形成台湾春天蝴蝶兰满园盛开的特有景观，如图 7－17 所示。台湾年平均温度约 22.5℃，非常适合蝴蝶兰苗的栽培，这个温度不仅可以节省加温费用，还可缩短栽培时间，降低生产成本。自 1988 年起，兰花从业者利用本地的天然气候优势及育种、栽培技术、病虫害防治、温室环控、生物技术等先进技术资源，以企业化经营蝴蝶兰产业。蝴蝶兰王国每年的外销金额均超过 10 亿新台币。

（1）兰花梦工厂组培展示　　（2）兰花生产

图 7－17　兰花探索世界生产场景

二、发展特点

兰花探索世界是台湾兰花生物科技园区转型成功后新开辟的观光休闲园区。兰花探索世界分为四大主题区，有强调兰花知识与趣味故事的“兰花城堡”、解开兰花生物科技奥秘的“兰花梦工厂”、用兰花带领时尚潮流的“水晶宫”，以及适合全家人一同玩乐的亲水“兰花公园”，另外还有兰花 DIY 教学中心、农特产品区、兰花美食体验区等，集观光、教育、产业、艺术、科技、人文于一身，呈现了多元而丰富的旅游主题。

三、经营管理

（一）运作模式

由台湾有关主管部门向糖业公司租用 20 年用地，并开发建设，目前已经建设到第四期。有关主管部门建设好基础设施后，交给民间企业经营管理，在园区成立公司。有关主管部门对租地有贴息贷款，园区管理企业引入了 63 家兰花生产企业，前期免收租地费用，之后根据企业经营项目再洽谈租金。63 家企业单独生产，由管理单位统一组织产品销售渠道。企业在 2003 年建设园区，2009 年转型为观光休闲产业。

（二）产值与产品

年产值约 30～40 亿新台币，计划目标为 60 亿新台币。产品以出口欧洲及美国为主，占产品总量的 90%。出口产品全部为组培苗，而鲜切花可在毕业季时出售，如图 7－18 所示。目前园区还发展工艺产品与化妆品。

目前企业在新疆、辽宁、重庆地区分别有合资公司。由所在地区负责建温室，企业出技术与管理，进行合作经营。

（1）盆花销售　　（2）资材销售

图 7－18　主题产品展销

（三）展会

每年 3 月第一个周六，企业会举办国际兰花展，展会时间为 10d，客流量为 20 万人/d。

（四）用工

由 15 个工人管理 3 个生产温室，只有一个温室用于兰花展示和兰花超市，其他温室均以生产为主。服务人员全部身穿印有兰花的服装。

四、启示借鉴

在中国传统文化中，兰花是君子的象征，极具文化含义。如何提升兰花的文化内涵，延伸兰花的产业链，这家公司动了很多脑筋，而且做了很深的挖掘工作。例如，针对名贵的兰花品种，公司借助克隆技术，进行车间繁殖，不但提高了产量，缩短了生产周期，而且通过无性繁殖确保对品种控制的优势地位，且游客可以通过参观通道来增长见识，游客还可在这里买到各种兰花盆栽。此外，还有各种兰花产品，如兰花冰淇淋、兰花装饰品、兰花香水等。游客在这里不仅可以参观、体验、还可以采购，更可以树立对兰花品牌的信心。就像让游客买门票来接受广告宣传一样，使其在享受和放松的过程中接受广告。

把一支兰花做成一个大产业，不但要挖掘文化内涵，更要注重培育科技含量，还有要丰富的产品形态。

第四节　南元休闲农场

南元休闲农场位于台南县柳营乡，从台南市六甲区往楠西、曾文水库方向 3km 处的 174 市道旁，距离“国道 3 号”乌山头交流道车程约 5min，交通便利。该农场由南元纺织公司经营成立，原为南元纺织企业提供给员工休闲聚会的场所。农场经营者一方面有感于休闲产业逐渐兴盛，一方面基于分享，在几十年前扩充范围，提供一般游客入园游憩服务。目前全园占地面积约 30 多 hm^2，且规模在持续扩大，经营方式以尽量保持自然生态为原则，活用大自然的原始景观及农村田园文化资源，顺应自然、将上天赐予的瑰宝转化为现代人游憩、饮食、休闲的用途。

园区内约有 2000 余种植物及花卉，分布寒带、温带、热带植物 20 万余株，并拥有长达 10km 的林荫步道，花木扶疏，景观优美。多样的植物也孕育出 150 种以上的保育鸟类及多种昆虫，自然生态可谓丰富，并设有专业解说员介绍，提供绝佳的户外教学与休憩场所。最具特色的是 7 个天然湖泊，每个湖泊各自发展出不同的特色。此外，广大的草原是农场中的一大特色。南元农场提供住宿及餐饮场所，同时拓展异业结盟，发展婚纱摄影，喜宴、蜜月等婚庆业，并提供客人自由采摘及当场烹煮的休闲养生体验。

一、项目内容

1. 南元休闲农场生态系分析

森林生态系内拥有植物多达 1000 多种，堪称生物界大观园。

湖泊生态有 7 个天然湖泊，即天鹅湖游艇湖泊区、水上高尔夫球湖泊区、钓鱼湖泊区、水上动物岛湖泊区、垂榕湖泊区、野鸟观赏湖泊区和瀑布观景区。

农田生态系内有广大的草原及仿照台湾全岛地形的岛屿，上面栽培了台湾各县市所代表的花卉植物及呈现台湾主要溪流的分布，在岛上可以摸鱼、捉泥鳅、摸牡蛎等；岛上有农耕区即蔬果农作物示范栽培的展示区；竹屋则是古式台湾建筑；鸟园、动物岛备有专业解说员，介绍农场内珍贵的保育类动物及鸟类；还有台湾少见的湖上高尔夫练习场。

2. 南元农场资源分析

南元休闲农场拥有奇特的地理景观，这里不仅拥有丰富的自然资源，更利用特色文化资源及具有标志性的产业资源为游客打造了一座绿色的知识宝库。

（1）天然观光资源

①天鹅湖游艇湖泊区　游客可搭乘汽艇船游湖，或划小船欣赏湖滨风光。

更有黑天鹅、夜鹭等众多保育类动物。

②水上高尔夫球湖泊区　全台湾少见的水上高尔夫，游客可体验水上挥杆的乐趣。

③钓鱼湖泊区　游客可自备钓具或现场租借钓具，均可免费在湖边垂钓。

④垂榕湖泊区　是歇脚的最佳选择处，游客可在这里享受日光浴。

⑤野鸟观赏湖泊区　游客可观察鸟类的差异，飞行姿态及捕食方式。

⑥水上动物岛湖泊区　在猴子、水牛、山羊居住在小岛上，人们可以在岸上观看动物们的有趣行为。

⑦青青草原　宽敞无比的大草原，游客可以滑草、开卡通车、放风筝、翻滚、骑脚踏车等。

（2）生态观光资源　农场利用场地现有的植物资源与动物资源打造环境景观，通过人为设计与打造进行分区，营造出一幅幅绿意盎然的生态自然景观。如茄冬区、杏花区、桃花心木区、桂花迷宫区、古奇木区、七里香区、花卉区、桑葚区、山苏区、鸟园区、昆虫区、蝴蝶区及其他动物区等。

农场的植物资源主要包括黄虾花、红昙花、枫树、绣球花、绣球樱花、牡丹、芍药、马来莲雾、郁金香、菊花、胭脂树茶花、玫瑰、七里香、杏花、桂花等。正因为农场有如此丰富的农业资源，每到植物的观花、观果、观叶的时节，都会吸引人们前来观赏。如每年农历新年，农场的郁金香盛开，紧接着是樱花观赏等。冷天绽放的茶花，每年 11 月底开花，直到来年 3 月仍可见花容。

农场的动物资源主要有八色鸟、无色鸟、蓝鹊、彩虹巨嘴鸟、琉璃金刚鹦鹉等各种保育鸟类以及长臂猿、布拉曼牛、台湾山羌等。

（3）人文观光资源　农场内部除了利用自然生态资源打造景观环境外，更通过农场原有废弃设备重新改造设计及对传统雕刻艺术、手工艺品的场景再现，展示了台湾传统文化的精髓，增添了农场的文化气息。

在农场内玫瑰园旁，废弃的古井经过农场重新改造，化腐朽为神奇，让游客能亲身体验取水乐趣；此外还有古老的耕地农具，如牛犁、原住民常用来诱捕或放置鱼虾的鱼篓；能将谷粒与稻壳分开，选出结实稻谷的风鼓；在没有发明电灯时人们使用的电土灯；以及以前制糖厂使用过的巨大齿轮。

（4）产业资源

①农作物生产　农场除了对原有的植物群落进行改造修复以外，还人为种植可食用的养生农作物。如叶可入菜的茄苳；果实浓郁芳香，营养丰富的罗李亮果；农场栽植三苏及明日叶以供食用等。

②农特产品加工　利用园区特产的农作物加工制作成特色餐点。其特色在于农场将特色餐饮与园区百年树龄的树木结合，可看性强，配合着解说导

览的服务加深游客的印象，到了用餐时间，游客享用着由百年树木上摘取的食材烹饪出的美食特别吸引人。

3. 南元农场体验活动现状分析

南元农场的体验活动主要有娱乐体验、教育体验、美学体验等。

（1）娱乐体验　农场内有诺亚方舟大型舞台供团体活动使用；森林欢唱卡拉 OK、休闲麻将船、水上高尔夫、青青草原、回馈亭观赏动物、撞球、捉泥鳅、钓鱼等娱乐体验活动。

（2）教育体验　在农场中可体验钓青蛙；吊觇：一种古时捕鱼的技术；动物观赏等体验活动与植物与动物标本制作。

（3）美学体验　在特定季节，在农场中会得到拥有季相特点的美的体验。如秋季的枫叶书签 DIY、夏季的彩绘植栽 DIY 等，另外利用鸟类羽毛制作羽毛吊饰 DIY。

二、发展特点

南元休闲农场的发展模式是以环境观光、休闲体验为主的农业观光示范园区。园区凭借 $30hm^2$ 的森林及湖泊区的优美景观，以打造亚洲最美的花园为经营方向。农场在利用天然优良环境为游客提供观光项目的同时也为游客打造了一处寓教于山水的绿色天堂，一间没有围墙的自然教室。南元农场的经营者常引进特殊动植物，给游客提供观察记录动植物生长周期的条件，让游客亲手制作植物标本以留念；让钓鱼的游客亲自挖掘蚯蚓，以引导游客对不同土质松软度及水养份需要配合不同植物种植，如何保持水养份的知识宣传。同时农场提供欧式湖上木屋供游客住宿，并为住宿者提供夜间活动，经营者会请来街头艺人表演，这个生态环境优良的场所也是观察星象的好地方。农场可承办喜宴和蜜月宴，所用食材大部分来自农场种植的有机蔬菜，并主打养生产品。

农场主要的盈利方向为门票（全票 350 新台币/人、老人儿童票 300 新台币/人、团体票 300 新台币/人）、餐饮（中式自助早餐 150 新台币/份、合菜 2000 新台币起桌、风味餐 4000 新台币起桌、筵席 5000 新台币起桌）、住宿、会议、训练场地租用、婚庆场地租用、婚庆活动办理、农特产品售卖等。其余园内活动如植物园观赏、鸟园观赏、撑木筏、游艇环湖、钓鱼、骑自行车、泡茶、夜间体验、草原体验、游园导览等均免费，涉及设施租用会产生相应费用。

三、经营管理

农场主要的经营方向包括亲子度假活动、户外教学体验、场地租用、木屋浪漫住宿、嘉南风味特餐等。

1. 着力营销。通过新闻报道或旅游网站宣传农场。

2. 利用农场资源，节假日资源、季节特色等开发多样旅游产品。如农场推出“农场夏日总动员”活动时间为夏季一整季。12 岁以下儿童打扮成动物入园可享 100 新台币入场；指定餐饮区满 500 新台币，即可免费参与 DIY 巨嘴鸟帽子等活动；母亲节高档餐饮预订、无忧树赏花等多种形式活动吸引游客入园。

3. 维护自然生态保育，营造动植物可栖息、避难、繁殖、复育的场所。利用特殊环境条件吸引特殊需要与爱好人群，从而达到客户回游的目的。

4. 培养专业解说人员帮助游客对园区进行深度游览。

5. 结合环境与场地条件，进行活动承办，达到场所多用途利用，并增加农场收入。

6. 与学校、企事业合作，配合户外教学、干部训练营等活动，提供场地与服务，拓展农场盈利项目。

7. 农场票务结合旅行社及邮政代售业务，拓宽门票销售渠道。

四、启示借鉴

南元农场自身拥有丰富而完整的生物链，经营者在原有资源的基础上从世界各地引进稀有的植物或动物品种，进行培育，在丰富生物链的同时，也为当地的农业做出了新的贡献。如农场每年会进行茶花展，展出世界各地的珍奇茶花品种，并由台南县县长主持开幕式，同时也为摄影爱好者提供拍摄场地。

除此之外，农场地质环境优良，也为有机农作物的种植提供了良好的场地资源，提高了台南农业园区农作物的整体质量。

南元农场得益于台湾休闲农业发展协会的管理与支持，在自身农场发展的同时，也为台湾的农业产学合作提供资源帮助，培育休闲农业专业人才，为人才培育提供实习场地。

第八章
休闲农业区的发展建设

第一节　池上米乡休闲农业区

池上乡位于台湾台东县北部，北临花莲县富里乡，东邻东河乡，西邻海端乡，南接关山镇。该乡地处花东纵谷中部偏南，是由新武吕溪所冲积而成的肥沃平原，西有中央山脉，东有海岸山脉，气候属热带季风气候，雨量充沛，造就了闻名全台湾的优质池上米。乡内居民以汉族及台湾原住民阿美族为主，产业则以农业为主。总面积 82.6km^2，人口 9574 人。

最初，池上乡以种植甘蔗为主，由于土壤沙粒多，种出的甘蔗质量和产量都欠佳，居民难以温饱。

1950 年前后，自愿移居池上乡的台湾人克服艰苦的环境开始种水稻。“池上便当”因别致的香气口感，且用木制饭盒而逐渐闻名台湾。

直至 1993 年，三代经营米厂的池上米商梁正贤通过辅导农户采用自然农法推广有机种植，才使池上米坐上台湾有机米的第一把交椅。

在台湾农业蓬勃发展的大背景下，池上乡由原来的传统农业，逐步发展成为如今的精致农业。以当地闻名全台的池上米作为主导农业产业和核心吸引力，结合三生，精心建造原乡稻米馆、池上便当博物馆等旅游设施和农村生活体验的民宿，吸引了一大批城市青年到池上乡租种土地进行有机耕作、休闲游玩，在促进交流的同时也注重维护自然环境，带动其他农业产业（如水稻、油菜花）延伸至第三产业，进一步促进农业转型，如图 8－1 和图 8－2 所示。

一、项目内容

1. 池上便当

由最初街边小摊的竹叶包饭团，发展为后来的用竹片盒子装饭，再逐渐演变成现代化的池上便当，由此创立了池上便当文化，如图 8－3 所示。

（1）池上乡稻田风光　　（2）稻田观光

图 8－1　稻田生产景观

（1）稻米检验室　　（2）烘干工厂

图 8－2　配套生产设施

图 8－3　特色餐饮——池上便当

池上乡每年都组织“稻米品质竞赛”的活动，通过竞赛来促进当地米农钻研种稻技术，种出有机高品质的大米，稻田周边景观如图 8－4 所示；同时也起到了对池上乡稻米宣传的作用，稻米产品如图 8－5 所示。

稻米原乡馆　通过讲述种稻人的故事以及组织脱糠簸扬、洗米煮饭等体验活动，传承米乡文化精神。

（1）稻米达人标牌　　（2）田边景观

图 8－4　稻田周边景观

（1）特级稻米　　（2）稻米产品

图 8－5　稻米产品

2. 民宿文化

为来池上乡游玩的游客提供农村生活体验，感受当地客家文化、阿美族文化。

3. 油菜花季

围绕在民宿周边成片的油菜花地，开花时呈现一望无际的金黄花海。

4. 大坡池风景区

充分利用当地自然资源，成功复育新武吕溪的白莲莲子，发展为具有环境教育、生态休闲、自然景观等多功能的亲水公园，大坡池风景区如图 8－6 所示。

5. 台东农场

场史馆有丰富的古代农具，绿地上有现代农机演进展示，均富有教育与观摩的价值。

6. 台糖牧野度假村

园区占地面积 125 余 hm^2，设有牧牛区、蒙古风情区、花卉区、木栅动物园卫星园区、会议厅、住宿区、露营区、餐厅、牧场、动物园、青少年体训场、交谊厅、蒙古文物馆、贩卖部、咖啡屋等项目。1993 年 1 月成立“池上

（1）大波池景观

（2）大波池栈道

图 8－6 大坡池风景区

牧野休闲中心”，经营型态朝休闲与观光方向发展，2000 年增设蒙古风情区。

7. 池上蚕桑休闲农场

农场占地面积约 $53hm^2$，种植 $25hm^2$ 的桑葚、$12hm^2$ 的葡萄柚及少量的芒果、大白柚、泰国蜜柚、橄榄、梅子等，4 月上旬是桑葚及葡萄柚的盛产期，园区开放果园供住宿的游客免费采摘。

二、经营管理

（一）经营管理方式

池上米乡休闲农业区主要的经营方式包括休闲农场、乡村民宿、观光农园、教育农园、休闲牧场等，其休闲农业充分利用现代化的网络手段，建设企业网站，实行网上购销，方便了游客的查询和消费，扩大了客源市场。除此之外，由于重视企业间的分工合作和地区间的统筹协作，相当一部分休闲农业已经实现了企业化或是不同服务领域的合作分工，实现了观光、住宿、餐饮、娱乐、体验的综合发展。同时，注重有形产品和无形产品的结合，除了实物产品外，还有奇观、氛围和主题体验等“情景消费”的产品，有效地拓展了产业链，如图 8－7 所示。

（二）经营特色

1. 农场特色

池上米乡休闲农业区内拥有池上桑蚕休闲农场、稻米原乡馆、池上有机米专业区、油菜花季等丰富的农业休闲资源，如图 8－8 所示。在此基础上，区内另设有独特的农村生活体验，如平面茧生产、台东池上民宿等。这种经营方式能挖掘优势资源，发挥农村及农业资源特有的生物性、季节性和实用性来营造农场特色。

2. 生态旅游

池上大坡池风景区是花东纵谷平原主要的湿地，提供了鱼虾繁衍、鸟类

（1）休闲米厂　（2）池农美食养生餐坊

（3）稻米制作体验　（4）稻米文化展示

图 8 - 7　池上乡休闲项目

（1）池上米乡景观　（2）池上花海

图 8 - 8　池上乡田野风光

聚集的水鸟伊甸园，兼具人文和生态特色，将生产、生活、生态融合地区产业与观光资源，建构完成绿色优质休闲产业。带动了周边地区商业活动和区域环境美化、绿化，推动自然生态保育和复育，促进城乡交流，维护自然环境，提供生态旅游，如图 8 - 9 所示。

3. 健康养生

体验牧场生活，参观米食文化，池上米乡提供市民暂时脱离家庭与工作束缚的“第三空间”，提供新鲜空气、洁净水、有机蔬果、养身餐饮、体验教学及健身运动，并营造和善而富有人情味的社会情感，有利于游客身心健康，受到市民的欢迎。

（1）稻田骑行道　（2）伯朗大道景观小品

（3）池上稻田音乐盒　（4）田边俱乐部

图8－9　池上乡生态旅游项目

4. 数字营销

池上米乡的经营主体运用现代化的经营管理办法，在营销管理、财务管理、人力资源管理、策略联盟、餐饮管理、住宿管理等方面都进行了数字化的强化运维。这种利用现代化的网络手段，建设企业网站，实行网上购销的方式，方便游客的查询和消费，扩大客源市场。

5. 统筹协作

池上米乡在运营过程中十分重视企业间的分工合作和地区间的统筹协作，已有相当一部分休闲农业已经实现了企业化，或是不同服务领域的合作分工，实现了观光、住宿、餐饮、娱乐、体验的综合发展。

三、稻米一、二、三产融合的体验设计

（一）多措并举，做好稻米产品主业

池上米品质极佳，曾被称作“冠军米的故乡”。池上通过三方面手段进一步保证最佳稻米品质，并进行营销宣传，形成池上米的品牌影响力。

1. 产地论证，确保品质和身价

推动产地证明标识，池上米已经在台湾形成了良好的品牌印象。只要有池上米产地证明的标识，就代表值得信任的好品质。

2. 创新产品与包装，拓宽销售渠道

针对台湾主食消费量下降的趋势开发了特色衍生品，如米蛋糕和米冰淇

淋。外包装方面则挖掘特殊市场的潜力，如针对婚宴市场推出金属瓮、小木桶、手提袋和花布包装的婚嫁米，已成为婚宴热门伴手礼。

3. 多渠道营销，打响知名度

利用网络拓宽池上米的销售渠道，并采用记者会的形式发布“产地直销”的信息，以吸引更多眼球。

（二）全程做体验，以副业提升主业

如今的池上乡通过营造景观和推广休闲项目，已从单纯的农产品产出地跃迁成为全息化体验稻米魅力，集观光、休闲和教育功能于一体的“稻米首都”。池上乡每年能吸引约四五十万的游客前来观光旅游，观光行业产值约7亿新台币/年。从而，成功实现了从“冠军米的故乡”到“稻米首都”的成功跃升。

池上乡在发展稻米主业的同时，努力做精、做细的休闲旅游副业。主副业相辅相成，践行两大策略：坚持主业，专心做好米；全程做体验，以副业提升主业。

（三）体验设计

池上乡持续推广与稻米相关的休闲产业，围绕“米”全程做体验，从生长、丰收、加工到消费的全过程打造系列休闲旅游项目，吸引游客，真正实现“稻米首都”的地位。

1. 田间美景：打造绝美稻田，吸引游客徜徉其中

池上的稻田景观以伯朗大道最为有名。伯朗大道在规划之初就将当地电线杆全部置于山脚，塑造了一条没有电线杆的翠绿天堂路，绝美景观吸引了无数游人前来观赏。池上乡稻田中均设置自行车道路，游客可以租赁自行车、观光游览车来畅游稻田。

2. 丰收喜悦：稻田音乐节，乡间的视听盛宴

在生长的稻田中设置表演舞台，每到秋季稻米丰收时，池上乡就会举办“秋收稻穗音乐节”，在麦浪中的独特音乐体验吸引各地人群蜂拥而至，将一产和三产完美融合。

3. 加工体验：池上碾米厂，稻米加工全体验

米加工及其背后代表的米文化同样也能塑造成吸引物。池上乡碾米厂是全台湾最先进的碾米工厂，也是全台第一家稻米观光工厂。游客在厂内可亲身参与专业碾米加工制程，体验DIY爆米花、做米饼等各项稻米文化与农事活动，将生产加工与休闲体验充分融合起来。

4. 产品故事：饭包文化故事馆，传承池上稻米文化

池上饭包文化故事馆是一个互动体验式的博物馆，设有历史文化区、农田农具区、稻米文化区、池上饭包区及古早饭包区等展示区，游客可以了解

池上稻米文化，购买特色伴手礼。

5. 美食享受：美食与文化的结合，特色就餐体验

最独特的是饭包文化故事馆外还有两节火车餐厅，人们在故事馆里享受美食的同时也重温了饭包的故事，将一产种植与三产餐饮有机融合。

四、启示借鉴

强调配合农村生态环境及生活文化，具有农村气息的原始自然风味和农场特点，如介绍民风民俗、农业知识等具有乡土味的观光特色，使游客享受田园生活的乐趣。它的特点是规模大且具有浓厚的商业色彩，以拥有和利用天然美景为发展方向。

结合生产、生活与生态三位一体的农业，在经营上结合了农业产销、技工和游憩服务等三次产业于一体的农业企业，是农业经营新型态，具有经济、社会、教育、环保、游憩、文化传承等多方面的功能。

综合利用当地资源，由农业延伸至服务业的新产业，推进农业产业转型。发展工业、商业、服务业，使农村迅速向城镇化迈进。

创新经营管理——建立网站，实现企业化，或是不同服务领域的分工合作，实现观光、休闲、体验、教育、住宿、餐饮和娱乐的综合发展；产品经营多样化，除了实物的产品，还有奇观、氛围、风景和主题等“情景消费”的产品。

提升产业定位、完善产业策略、建设创意高地、打造主题精品、推进跨界融合。

（1）吉祥物　　（2）稻米礼品店

图 8－10　池上乡主题伴手礼

第二节　中山休闲农业区

中山休闲农业区位于冬山河上游的宜兰县冬山乡，为冬山河发源地之一，

以中山村为主体，包括大进村、丸山村与八宝村，面积约 806 hm^2，目前产业数量 50 户，以种植茶树及文旦为主，多数为保护林地，是宜兰县内最好的生态旅游场所。村民利用干枯的河床放牛吃草，强调人文、环保的精神。

中山休闲农业区内栽种了 200hm^2 的素馨茶，为县内主要的茶叶生产区，区的整体意象以“一心两叶”为造型。近年来，结合生产、生活、生态资源，体验为主的休闲活动，欢迎游客来体验当地农村生活。

中山休闲农业区于 2001 年获准成立，是第一批核准的农业区，并在 2004 年获选为示范区；中山休闲农业区经营包含餐厅、休闲农场、观光果园、民宿等，共有 35 家观光相关从业者，以“柚香”“茶香”为基调，发展出各家不同的特色，赏柚花、喝柚花茶、柚子入菜、采茶、制茶、茶月饼 DIY、黄金蛋 DIY、生态导览等。

一、项目内容

近年来由于休闲农业的发展，乡内茶农纷纷投入转型经营的行列，提供游客品茗、采茶、制茶以及茶焗蛋等体验活动与民宿服务。

1. 农业产业

东山乡最初以树薯及甘蔗为主要农作物，并以提炼樟脑为业，二十世纪三四十年代，则改种番薯，在石头城中山桥附近设有一个站牌，为树薯和甘蔗的集散中心，并且有一条轻便的火车道，载运甘蔗到二级糖厂。

二十世纪五六十年代因有新寮瀑布的水灌溉后，才开始种植水稻，但是因为大部分为砂石地，农民一整完地就赶紧播种，否则当石头沉淀后就无法耕作了。

（1）茶叶　直到 20 世纪 70 年代，制茶厂师傅移居此地，将种茶及制茶的技术带进东山，由于米价太低，经济效益极低，于是居民纷纷“弃稻从茶”，逐渐转型生产茶叶，自此茶叶成为东山最重要的农业产业之一。

低海拔的宜兰地区因昼夜温差大、雨水充沛，适宜茶树的生长，而东山乡占宜兰地区茶园总面积的 1/3，东山乡以“素馨茶”闻名。近年来为了提高茶叶品质，只做春、冬两季茶。由于观光农业的发展，素馨茶已逐渐建立起知名度，不再需要外销他地，游客可以直接在这里喝到好茶、买到好茶。除了直接销售外，园区的茶庄及制茶场地也推出制茶体验活动、茶香生态旅游、茶餐小点、茶艺文化、茶园迷宫、茶园牧羊、茶浴、茶园住宿等活动。

（2）柚子　中山休闲农业区另一特产就是文旦柚。宜兰种植文旦柚最密集的地区就在东山，面积约 200hm^2，品质优良。观光果园除开展采摘外，游客也可认养柚子树，每年认养的费用有 1000、1500 及 2000 元新台币三种价格，平时由果农照顾，也欢迎认养人不时来园区看看，收获的果实都归认养人所有。

2. 项目内容

（1）游客服务中心　主要为游客提供咨询服务、解说服务、售卖全区套票及农特产品等，为对内和对外营运的统一窗口。

园区内包含休闲农场、观光果园、民宿、特色餐饮及茶园体验等，不断有新的从业者加入。整个休闲农业区的经营理念是资源共享，不是“小饼大家分”，而是“大饼大家做”，只要是社区的人就不分你我，共同打拼和共享成果。从业者除了积极开发特色产品外，并将地方特有的自然及人文景观的景点、有特色的店铺规划进来，设立咨询站提供游客查询，游客可以在每一处“这里是个好所在”的店家看到全区导览图，随时了解自己所在的位置及附近的景点。

游客中心还提供自行车、游园牛车，还有解说员沿途导览，可以更深入的认识园区。园区的活动类型有吃、玩、拿，吃有特色餐或养生餐；玩有制茶体验、绿茶饼、绿茶龙须糖及童玩 DIY 等。

（2）香格里拉休闲农场　该农场最初为果园，后转型为民宿，再逐渐转向休闲农场经营，是台湾休闲农场的先驱。园区分为住宿区、农村体验区、文化区及自然生态区。农村体验区里种植各种果树，番石榴、柑橘、柚子、桑葚等，一年四季轮番上市，果树种植未喷洒农药，游客入园后可现摘现吃。体验区可提供解说服务，让都市人了解平日常见的蔬果的生长情况，才不会有“西瓜长在树上”的错误观念；还有以废枕木、旧建材再利用搭建的原野体能场，让游客舒展筋骨、运动强身。

（3）三富农场　三富农场是由徐家三位兄弟共同创建的，过去农场生产柚子，后开始配合东山乡农会推展精致化农业，朝向休闲农业发展。

农场总面积 $14hm^2$，以生态教育、永续经营为发展目标，所有的植栽都不喷洒农药、广泛种植昆虫的蜜源及食草植物，步道、溪流及池塘均采用生态工法，让土地能呼吸，生物能存活繁衍。步道旁有很多圆形的桶用于收集雨水，还有农场主人精心设计的小型生态池，种养了水草和大肚鱼，利用生物防治方法抑制蚊虫的繁殖。

农场可以提供 170 人住宿，300 ~ 400 人的团体餐及 100 人的套餐，餐饮配合地方特产及农场资源开发四季不同的主题菜系。因东山产冬瓜闻名，所以农场推出冬瓜风味餐，每道佳肴都有冬瓜入菜，不仅增强了东山的印象，更让游客吃的健康。简餐也利用园区里的植物入味烹煮。农场主人选择了女性喜欢的浪漫紫色营造“紫屋咖啡”，紫屋的招牌是取材紫色的地瓜做成，极具特色。

农场利用柚子花研发柚花茶，柚子皮做石头饼及蛋糕，柚子果肉做柚子茶及柚香鸡腿，将园区的生产与餐饮结合起来。柚子种子可以 DIY 做盆栽，果皮做 DIY 手工香皂，让游客不仅可以看、可以闻，还可以吃得到、有得玩。

农场提供半日、一日及两日套餐形成，包括食、住、解说及各式体验活动。

（4）仁山植物园　仁山植物园前身是中山苗圃，早期主要生产推广造林的苗木，后来逐渐培育绿化的苗木，包括各种景观苗木和花草植物。2001 年政府开始积极规划，打造兼具休闲、生活、生态和教育功能的植物园。

植物园面积 102hm^2，是平原至浅山丘岭接壤的生态代表，生物资源丰富。据调查，植物约 400 种、昆虫类 180 种，鸟类 80 种，爬行类 39 种、哺乳类 11 种。规划了庭院植物区、大航海外来植物区、低海拔森林产业区、绿化中心植物展示区、迎宾入口意向区及侏罗纪森林植物区。园区为了推广自然教育，每逢假日还有志愿者提供解说服务。

（5）新寮瀑布　新寮瀑布源于海拔 986m 的新寮山，早年先民曾修筑水坝以供农田灌溉，后来在林务局罗东林管处修建后，摇身一变成为中山村最佳的休闲步道之一。步道全长约 2. 3km，就地取材修建。最前段是 150m 长的木屑步道，是利用锯木剩下的小木片铺设而成，具有透水、弹性等特性，如踩在厚实的地毯上。为了保留园区的自然景观，步道多以小石子、原木及当地的板岩铺面，不但让土地能够呼吸，还兼具脚底按摩的功效。步道为环形设计且平缓易行，步行全程约 1. 5h，老少皆宜。

（6）中山瀑布　冬山河的源头由五条溪流汇集而成，分别是新寮溪、旧寮溪、十三分坑溪、安平坑溪及照平坑溪，其中新寮溪、旧寮溪贯穿冬山乡，为当地方带来观光资源。

中山瀑布的知名度不如新寮瀑布，人烟相对稀少，对喜欢探密的游客而言是不错的选择。登山口在中山路的路底，需先穿过一大片的柚子园，当三月柚子花开时，空气中充满了柚花香，六、七月则彩蝶飞舞。

（7）峨山茶园　峨山茶园的老板经过反复不断的试验，采用水晶蛋的做法研发出好吃的茶熏蛋，形成园区的特色之一。老板娘对这项手艺一点也不藏私，大方地提供制作方法，让游客现场 DIY，不过为了节省时间，老板娘已经先将蛋腌好，游客则依个人喜好选择红糖及茶叶的比例来熏蛋。为；恶让游客能参与，老板还跑遍五金行，寻找适合的锅具，让每位游客都能感受到老板的用心。除了茶熏蛋，还有味道独特的茶花生，必须熬煮 1h，茶的味道才会渗透到花生里。茶熏蛋的体验活动因为制作过程繁复，所以限量供应，游客在等待熏蛋的时间，还可以品尝老板自制的茶及茶花生。

峨山茶园还是园区内绿化美化的冠军，老板细心的用竹子美化店面，并在周围栽种各式各样的草花，让游客享受乡村自然的风貌。

（8）馨山茶园　馨山茶园的主人制茶技术一流，参加过多次的茶叶竞赛，在宜兰县内更连续获得10多年的冠军。茶园主人不但制茶功夫了得，还发明了特殊的“冷冻茶”，即少了一道再烘焙的过程，以急速冷冻来锁住香味，因为香味特别浓厚，深受茶客们喜爱，茶园主人也因此获得十大杰出农民发明奖。馨山茶园也研发出以茶入菜的风味茶餐。馨山茶园还将茶融入龙须糖中，并研发绿茶龙须糖。

（9）芳岳茶园　芳岳茶园推出的“绿茶饼”，也是游客来到中山休闲农业园区一定要品尝尝的特色。

从早年约2hm^2的茶园，专心种茶、制茶，到转型从事休闲农业，为了让游客来此“有吃有玩还有拿”，在1994年将绿茶饼的制作转换成DIY活动，整个活动大约1h，一次最多可容纳40人。每个人现场都可以吃到1个老板娘亲手做的绿茶饼，自己DIY的3个绿茶饼则可以带回家慢慢品尝。

（10）明星茶园　本地茶叶以半发酵茶为主，因此发酵过程十分重要，要依赖师傅丰富的经验来控制湿度及温度，经过12～14h的发酵，进入杀青的步骤，再以300℃左右的高温来停止发酵，除去多余的水分及熟化，借高热放入揉捻机中以破坏叶面组织，使汤汁易于溶解，初干后放入布揉，使外观成半球形，再干燥后即为成品。明星茶园提供制茶体验活动，有两天一夜的“制茶之旅”及“单日制茶精华班”，从采茶、制茶到品茶“全套”体验，或是参加2h的“半套”体验，包括采茶（1h）、制茶过程解说（0.5h）及泡茶（0.5h）三部分，让游客亲身体验茶农的辛苦。

（11）一佳村　一佳村的老板早年是果农，果园以柚子为主。因为夫妻俩喜欢到各处品尝养生美食，发现大部分的养生餐都会有中药味，并不是所有的人都能接受，于是决定自己研发没有中药味的养生餐，以改变一般人对药膳的刻板观念，一佳村在2003年底正式开始营业。老板在自家的地上种了500余种的药草，都采用机栽培，最后筛选出15种药草，再配合当季蔬果入菜，以调理人体改善体质。

二、经营管理

（一）管理机构

中山休闲农业区17家农户采取抱团模式，成立中山休闲农业区发展协会，集体选举出总干事、理事、组长等，协会运行具有很强的自主性，既可以在税收、金融等方面为农民争取利益，也是政策的传递者，在官民关系中扮演着减震器的作用。

中山休闲农业区是由推动管理委员会、冬山乡农会、冬山乡公所共同经营推广。

花莲区农改场、茶叶改良场、产销班负责整个休闲区的产品精致化发展；罗东林管处、水土保持局、宜兰县政府农业局协助生态环境维护；社区发展协会、村办公室促进社区营造，使居民达成共识；另外休闲产业科也在很大程度上促进休闲区的发展。

（二）管理运作

由中山休闲农业区推动管理委员会进行整体协调，委员会起到对内整合资源、对外发展的作用。对内整合主要是通过对整个片区的SWOT分析后，制定发展策略，包括组织协调方案、交通引导方案、产品开发方案、空间营造方案。对外发展主要是与各级农会、乡公所、县政府、农委会进行联系，与社区结合、对接专家学者，并想办法获得企业协助，并负责全区的营销推广和通道建立等工作。

（三）农民培训

中山休闲农业区每年都会进行多次由主管部门组织的各类培训，大多数情况下由农民自己提出需求，农会再向有关行政主管部门提出申请，最后由有关行政主管部门派专家进行授课。

（四）讲解服务

每个农场都由农民亲自做导游，工作就是向城市游客“讲农村的事”，一棵树、一株草、一片叶子、一只飞虫都有故事可讲。

（五）发展愿景

营造一处适合人们感性旅游的休闲空间；建构一处农村居民安居乐业的生活空间。

（六）目标市场

根据中山休闲农业区生态条件、农业特色、当地经营人、人力结构稳定、文化与人情味、封闭型区位、区外交通便利、医疗资源丰富等特点，最终定位目标市场为国际型休养村。

第三节　华山休闲农业区

一、背景及现状

（一）区位与交通

华山休闲农业区位于台湾云林县古坑乡。古坑乡衔接南投县竹山镇与嘉义阿里山乡，西与斗六市、斗南镇接壤，南为草岭村鹿仔与嘉义县梅山、中埔乡为邻，北为棋盘村。为云林县辖域最广、山地最多的乡。邻近荷苞山的华山休闲农业区，地势较高，视野开阔，从高处眺望平地可欣赏彰化云林等地的平原，成为该景观最佳赏景地点。途经149县道，沿路种植的一些咖啡树成为新兴的产业。

（二）自然环境与景观

境内地形高低起伏大，区内山多平地少，全乡旱地仅5000余 hm^2，其余为山林地，故林产丰富，竹笋、菠萝、茶叶、柑橘、百香果等很有名，全乡地质属第三世纪中新世上部南庄层及桂竹林层，主要岩石包括坚硬沙岩、灰色页岩、灰色沙质岩等；溪流沿岸地区，有第四世纪洪积层岩，土壤主要由黄色灰化土与砂砾构成，属砂质壤土，黏性不大，土壤反应近于中性，因受地形与坡度影响，各处土层不尽相同，大体上坡度较缓处土层较厚，而较陡斜坡则土层浅薄。华山的夜景观赏区成为情人约会常去之处，人们可以边品尝咖啡边欣赏夜景，既浪漫又惬意。

（三）地区人文资源

以农业立县、横跨20个乡镇的云林，自然纯朴的农村风光与得天独厚的农产物品，一直以来都是云林人最引以为傲的资源。倚山傍海的地理优势孕育出各式农特产美食，如古坑的咖啡、台西的文蛤、口湖的马蹄蛤与台湾鲷、斗六的柚子、西螺的酱油、大埤的酸菜、北港的花生与香油等，每一样都代表了云林最具特色的味道，也是造访云林必带的伴手礼品。此外，云林拥有的庙宇数量更是全台之最，每年都吸引数以万计的人潮前来参观。当然，云林对文化产业的深耕也不能被忽略，台湾的布袋戏就是从云林开始发迹，扬名于世，也让云林县享有布袋戏之乡的美誉。

二、项目内容及特点

（一）项目配置

1. 古坑情人桥

人们走在狭窄的桥面，如走钢索般，面对重山环绕，仿佛飘摇在云雾间。

2. 草岭地质体验区

草岭位于云林县古坑乡，濒临嘉义、南投、云林三县边界，四周山重水复，地形略呈盆地状，村南、村北各有清水溪与内湖溪，两条溪流随着地势起伏，形成许多自然山水风景，再加上曾经多次坍塌，迫使山川变貌，更添奇景。

3. 荷苞山咖啡园区

位于古坑乡荷苞村的荷苞山，因山形似含苞待放的荷花而得此名。荷苞山海拔300m，环境及气候均非常适合咖啡生长。近来云林县政府积极发展咖啡产业。荷苞山有一处约2km长的步道，此区空气新鲜、环境清幽，沿途绿意盎然，到了四五月油桐花盛开时，景色更是美丽。走出石阶步道转而进入荷苞山的三角点，即看见一处地势平坦的石板步道，此处的景色非常优美。

4. 绿色隧道景观公园

位于斗六柴里桥的古坑绿色隧道，全长约2km，路两旁种植着约50年历史的芒果树，绿荫如棚形成绿色隧道。

隧道旁有沿路而行的小火车，其铁轨、车站、车厢都相当独特，因此古坑乡公所有计划将其景观结合小火车，规划为可供民众结婚的场所及文化景观公园。

5. 樟湖（樟湖国小化石展示馆）

樟湖连接了华山咖啡园区最末端的桂林村，这里因受地形影响得名。由于这一带为中海拔山区，云雾缭绕，坡度适合，成为古坑重要的产茶区。

6. 石壁生态休憩区

石壁的岩层以石壁仙谷为代表，绵延数百米宽的石床，号称台湾面积最大、最壮观的天然石壁。此外除了奇岩巨石外，还有多处景色优美的风景线。从东碧山庄左前方的花岗石阶往下走，可以通往游龙奇景；另一条线路由九芎神木入内可经原木步道贯穿连心池、观瀑台、石壁仙谷、卷龙潭等各处风景点的接点。

7. 草岭—幽情谷

幽情谷是以深切曲流、小瀑、急湍及幽静丛林而闻名的观光景点，因受地质构造影响形成独特地形景观。游客可坐在河床旁，静静聆听潺潺水声，身处在幽静的树林中，体会幽情谷的悠闲感受。

8. 华山休闲农业区

邻近荷苞山的华山休闲农业区，由于地势较高视野开阔，从高处眺望平地，可欣赏到彰化云林等地的平原，成了赏景最佳选择。途经149县道，沿路种植的一些咖啡树，已成为新兴的产业。

9. 蜜蜂故事馆

蜜蜂故事馆前身为茂盛蜂业，位于古坑绿色隧道的公园旁边，其创始人程盛先生养蜂多年，以认真的态度及专业的养蜂技术，生产出无添加果糖、不含香料和色素，是完全纯天然的蜂产品。

10. 石壁村—木马古道

古道位置在内湾村，约在20世纪30年代，意外发现山中有丰富的林木资源，也因此开始伐木，当时木材要运下山时，就是用“木马”载运下山，故以此命名。木马步道沿途是天然景观，有大片针、阔叶森林，沿线多座木桥更用现地倒伏桧木建构，行走其间有浓郁的芬多精，让人心旷神怡。

11. 涵园休闲中心（石头公园）

此地原来是一片柑橘果园，后期经过设计与修建，开拓了住宿区、游乐区、烤肉区等休闲设施，再加入亲子游乐的主题，是周末全家踏青的好去处。园内有许多不规则的天然奇石及一座石头庙。

12. 华山步道群

华山咖啡园区规划许多步道，蜿蜒在咖啡园区内。其中文学步道离华山游客服务中心最近，也是最易行走的路线，深受游客欢迎。园区内的步道可分为1号民宿步道、2号松脚步道、3号步道、4号系列步道、5号山猪湖步道、6号柿子步道、7号咖啡步道、8号汗路步道、10号系列步道、11号瀑布步道、12号原始步道、13号大尖山步道、14号教育展园步道等，游客可以挑选一条喜爱的步道。

13. 剑湖山世界

剑湖山世界是台湾的知名游乐园，位于云林县古坑乡，园区位于台湾云林县古坑乡永光村大湖口67号。全园占地面积60多 hm^2，1990年开幕，全面通过ISO9002国际品质认证。该园区是一个综合休闲、游乐、文化、科技四大功能的复合式游乐园区。2002年，完成剑湖山王子大饭店及夜间游憩公园“剑湖山园外园”的建设。

14. 青山坪咖啡农场

青山坪咖啡农场位于云林县草岭村，由于日照少、水分充足、氧温低，咖啡豆生长缓慢，豆内糖分高，果实硕大饱满。年度盛事有元旦赏梅；一月中旬至三月初赏樱，2km的樱花廊道，种植桃、李、樱等；四月中旬至五月底是萤火虫季，有萤火虫秀、萤火虫万花筒、萤火虫圣诞树、萤火虫放烟火等活动，游客可感受大自然的震撼；五月以后农场专心种植咖啡，致力生产好咖啡，认真烘焙出代表青山坪的风味咖啡。

15. 荷苞山地母庙

座落在荷苞村东南侧的荷苞山，是一座远近知名的庙宇。该寺又称灵台山建德寺，创建于1933年，后来几经修葺，至1969年重建，才呈现如今宏伟的规模。

16. 福禄寿观光酒厂

福禄寿酒厂有着引自玉山山脉经阿里山到华山的未受污染的雪水（朱公泉水）及以特等高梁、小麦等为原料所酿造的甘纯特级酒品。

福禄寿酒厂拥有天然的酿酒环境，传统工艺制酒加上百年老井古泉，酿出甘醇好酒，福牌高粱酒系列屡获世界烟酒评鉴机构金奖。为完整保留台湾制酒文化相关器具，有关部门于1996年10月20日设立“福禄寿酒博物馆”，使游客了解制酒过程及相关文化，全馆开放免费参观，团体可安排导览服务，另外设有DIY课程及竞赛活动，为游客提供寓教于乐的学习机会。

17. 剑湖慈光寺

慈光寺地处云林县古坑乡剑湖山，建于1966年，占地约1000㎡，灵山凝秀，前拥天然剑湖，终年活水映照天光，背倚剑湖山林荫云影，西眺壮阔嘉南平原，东有大尖山守护。

（二）发展特点

华山休闲农业区是中台湾赏景的好去处，尤其是夜景十分著名。

园区内景观咖啡馆林立，每间咖啡馆都各有特色，游客可随自身喜好，挑选一间咖啡馆停留，尽情品味咖啡、享受美食、观赏夜景。在华山休闲农业区，到处可以闻到咖啡香气，品尝正宗台湾出产的顶级咖啡。

二、经营管理

（一）经营管理方式

华山休闲农业区发展协会的前身为华山休闲产业促进会，最初是由蔡显勇老师所创建，成立至今已有近20历史，以此来统筹华山及邻近区域的民宿、餐厅、咖啡厅及咖啡农场，以推动休闲产业与自然资源共生共存的可持续发展计划。近年来，该协会连续举办了咖啡烘焙比赛、咖啡杯测课程和台湾咖啡节等活动，极大的提高了景区的知名度，并且逐渐形成了极具特色的发展竞争力。

目前约有30多家成员，均为华山及临近餐饮、民宿、农庄等相关从业者所组成，成员们全都为华山地区的可持续发展在不断努力；除了配合主管部门及各机关团体举办活动外，也不断的举办各项文艺与产业相关活动，向大众宣扬华山之美。

（二）产业经营

1. 特色产业：咖啡

华山休闲农业区是台湾咖啡的原乡，内部有多家各具特色的景观咖啡厅、咖啡农场，并举办以咖啡为主题的节庆活动、设计咖啡主题休闲项目等，如台湾咖啡节、咖啡烘焙比赛、烘焙教育课程、咖啡主题科普宣传等。

2. 传统产业

茶叶、槟榔、竹类、香菇、手工造纸等。

3. 休闲产业

夜景、咖啡香，可说是华山休闲农业区的最佳形容词。邻近荷苞山的华山休闲农业区，由于地势较高，视野开阔，从高处眺望，美景一览无余。华山休闲农业区内的景观咖啡馆林立，每家经营诉求的重点都不同，游客通过品咖啡、尝美食、赏夜景等，都能找到自己喜爱的咖啡馆。

第九章
台湾农业新特点与大陆休闲农业发展展望

第一节　台湾农业新特点

台湾农业面临气候变迁、粮食安全、食品卫生以及农产品贸易自由化的诸多挑战。近年来，台湾通过针对土地、农民及产业等农业的重要元素，推动调整方向，以提升产业竞争力，取得了初步的成果；同时也通过两岸咨商、科技产业化与推动农业增加值等方式，积极争取未来的发展空间。展望未来，台湾农业发展的新思维新趋势，通过创新技术，建构新价值链农业，让台湾农业能够可持续发展，也为大陆休闲农业发展提供指导借鉴。

一、创新思维，跨域合作

台湾的农业总体而言仍是以生产粮食为主，所以稻米产业是主要发展关注的方向。

台湾农业发展提出的新主张，即以新价值链农业发展，将生产型的农业转型升级，运用台湾农业研发优势创造价值，将一级产业发展为六级产业，让农业成为年轻人乐意从事的有活力、有竞争力的产业。

新价值链农业有两个重点，一是创新的思维，一是跨域的整合。台湾农地有限，以小农经营为主，农产品无法靠价格与其他地区竞争，唯有提升品质，结合技术、创意、文化形塑特色，才能创造价值，提升竞争力。要解决农业问题必须把外部的资源和观念带进农业。如年轻人会用创新与跨领域的技术来从事现代农业生产，有青年农民用 GIS 来定位他所有的耕地，一个人可以管理耕作 $120hm^2$ 农田，而传统的农民只能耕作 $1hm^2$ 甚至更小。如台北的微热山丘连锁，除了利用土凤梨的风味创造馅料的特色外，也运用其他领域的技术改良烘培模具与包装纸模，小小的一个凤梨酥融合了台湾农业的特色、科技研发成果与文化创意，进而创造了无可取代的价值。

二、提升农业附加值，加速产业调整

（一）三产融合，提升农业附加值

台湾有关行政主管部门陆续投入了大量的资源，去帮助青年的农民，让其以自己的想法从事农业。农业要蜕变并提升，从生产技术到经营管理均要吸收多元的知识，在多领域获取经验来指导管理，寻求解决复杂问题的方案。同样在销售层面也要吸引消费者，也需要创新与跨领域思维。

（二）建构创意发挥环境，加速产业调整

传统农业只注重生产层面的工作，而仓储、包装、加工、销售等都是归工商业而非农业范畴，新价值链农业即创新开放与跨域附加值。例如，台湾的农业机械是一个很特殊的产业，已经成为全球极有竞争力的产业。创意不应该受到局限，政府应该给予其发展空间。以萤光鱼为例，它是一项科技，也是一个产业。在整个产业链里面，除了培育新品种与养殖技术，还要有养殖设备，结合不同领域的技术与创意，就可以建构起产业价值链。我们可以看到荷兰、新西兰的农业一直在转变，这种转变的过程中加入了非农业的元素从而创造出新的价值与商机。

三、用科技创新引导农业的新趋势

台湾农业的发展已经不是单纯为粮食安全而工作了，而是开始用科技、创意引导农业发展，使之逐渐成为世界上更有竞争力的农业。

以兰花为例，兰花是台湾农业的亮点，最初在推动兰花产业的时候常常听到一句话“种花，怎么会吃得饱?”，台湾的兰花展目前是全世界第三大的兰展，而且有许多技术都创世界兰花之最，台湾兰花发展成一个产业后，还不断投入新的元素，且一直进步、创新，跳出了“农业只能生产粮食作物”的观念。发展兰花产业，不仅是种花、卖花，还发展了花器、培育介质、生物技术产品、储藏、运输等延伸产业。

农业技术套装的发展模式。台湾具有许多优异的农业技术，透过整合包装增加附加值，使之有机会商品化、企业化及事业化。

四、重视农业产业价值

（一）通过农业价值创造价格

通过改变旧思维，台湾农业突破了原有的框架，逐步脱离小农生产，从容地面对并很好地应对自由贸易的冲击。农业方面除了维持基本粮食生产，提供消费者粮食外，最重要的是将土地更有效利用，同时还不断地吸引年轻人进入农业。

通常，价格是影响产业获利的关键。好的农产品，通过跨域整合、创意增加附加值，可创造新的价值，获得好的收益。为扭转农产品低价的印象，有关行政主管部门期待通过青年从农、产销合作、安全农业与创意增加附加值等策略，为农业赋予新的生命。

（二）地产地消让农产品更有价值

地产地消的内容包括特色产业、安全健康、农食教育、休闲农业，都是对于台湾本土农业非常重要的概念。长久以来，台湾以产量及价格为目标，农业必须去创造其价值，消费者的肯定才能有好的价格。在地产地消的做法方面，台湾的农业组织就协助消费者了解与辨识台湾生产和国外进口产品的差异性，并建立便利的购买通道，让消费者可以安心地买到优质安全的当地生产农产品。

面对气候变迁、贸易自由化带来的新冲击，台湾农业主管部门通过创新跨域整合、持续领先，不断促进农业产业的可持续发展之道。同时，也通过各项跨领域人才培训，为农业发展注入重视效率、创新及追求竞争力的思维，展现台湾农业优势，创造新价值链农业。

第二节　大陆休闲农业特点

一、类型多样

我国大陆休闲农业发展起源与农产品的生产，最初发展形式为农产品生产成果观光或高科技农产品生产观光。以农产品观光为基础的农业休闲项目发展起来后，又相继发展农产品采摘、农产品加工体验、农业景观休闲、农居住宿等多种休闲体验形式。目前休闲农业已从单一的农业产业休闲内涵扩展到乡村文化、乡村生活体验及乡村度假等多项内容，从而标志着休闲农业在随着人们的精神追求的提高及休闲标准的改变其内涵与层次再逐步提高，内容也在不断变化。总体可以将休闲农业概括为观赏型、体验型、度假型等。为满足不同层次人们对休闲农业的需求，目前休闲农业产业主要包括农业观光采摘、农业科技观光、农业生态观光、农家乐、民俗文化、农业庄园、古镇新村和自然景区等 8 个类别。

二、发展速度快

以浙江省为例，1995 年以前，浙江省仅有休闲农业点 22 个，2006 年就达到 422 个。从类型看，发展最快的是农家乐。根据 2008 年中国休闲农业网公布的资料，2005 年以前休闲农业是以传统农业的观光采摘为主，占 69%；

近几年各种类型的休闲农业均呈现迅猛发展势头，尤其是农家乐形式的休闲农业发展较快。

三、新格局形成

从距离与方位格局上，近年来休闲农业慢慢从开始阶段的分布于大城市周边地区向中、小城市发展。在方位上也逐渐由近郊向中、远郊区过渡，在城市周边50km以内形成以观光、采摘、科教、餐饮、购物、娱乐为主要内容的休闲旅游圈；在城市周边50～150km以内，形成以观光、休闲、体验、住宿为主的休闲旅游圈；城市周边150～250km以内，形成以休闲、度假为主的特色旅游圈。

从农业依托对象的格局上，休闲农业近年来大力与旅游景区合作，将农村经济发展与景区旅游开发相结合，通过多种渠道与多种方式积极吸引游客，引导村民参与旅游服务业，带动农村经济发展，走乡村旅游致富道路。

四、走向规范化

近年来农业部门与旅游部门对休闲农业的重视与规范化管理，制定了农业旅游与民俗旅游的评定标准，使休闲农业逐步走向规范化与专业化。

第三节　大陆休闲农业借鉴台湾发展经验

一、注重自身特色与内涵的体验式休闲农业

台湾休闲农业发展近五十年的时间，不管是从单一休闲农场还是休闲农业区，都已经总结了很多经验。台湾发展休闲农业，非常注意凸显自己的地域特色和文化内涵，这样的休闲农业才更加具有生命力和竞争力。

大陆休闲农业在这方面相对欠缺；与传统的以农家乐为核心的休闲观光农业相比，体验式的休闲观光农业脱离了单一的观光休闲模式，利用农村特有的自然资源和人文景观，以居住在特定范围内的城市居民为核心客源，以保持原生态风貌、参与原生态活动为中心，以满足休闲、教育、娱乐为目的，所进行的包括娱乐、劳作、科教、民俗等复合型的休闲观光农业活动。

二、维持乡土特色

通过台湾休闲农业的研究发现，休闲农业有别于一般休闲旅游业，它必须是以农业为基础，运用特有的乡土文化、乡土生活方式和风土民情去发展，在经营上，注重农业经营、解说服务、体验活动、民俗文化活动，在整个观

光游憩的空间系统中显现它独特的风貌与特色。

随着社会经济的发展，大陆的人民生活水平的提高，人们对休闲农业的需求也会随之改变，将会从追求低廉物品“价格取向”的消费形态，转向追求“精致、高级、真材实料及个性化取向”的商品消费形态。因此，维持乡土特色，配合当地传统文化、景观与自然环境条件，相信更经得起时间的考验。

三、营销策略更加强化

从传统的农业生产转型为以服务理念为主的休闲农业，不论是观念还是做法都与传统农业产销工作大相径庭，所以，一般的经营者缺乏市场导向的观念及营销实务经验，无法针对市场需求确立营销策略，开创消费市场。

根据台湾休闲农业发展的特点，大陆未来休闲农业经营要加强游客消费行为分析，针对不同社团、不同年龄层、以及不同教育程度游客需求，规划活动提供服务。根据资源特性，规划设计体验活动。依据成本及竞争两个因素，并考虑休闲农业市场提供产品与服务品质，合理定价。选择效果最大的营销策略，直探市场，确实掌握顾客，并节省时间与成本。善用推广策略，慎选媒体，以最低成本达到最好的促销效果。

借鉴台湾休闲农业区的做法，大陆休闲农业经营加强策略联盟或连锁经营，休闲农业园之间或景点之间资源互补互利，避免恶性竞争，以达到双赢的目标。通过游程的适当规划以及活动项目的妥善安排，满足游客多样性与多面性的需求，才能获得消费者支持。

四、规模化发展

根据台湾发展休闲农业的经验，休闲农业区在半径为 29.5km 的区域才可以发挥最佳经济效益。到目前为止，大陆农业旅游区都没有达到这个规模，这就给我国大陆休闲农业的发展留下了空间。

目前，休闲农业已成为横跨农村一、二、三产业的新兴产业，是产业融合的典型发展模式；良好的市场发展环境，使休闲农业显示巨大的发展潜力，投资热潮逐渐显现，相信未来休闲农业会向着规模化、效益最大化的方向发展。

参考文献

[1] 段兆麟. 休闲农场经营管理［M］. 2012.

[2] 段兆麟. 休闲农业——体验的观点［M］. 第二版，华杏出版社，2011.

[3] 郭焕成，郑健雄. 海峡两岸观光休闲农业与乡村旅游发展［M］. 北京：中国矿业大学出版社，2004.

[4] 郭焕成，郑键雄，任国柱. 休闲农业理论研究与案例实践［M］. 北京：中国建筑工业出版社，2010.

[5] 任国柱，吕明伟，郭焕成. 休闲农业园区规划设计［M］. 北京：中国建筑工业出版社，2009.

[6] 李园园. 闽台休闲农业对比研究［D］. 福建农林大学，2013.

[7] 赵航. 休闲农业发展的理论与实践［D］. 福建师范大学，2012.

[8] 翁廷燊. 台湾休闲农业游客行为与市场细分之研究［D］. 中南大学，2005.

[9] 李长增. 天天有机农场盈利模式优化研究［D］. 中国地质大学，2013.

[10] 范水生. 休闲农场规划的理论与方法研究［D］. 福建农林大学，2007.

[11] 王锦. 长沙休闲农庄的 STP 战略研究［D］. 中南林业科技大学，2012.

[12] 段兆麟. 台湾休闲农业发展的回顾与未来发展策略［J］. 农政与农情，2007（177）：64－70.

[13] 段兆麟. 透视台湾休闲农业［J］. 农业世界杂志，2005（260）：68－76.

[14] 段兆麟，封淑娜. 我国大陆与台湾地区休闲农业发展比较之研究［J］. 台湾农业探索，2016（4）：6－11.

[15] 段兆麟. 休闲农场运用农业与农村资源营造特色［J］. 北京农业职业学院学报，2007（6）：14－17.

[16] 段兆麟. 台湾休闲农业发展的思路与实践［J］. 海口经济学院学报，2010（6）：56－59.

[17] 段兆麟. 体验经济与休闲农业［J］. 台湾农业探索，2003.

[18] 段兆麟. 海峡两岸观光休闲农业发展之比较［J］. 中国供销商情，2004.

[19] 郭焕成，吕明伟. 我国休闲农业发展现状与对策［J］. 北京第二外国语学院学报：旅游版，2007（1）：66－71.

[20] 郭焕成，吕明伟. 台湾农业旅游与休闲产业的发展经验［J］. 海峡科技与产业，2006（6）.

[21] 郭焕成. 我国休闲农业发展的意义、态势与前景［J］. 中国农业资源与区划，2010（01）.

[22] 蔡建明. 台湾休闲农业与推动晋江乡村休闲——赴台休闲农业考察报告［J］. 台湾农业探索，2009（1）：32－34.

[23] 姚梦麟. 对中国大陆休闲农业发展的若干思考［J］. 福建农业科技，2011.

[24] 王丽. 台湾休闲农业的 20 个特点［J］. 农家参谋，2012（8）：46－47.

[25] 陈美云. 台湾休闲农业的成功经验及对大陆的启示［J］. 科技情报开发与经济，

2006（2）：119－120.
［26］李飞．台湾休闲农业的发展模式及其对大陆的启示［J］．东北财经大学学报，2008（3）：67－69.
［27］吴建强．台湾休闲农业发展对四川的启示［J］．调研世界，2012（11）：38－41.
［28］刘红霞．台湾休闲农业经营管理模式对海南的启示［J］．现代经济信息，2013（22）：150－151.
［29］何彪．我国休闲农业发展探讨［J］．农业经济与科技，2011（8）：39－41.
［30］冀献民．中国休闲农业的现状与趋势［J］．中国农学通报，2007（12）：456－460.
［31］曾晓光．可持续农业的发展及两岸合作的前景［J］．台湾农业探索，1997（4）：4－8.
［32］单玉丽．台湾建设“富丽农村”的政策措施及其启迪［J］．台湾研究，2006（5）：33－38.
［33］单玉丽．台湾生态农业发展及其借鉴［J］．福建论坛（人文社会科学版），2013（12）：151－156.
［34］陈彤．台湾有机农业发展特点与启示［J］．台湾研究，2013（3）：35－38.
［35］刘伟明．以循环经济理念发展生态农业的主要技术模式［J］．台湾农业探索，2007（1）：59－62.
［36］卫华．台湾休闲农业的发展及启示［J］．经济动态，
［37］胡冰．台湾休闲农业的发展历史与现状［J］．西安邮电学院学报，2007（4）：96－99.
［38］张健．台湾休闲农业的发展与启示［J］．中国农学通报，2011（11）：288－291.
［39］吴抒玲．台湾休闲农业的经营策略分析与典型案例介绍［J］．台湾农业探索，2012（4）：11－13.
［40］余大杭．台湾休闲农业理念在泉州的应用探索［J］．台湾农业探索，2006（4）：15－17.
［41］严杰．台湾农家乐经验及对浙江农家乐提升发展的启示［J］．新农村，2011（4）：5－7.
［42］姚莉．台湾特色农业产业化探析——基于2012年12月赴台湾的学习考察［J］．安徽农业科学，2013（7）：3174－3178.
［43］耿红莉．我国台湾地区休闲农业体验活动的经验及启示［J］．北京农业职业学院学报，2011（3）：16－20.
［44］尹怡然．考察台湾休闲农业［J］．广东科技，2017.
［45］余国扬．考察台湾休闲农场——发展广州农业旅游［J］．广州大学学报（综合版），2001（3）：5－9.
［46］杨明贤．试论休闲农场的解说导览系统规划——以台湾北海岸为例［J］．乡村旅游与新农村建设，
［47］程宇航．台湾的休闲农业［J］．老区建设，2012（3）.
［48］朱彦慧．休闲农业园区经营管理研究［J］．现代农业科技，2013（12）：279－281.
［49］李宗儒，黄静瑜．建构休闲农场体验活动标准作业流程之研究［J］．农林学报，

2011（3）：31 –50.
[50] 曾玉荣，周琼，李晗林．台湾休闲农业区发展历程、建设布局与借鉴［J］．福建农业学报，2012（12）：1383 –1390.
[51] 王云才，许春霞，郭焕成．论中国乡村旅游发展的新趋势［J］．干旱区地理，2005（6）：862 –868.
[52] 郭焕成，吕明伟，孙艺惠．生产•生态•生活——“三生”一体的台湾休闲农业园区规划与建设［J］．中国园林，2006（6）：16 –20.
[53] 郭焕成，吕明伟．台湾休闲农业园区的创设特色［J］．中国乡镇企业，2013.
[54] 郭焕成，吕明伟．我国休闲农业发展现状与对策的研究［J］．北京第二外国语学院学报：旅游版，2007（1）：66 –71.
[55] 任国柱，吕明伟，郭焕成，李文龙．休闲农业园区规划设计探讨［C］．南京：2007中国农学会学术年会暨全国休闲农业论坛，2009 –09.
[56] 郭焕成，任国柱，刘盛和．发展农业旅游，促进新农村建设［C］．兰州：中国地理学会2006年学术年会，2006 –08.
[57] 吴乔，郭雅玲．台湾休闲农业发展对大陆茶文化旅游发展的启示［J］．台湾农业探索，2012（1）：16 –19.
[58] 刘煜，张延龙．台湾休闲农业发展及其对大陆的启示［J］．西北农林科技大学学报（社会科学版），2017（1）：48 –51.
[59] 李建华，林国华．台湾休闲农业发展研究及对大陆的启示［J］．中国农业科技导视，2017（2）：89 –92.
[59] 李娟，王健，任喆．我国休闲农业发展现状及对策分析［J］．北方园艺，2014（9）：214 –218.
[60] 邱佳，史亚军．中国休闲农业产业化发展研究［J］．中国农学通报，2011（33）：314 –317.
[61] 付华，吴雁华，穆建怡．中国休闲农业的特点、模式与发展对策［J］．中国农学通报，2007（12）：442 –446.
[62] 李晓颖，王浩．“三位一体”生态农业观光园规划探析［J］．中国农学通报，2011（25）：300 –306.
[63] 张远索，蔡宗翰，张占录，祁媛媛，胡红梅．基于农地重划的生态农法管窥——以台湾回乡有机生活农场为例［J］．湖北农业科学，2012（9）：1939 –1941.
[64] 周琼，翁伯琦．闽台低碳农业发展研究与合作对策［J］．福建论坛（人文社会科学版），2010（9）：120 –123.
[65] 许标文，刘荣章，曾玉荣．台湾“自下而上”乡村发展政策的演进及其启示［J］农业经济问题，2014（4）：37 –42.
[66] 杨治斌，应伟成，王林祥．台湾生态农业发展对浙江的启示［J］．浙江经济，2014（15）：38 –39.
[67] 杜函函，于蕾，孟柱，余云龙，孟凡伟，杜金路，毕华．台湾休闲农业发展及其借鉴意义启示［J］．绿色科技，2013（4）：284 –286.
[68] 周琼，李晗林．台湾休闲农业法律法规体系特点分析与启示［J］．台湾农业探索，

2012（3）：5－8.
[69] 郑春霞，林艺煌．台湾休闲农业理念对闽南休闲农业的启示［J］．漳州师范学院学报，2008（3）：23－27.
[70] 周嘉玲，张家麟，张海涵．我国台湾省休闲农业经营战略［J］．商业现代化，2007（2）：238－240.
[71] 徐广才，史亚军，谢翔燕，吴慧敏，马晓蕾．休闲农业标准体系研究［J］．中国农学通报，2012（15）：306－311.